**权威·前沿·原创**

皮书系列为

"十二五""十三五""十四五"时期国家重点出版物出版专项规划项目

# B

## BLUE BOOK

智库成果出版与传播平台

京津冀蓝皮书

**BLUE BOOK** OF BEIJING-TIANJIN-HEBEI

# 京津冀高质量发展报告（2023）

REPORT ON HIGH QUALITY DEVELOPMENT OF
BEIJING-TIANJIN-HEBEI(2023)

## 数字经济与京津冀协同创新共同体

李子彪　赵　钏　王雅洁　张　超 / 著

社会科学文献出版社
SOCIAL SCIENCES ACADEMIC PRESS (CHINA)

图书在版编目（CIP）数据

京津冀高质量发展报告 . 2023：数字经济与京津冀
协同创新共同体 / 李子彪等著 . —北京：社会科学文
献出版社，2024.3
（京津冀蓝皮书）
ISBN 978-7-5228-3284-5

Ⅰ.①京…　Ⅱ.①李…　Ⅲ.①区域经济发展-研究报
告-华北地区-2023　Ⅳ.①F127.2

中国国家版本馆 CIP 数据核字（2024）第 035674 号

京津冀蓝皮书

# 京津冀高质量发展报告（2023）
## ——数字经济与京津冀协同创新共同体

著　　者 / 李子彪　赵　钊　王雅洁　张　超

出 版 人 / 冀祥德
组稿编辑 / 高　雁
责任编辑 / 颜林柯　贾立平
责任印制 / 王京美

出　　版 / 社会科学文献出版社·经济与管理分社（010）59367226
　　　　　　地址：北京市北三环中路甲 29 号院华龙大厦　邮编：100029
　　　　　　网址：www.ssap.com.cn
发　　行 / 社会科学文献出版社（010）59367028
印　　装 / 天津千鹤文化传播有限公司

规　　格 / 开　本：787mm×1092mm　1/16
　　　　　　印　张：18.75　字　数：277 千字
版　　次 / 2024 年 3 月第 1 版　2024 年 3 月第 1 次印刷
书　　号 / ISBN 978-7-5228-3284-5
定　　价 / 168.00 元

读者服务电话：4008918866

　　本书为河北省高等学校人文社会科学重点研究基地、河北省重点新型智库、河北省软科学基地、天津市高校智库"河北工业大学京津冀发展研究中心"标志性成果，获得基地资助

# 编　委　会

# 主要编撰者简介

**李子彪**　河北工业大学副校长、教授、博士生导师，京津冀发展研究中心常务副主任。荷兰马斯特里赫特大学公派访问学者，河北省首批青年拔尖人才，河北省宣传文化系统"四个一批"人才，河北省"三三三人才工程"第三层次人选，获河北省社会科学优秀青年专家提名奖。兼任全国投入产出与大数据研究会副会长、中国科学技术指标研究会常务理事等。主要从事创新与创业管理、科技政策设计、科技人力资源管理等研究，博士学位论文被评为河北省优秀博士学位论文。主持国家自然科学基金项目、国家社会科学基金项目、河北省科技计划项目、大型企业委托项目等30余项。部分成果被科技部、河北省科技厅等部门采用。获得河北省社会科学优秀成果奖二等奖2项、三等奖1项。出版专著8部，发表各类论文30余篇。

**赵　钊**　河北工业大学经济管理学院党委书记，博士、副教授。研究方向为组织变革与领导力、信息化领导力、制造业服务化。主持及参与国家社会科学基金项目、河北省社会科学基金项目、河北省自然科学基金项目、河北省软科学项目、天津市社会科学基金项目以及企事业单位委托项目10余项，博士学位论文被评为河北省优秀博士学位论文，获得河北省社会科学优秀成果一等奖1项、教育部高等学校科研优秀（人文社科）成果三等奖1项，发表各类论文30余篇。

**王雅洁**　河北工业大学经济管理学院副教授、博士生导师，河北省投入产出协会常务理事。研究方向为产业与区域经济发展。主持国家社会科学基金项目、河北省科技计划项目、河北省社会科学基金项目等10余项。出版专著1部，发表学术论文20余篇，部分成果被省级领导批示。

**张　超**　河北工业大学经济管理学院副教授、博士生导师，河北省投入产出协会常务理事。研究方向为城市与区域经济。主持国家自然科学基金项目1项、国家社会科学基金后期资助项目1项，参与国家社会科学基金重大项目、国家自然科学基金重大项目各1项，主持河北省自然科学基金项目1项、河北省社会科学基金项目1项。在《中国软科学》《科研管理》《科学学研究》《财经科学》《城市发展研究》等期刊上发表学术论文20余篇。

# 摘　要

　　京津冀协同发展战略实施以来，三地联系更为紧密、创新主体不断壮大、协同创新迈上新台阶，是高质量发展的内在体现。在数字经济时代，协同创新成为获取竞争优势和实现可持续发展的关键要素。因此，以数字经济的眼光和视角去看待京津冀协同创新发展显得尤为重要。

　　协同创新共同体受到广泛关注，成为地区和国家之间经济和文化竞争的关键组织形式。协同创新共同体是在空间邻近的不同行政区划内，高校、企业、政府、科研机构、银行等各主体在各种正式合作和非正式合作的支撑下、在合理的激励驱动下，通过资源（知识和设备）共享、资源优化配置、同步行动而实现整体创新能力和创新绩效提升的一种组织模式。在这种模式中，政府、科研机构、企业等创新主体共同组成了一个有机整体，以创新为核心，以制度为保障，以协同为手段，以合作为基础，共同实现区域内的协同创新发展，推动产业升级和经济发展。京津冀区域发展水平稳步提升、创新能力逐渐提高、区域创新资源共享初见成效，但与长三角、粤港澳大湾区的协同创新实践相比，京津冀协同创新共同体建设过程中还存在协同创新机制障碍突出、三地创新能力差距较大、创新要素流动不畅、创新链与产业链对接不畅、政府主导特征明显的问题。当前，数字经济已成为加速国家和地区经济转型升级、增强未来竞争优势的重要动力。数字经济的发展可以促进创新主体跨地区合作、优化区域经济布局、推动跨界合作、提升政府治理水平，因此，应加快推进制造业数字化转型升级、全面提升数字化公共服务水平、完善人才培养体系、构建数字经济生态圈，进而推动京津冀地区协同发展。

**关键词：** 数字经济　协同创新共同体　京津冀

# 目 录 ⟍⟍

## Ⅰ 总报告

## Ⅱ 分报告

# Ⅲ　专题报告

皮书数据库阅读**使用指南**

# 总 报 告

## General Report

**B.1**

# 京津冀协同创新共同体建设研究<sup>*</sup>

李子彪　张二妮<sup>**</sup>

**摘　要：** 本报告分析了建设协同创新共同体的必要性以及我国协同创新实践的发展历程和趋势，深入剖析了协同创新共同体的概念内涵，并从知识、技术、组织、要素支撑体系的视角分析了协同创新共同体运行的动力机制、支持机制、约束机制和保障机制。同时，以京津冀协同创新共同体为主要分析对象，系统梳理了京津冀协同创新发展的历程以及现状，在此过程中将京津冀协同创新实践情况与长三角、粤港澳大湾区进行对比，总结了京津冀协同创新共同体建设过程中存在的协同创新机制障碍突出、三地创新能力差距较大、创新要素流动不畅、创新链与产业链对接不畅、政府

---

* 本报告是河北省社会科学基金重大项目"新时代河北省区域创新驱动发展机制建设研究"（HB19ZD03）、河北省自然科学基金项目"制造业创新链'断链'风险管理及科技金融'修复'机制"（G2021202001）、河北省教育厅人文社会科学研究重大课题攻关项目"创新生态系统发展理念引领的河北省高质量发展机制研究"（ZD202004）的研究成果。

** 李子彪，河北工业大学教授、博士生导师，研究方向为创新与创业管理、科技政策设计等；张二妮，河北工业大学硕士研究生，研究方向为技术创新管理。

主导特征明显的问题。结合数字经济发展趋势，研究了数字经济对京津冀协同创新共同体的影响，并就如何充分发挥数字经济对协同创新活动的积极影响提出了建议。

**关键词：** 京津冀　协同创新共同体　运行机制　建设障碍　数字经济

# 一　协同创新共同体产生的时代背景

当前，全球科技创新呈多极化竞争格局，美国、日本、欧盟等主要发达国家和地区以及各大新兴经济体纷纷打造科技创新优势，以实现经济和综合地位的巩固或赶超。创新已然成为各国经济增长和综合国力竞争的主要驱动力。基于开放式创新理念和协同学理论，协同创新强调政府、科研机构、企业、金融服务机构、中介机构等各主体的跨界合作，充分发挥资源要素的优化配置作用和协同效应，已经演化为一种全新的技术-经济模式。协同创新模式为创新主体带来额外的创新效益这一推论已有现实依据。相关研究显示，美国企业研发的平均投资回报率为26%，有协同创新的大企业投资回报率高达30%，有协同创新的小企业投资回报率更是高达44%，而没有协同创新的企业研发投资回报率只有14%[1]。

全球竞争日益激烈使得企业创新方式发生了深刻的变革，导致创新的性质和范围也产生了重要变化。在知识经济时代，企业不能仅仅依赖内部资源进行创新整合。相反，它们需要转向开放式创新模式，结合外部组织拥有的关键创新资源进行创新。同时，在激烈的全球竞争环境中，协同创新也不再局限于某一地区或企业的范围。相反，它需要在跨区域范围内重新组合和优化创新资源，以满足不断增长的创新需求。这种变革要求打破原有的创新要素流动和创新资源聚集的地理限制，从单一城市或地区的封闭创新，转向跨区域和开放的协同创新。随着资源在不同地区之间流动，技术创新资源将在更广泛的范围内进行重新组合和转移。这必然会改变原有的区域创新网络连接方式，并逐渐形成跨区域的协同创新共同体。这一发展趋势将为全球创新带来新的机遇和挑战。

协同创新共同体代表了创新体系在空间层面的新发展，与传统的创新模式相比具有突出的优势。这个新兴概念旨在消除不同地区创新主体之间的隔阂和冲突，从根本上提高整个区域的创新效益。协同创新共同体是跨区域创新主体之间通过合作使得创新要素有机协调，进而产生复杂的非线性相互作用，实现整体创新效应协同增强的模式。协同创新共同体是一个空间载体，有助于实现超过各部分之和的协同效应，促进创新活动的不断发展，提高区域创新绩效。

从国际上看，协同创新共同体已经在实践中受到了广泛关注，成为国家和地区之间经济和文化竞争的关键组织形式。各个国家和地区纷纷采取行动，力图通过构建协同创新共同体来整合资源、提高竞争力，并在全球舞台上取得领先地位。美国在2008年发布了《空间力量：建设美国创新共同体体系的国家战略》，2010年发布了《空间力量2.0：创新力量》。两份报告均旨在建立能够最大限度整合资源的协同创新共同体，并提出了一系列具体措施。欧盟成立了"欧洲创新科技学院"（EIT），启动了首批涵盖多领域的协同创新共同体，旨在通过内生性、智能和可持续发展，将欧盟打造成全球最具竞争力的知识型经济体。日本设立了"国家战略特区"，力图通过减少管制、加强强势领域的发展，推动整体经济发展。法国政府投资了15亿欧元用于支持多个科技园区的建立和发展，旨在创建具有竞争力的产业集群[2]。这些国家和地区力图打破行业和地域界限，最大限度地整合各种资源，推动协同创新和区域一体化，重塑本土制造业的竞争优势，争取在全球产业发展中占据战略制高点。

在我国，协同创新已成为全面建设创新型国家、应对国际竞争挑战的关键举措。2011年，胡锦涛同志明确强调了"协同创新"的重要性，特别是在提升创新能力和创新绩效方面；2012年，党的十八大提出了创新驱动的发展战略；2013年，十八届三中全会进一步明确了建立产学研协同创新机制；2014年，习近平总书记在对《京津冀协同发展规划总体思路框架》做出批示时强调，要创建京津冀协同发展的创新共同体。这些重要政策和指导思想共同构成了我国协同创新的战略基础，旨在加强创新能力，提升国际竞争力。经过 40 多年的改革开放，我国经济发展取得了引人瞩目的成就，但这一过程主要依赖外贸出口和招商引资，还没有找到一种可复制、可推广的内生发展模式。建设协同创新共同体的历史使命之一就是探索内生发展道路。协同创新共同体建设依靠协调、统筹和开放区域资源，以实现整体的健康发展，综合考虑经济发展与环境保护、现代化建设与文化传承、城市化与新农村建设等多方面的因素，最终为我国创造一个可持续发展的未来。

构建协同创新共同体的必要性主要体现在以下几个方面。

### （一）创新需要构建跨区域的知识流动网络

在全球化和知识经济时代，知识的创造、流动和扩散变得至关重要。然而，知识具有缄默性、特异性和复杂性等特点，给知识流动网络的构建带来了障碍。首先，缄默性意味着存在隐性知识，这是一种无法直接言说的知识，只能通过实际示范来传递。这种知识根植于实践，很难流动，需要提供者和接受者付出更多的认知努力。其次，知识的特异性表示知识和嵌入的规程与接受者的环境相关，即知识是否适用于接受者的环境，决定了知识的价值和可接受性。为了充分利用这些知识，特别是在全球化和知识经济时代，参与知识分享和扩散的各方需要建立更紧密的联系，增加互信，降低知识流动的障碍，提高知识的创造和分享效率，这对于推动创新和知识传递至关重要。

在跨区域协同创新共同体中，隐性知识的创造和流动变得更为便利，这是因为社会和实践的根基在这个环境中得到了充分利用。协同创新共同体成员共同参与的实践活动可被视为隐性知识产生和传递的一种渠道。协同创新共同体强调创新合作和共享，以及相互学习。在这种环境下，组织学习是最为有效的方式之一。协同创新共同体内的合作有助于打破行政壁垒，通过学习和共享，可以有效地克服知识复杂性带来的传播和扩散障碍。此外，协同创新共同体为来自不同产业背景的个体和机构提供了共同的制度和文化微环境。这有助于减少知识的特异性，提高了知识传递的可能性。

## （二）企业需要更高效的交互平台

在高度动态和数字化环境下，企业集聚具有重要作用。这种集聚有助于企业吸引匹配的人才，便利与上下游企业及用户的联系，并通过相互学习实现知识溢出和协同创新，从而提升发展速度，获得更广阔的发展空间。集聚的功能实质上在于使得企业、大学和政府等各主体之间建立联系，跨越组织、行政、社会和层级边界。这种联系有助于创造一个生态系统，促进交流和合作。企业在当前环境下需要与周边环境、社区、网络或利益相关者建立联系和信任关系，以提高生存和发展的可能性。同时，企业集聚与创新交互需要相应的引导、支持和服务平台。这些平台可以为企业提供方向性的引导，以及信息、人才、资金等资源支持，同时提供创新合作的信任支持，从而保障创新的成功。

协同创新共同体是一个专注于建立跨越边界的联系的平台。它通过设定共同目标、精心选择参与者和设计合作项目等方式来确保共同体内的信任和分享机制能够有效建立。在这个共同体内，成员能够共享一个高度互信的平台，以促进创新要素和资源的高效流动，从而推动企业的集聚和创新交互。这种共同体的成功还取决于成员对共同价值观和目标的认同，以及内聚力的增强。同时，它有助于强化创新能力，激发创意灵感，以及促进创新领导者之间的多重联系和交互。协同创新共同体为企业和组织提供了独特的创新机会，能够显著提升创新能力、创新水平和行业竞争力。成员在共同的实践活动中建立创新伙伴关系，通过相互学习和知识共享促进各种跨界和交叉合作，从而进一步推动创新。

## （三）创新驱动发展战略需要良好的创新环境和创新氛围

创新环境和文化在创新过程中发挥着至关重要的作用，它们共同塑造和影响着个体、组织和社会的创新能力和表现。区域层面创新环境的构建为创新提供了基础和动力，有助于提高创新的效率和成功率。创新环境应该提供所需的资源，包括资金、技术、知识和设施等，以支持创新活动。一个健康的创新环境能够吸引资源、人才和投资，促进知识流动和合作，从而推动区域内的创新活动，促进社会和经济的发展。创新文化鼓励分享资源和知识，以促进创新的合作和共享。区域创新氛围对创新也有很大的影响，鼓励创新思维、容忍失败和促进多元文化的环境有助于激发创新活动。创新环境和文化是促进创新的关键要素，它们相辅相成，共同为创新提供了必要的支持和动力。在这样的环境中，个体和组织更有可能充分发挥创新潜力，从而推动社会进步和经济发展。

协同创新共同体是一种联系更为紧密的协同创新模式。传统的协同创新模式通常受到行政本位的限制，导致协同创新资源的区域有限性。而协同创新共同体将致力于在中央政府的统筹协调下实现各地方政府以及非政府组织的协同行动，打破各地政府恶性竞争的格局，形成分工合理的创新布局、构建高效协同的创新环境、打造协同的创新策源地、完善协同创新机制，最终实现多元协同共生的竞合发展态势。此外，在产业链、创新链和价值链三链深度融合的基础上，实现合理的分工协作布局，同时加强协同创新载体平台和环境建设，可以实现持久的创新竞争优势，为未来可持续创新奠定坚实的基础。

### （四）区域协同发展需要更高效和稳定的发展模式

政府参与创新活动的主要目标是促进创新创业和推动区域发展。然而，政府的努力往往未能达到预期效果。因此，实现区域协同发展需要新的引擎和载体。通过协同和交互的体制机制设计，可以实现创新要素的高效流动和创新资源的全面共享。这种机制也能够促使政府力量与市场力量之间的互动，实现无机要素与有机力量的有效结合。最终，这将增强区域内的社会经济联系，推动区域的协同发展。

协同创新共同体已经成为引领区域创新发展的重要组织形式，也是区域协同发展的最适宜载体。它具有多重优势，既能够最大限度地发挥创新主体和创新资源的价值，又能够实现创新主体与区域的共同发展。首先，协同创新共同体通过设定共同目标、确定合作项目和构建运营机制，成功地将多元主体汇聚在一起。在共同的学习和合作中，协同创新共同体最大限度地发挥了创新主体和创新资源的个体价值和社会价值。这不仅增强了个体创新能力，还提升了协同创新共同体整体的创新实力和创新绩效，实现了创新主体与区域的共同发展。其次，协同创新共同体不仅关注短期创新联系的建立，还注重长期协同创新共同体内创新合作网络的构建和维护。通过不断强化创新联系和密集化创新网络，协同创新共同体巩固和夯实了其认知、社会、组织和制度基础，推动形成协同创新共同体与各方面形成基础相互促进、共同发展的局面。

## 二　协同创新共同体的理论依据和实践发展

### （一）协同创新共同体相关理论研究

近年来，学术界对协同创新共同体的讨论越来越多，但大多集中在现状分析和建设研究等方面，对协同创新共同体的概念讨论较少[3-8]。然而，对概念的理解有助于我们深入体会协同创新共同体的内涵，更科学地对这一模式的推广和应用做出决策。下面将对创新共同体以及协同创新的相关研究进行梳理和分析，以更深入地理解协同创新共同体的概念。

1. 创新共同体相关研究

"共同体"最初是一个社会学领域的概念，由一定地域的所有居民组成，指的是由特定关系和纽带联系起来的人群共同体[9]。后来，"共同体"的概念延伸到政治、经济、文化等多个领域，引申出了丰富的内涵，但其本质都是参与主体由于利益因素组合成的利益共同体。

Lynn 等最早提出"创新共同体"的概念，认为创新共同体是一组嵌在一个密集的社会和经济关系网络中积极参与新技术商业化并且相互作用的人群，由生产者、供应商、分销商、行业协会以及州政府机构中的人组成[10]。创新共同体由上层建筑和下层建筑组成。其中，下层建筑组织直接产生"创新"或为其提供技术补充，包括生产者、供应商等组织；上层建筑组织为其成员提供集体产品，通常专门负责协调信息流或协调下层建筑组织的活动。因此，许多上层建筑组织都是"联系组织"（专业协会、贸易协会、政府组织、贸易公司等），它们将不同的知识、能力和技术联系起来，从而促进相互依赖和互补的技术的融合，进而实现技术的初始设计。Sawhney 等提出了"创造共同体"的概念，指将不同的成员纳入共同体中并辅以必要的机制来进行管理[11]。共同体由一个中心公司管理，该公司作为发起人并定义参与的基本规则，知识产权属于全共同体所有。共同体治理既强调规则约束以减少被交易伙伴利用的风险，又强调充分利用关系。Fichter 认为创新共同体是由志同道合的个人组成的非正式网络，通常来自不止一家公司和不同的组织，以与项目相关的方式组成团队，通常在创新系统的一个或不同层面促进特定的创新[12]。王峥等在总结前人研究的基础上提出，协同创新共同体是在相似的政治、经济、社会、文化背景下，在共同的创新目标导向下，在高效的运行机制保障下，企业、大学、科研机构、政府、中介等多个行为主体通过相互学习和开放共享积极进行交流和协作，推动个体成员创新能力的增强以及区域创新绩效与竞争力和影响力整体提升的特定的创新组织模式[13]。

总体而言，学者们认为创新共同体是为了实现创新目标而在一起进行合作的实践形式。创新共同体的成员拥有共同的目标，即实现创新，并为了实现目标通过正式和非正式的治理机制进行互动协作，充分发挥空间力量的作用，强调资源的共享和流动，进而形成紧密的协作网络，最终提升个体成员和区域整体创新绩效。

### 2. 协同创新相关研究

近几年，学术界对协同创新的理论研究十分关注。自 2011 年以来，国内相关研究快速增加，研究内容涉及协同创新的概念、模式、机制、要素模型、绩效评价等方面。

协同创新由协同学发展而来。Cebon 最早提出协同创新的概念，指出协同创新是一种行动过程，在这个过程中，一群自我激励的人组成网络集体，以集体愿景为导向，通过网络进行交流、合作，实现共同的目标[14]。陈劲指出协同创新是一种高校、企业、科研机构等核心主体，以及政府、金融机构、中介机构、创新平台、非营利组织等辅助主体协同互动的网络创新模式，其中，知识创造主体和技术创新主体合作进行资源共享、资源优化配置，以产生"1+1+1>3"的效果[15]。范如国以复杂网络结构的视角对社会治理中的协同创新问题进行研究，指出在当今复杂网络结构下实现社会治理中协同创新的必要性，并为我国构建社会治理协同创新机制提出了建议[16]。

此后，学者们又从企业协同创新、产业协同创新、区域协同创新、产学研协同创新等方面对协同创新进行了研究。

解学梅等以 2006~2019 年的 54 个独立样本为研究对象，对供应链协同创新与企业绩效之间的效应关系进行了研究，指出企业间的供应链协同创新对企业绩效呈正向影响，并对其中起调节作用的影响因素进行了分析[17]。赵增耀等从区域协同创新的视角对中国区域协同创新效率的多维溢出效应进行了研究，指出我国创新效率极大地受到地理空间的影响，创新的溢出和传播呈现随距离的增加而减弱的特点，并提出了破除形成壁垒、加强创新环节间协同的建议[18]。陈芳等对新兴产业的协同创新特征和机制进行了研究，指出新型产业协同创新受到创新主体内在动力与外部环境的双重影响，并将其演化过程分为孕育、萌芽和成长三个阶段[19]。白俊红等采用 1998~2012 年中国分省区面板数据对协同创新的空间关联和区域创新绩效进行了实证分析，验证了政府、企业与高校间协同对区域创新绩效的正向影响[20]。

总的来说，协同创新是指通过突破企业、高校、科研机构、政府等创新主体间的壁垒，汇聚人才、技术、资金等创新要素，充分释放创新要素活力的一种组织形式。协同创新既包括发生在产业组织内的内部协同创新，也包括发生在产业组织与其他主体之间的外部协同创新。其中，外部协同创新又可以分为横向协同创新和纵向协同创新。横向协同创新是指同一产业领域的细分主体进行的协同创新，如产学研协同创新；纵向协同创新是指发生在产业链不同环节中的协同创新[21]。

## （二）协同创新共同体的内涵

协同创新共同体是协同创新和创新共同体概念的整合、拓展及延伸。协同创新共同体是在空间邻近的不同行政区划内，高校、企业、政府、科研机构、银行等各主体在各种正式合作和非正式合作的支撑下、在合理的激励驱动下，通过资源（知识和设备）共享、资源优化配置、同步行动而实现整体创新能力和创新绩效提升的一种组织模式。在这种模式中，政府、科研机构、企业等创新主体共同组成了一个有机整体，以创新为核心，以制度为保障，以协同为手段，以合作为基础，共同实现区域内的协同创新发展，推动产业升级和经济发展。具体来说，协同创新共同体的内涵包括以下几个方面。

### 1. 协同性

协同创新共同体强调政府、企业、科研机构等各创新主体进行互补性的合作。协同创新共同体是由人才、资金、信息、技术等创新基础资源为依托的，这些创新基础资源是协同创新共同体得以运转的重要物质保障。然而，这些创新基础资源并不是平均分配到各创新主体手中的，每个创新主体都有其优势资源和劣势资源。一般来说，这些资源不能单独发挥作用，需要与其他创新基础资源进行匹配和组合，才能实现个体成员和组织整体的目标。

从系统角度来看，系统内的创新基础资源是有限的，而且往往是供不应求的。因此，要使有限的创新基础资源充分发挥其应有的效力，需要各主体进行密切的交流沟通以充分了解资源的现有配置，并在此基础上建立便于合作的体制机制，以实现对现有资源的最优配置，进而实现协同创新共同体整体收益的最大化。在现实中，协同创新共同体必然会涉及跨地区的协调、统筹问题，需要不同行政单位的不同主体通过一系列资源共享、资源流动机制实现整体在创新能力、经济效益、社会效益、环境效益方面的提升。

## 2. 组织性

协同创新共同体的组织性体现在共同体中存在特定的机构对共同体整体的资源共享、优化配置活动进行协调和管理。这种特定的机构一般是由政府机构引领的。但协同创新共同体仅依靠政府的功能是不够的，还要充分调动企业、高校等其他创新主体参与的积极性。从过去的发展实践来看，协同创新共同体的建设一开始是由政府主导的，但正逐渐朝着"政府+市场"的方向转变。相比于正式的治理结构，协同创新共同体更加强调正式与非正式相结合的治理结构，强调政府政策引领和市场自发调节的双重机制作用。

## 3. 目标性

协同创新共同体是目标导向的，明确共同的目标和价值观是各创新主体协同合作的基础。共同的价值观往往是协同创新共同体中共同目标建立的前提。这种共同的价值观要求各创新主体关注集体利益诉求，而不单单是个体利益。这种价值观一般包括对资源共享、合作共赢、区域协同的认同。这为协同创新共同体这个集体实现资源的共享和优化配置提供了保障。

协同创新共同体的目标不仅代表了个体成员的利益诉求，而且代表了集体和社会的需求。这表示各创新主体追求的是经济效益、社会效益和环境效益的有机结合。这承载了协同创新共同体实现长期发展的目标愿景。从现实意义来讲，兼顾经济、社会和环境效益的目标也为区域实现产业转型升级、进而实现高质量发展提供了抓手。

协同创新共同体重视个体成员的利益，并通过个体成员目标的达成推动共同目标的实现。这种目标的实现方式有助于各创新主体间进行密切的交流协作，从而为协同创新共同体内部的一致性和有序性奠定了基础，协同创新共同体的内聚力也因此变得更强。

## 4. 开放性

协同创新共同体的成立与运行是建立在创新主体共享资源、拼凑资源基础上的。协同创新共同体的开放性既体现在共同体整体作为一个系统对外界潜在参与主体的开放，还体现在系统内各创新主体之间互动的开放。协同创新共同体的开放度决定了各创新主体之间创新基础资源共享和资源拼凑的程度。一方面，创新主体通过共享知识、技术、资金、科技基础设施等创新基础资源，使闲置资源得到流通和利用，可以更加有效地发挥这些资源的价值；另一方面，资源各异的创新主体通过交流、沟通和合作，进行资源拼凑，可以充分发挥互补优势，达到单方资源无法实现的效果。此外，各创新主体通过与其他主体交流和合作，不断地与组织环境互动，可以实现各主体间创新功能的深度融合，进而形成新的合作模式，推动协同创新共同体的进一步发展。

5. 成长性

协同创新共同体强调发展的可持续性。相较于完全自由市场导向下优胜劣汰的"丛林风格"，协同创新共同体更加体现了"共生共荣"的成长理念，强调创新参与主体通过彼此之间资源的共享和拼凑不断提升个体和共同体整体的创新绩效和创新能力，更加强调和谐共存与持续发展的理念。在这种组织模式下，创新主体共享和交流信息，相互借鉴和学习，进而实现创新能力的提升。此外，创新主体间的资源共享和拼凑行为可以进一步促进创新主体间进行更频繁的合作，从而带动创新效率的提升。创新效率的提升又会带来创新共同体整体创新步伐的加快，使创新基础资源的价值得到更加充分的发挥，进一步带动创新主体参与创新合作的积极性和主动性，实现良性循环。

协同创新共同体正从由政府、高校主导的组织模式向由商业组织和非营利组织主导的组织模式转变，强调发挥市场主体的作用。协同创新共同体是一个由政府、企业、高校、科研机构、中介机构等创新参与主体共同组成的复杂系统，仅依靠由政府和高校主导的组织模式无法充分发挥其应有的作用。在现实中，存在着许多由商业组织和非营利组织主导建立的联盟，它们掌握着共同体实现创新所需要的技术、资金等资源，拥有丰富的网络资源，而且具有与其他参与主体合作实现创新的驱动力，协同创新共同体应当充分调动商业组织和非营利组织的积极性，吸收一切有利于自身发展的力量，实现创新收益的最大化。

### 6. 根植性

协同创新共同体具有不可复制的区域特性、空间特性。协同创新共同体是一定区域内的多个主体共享资源、相互协同进行创新的一种组织模式，虽然数字技术的发展可以在一定程度上打破地理位置的限制，实现不同主体远程的沟通、交流，但是考虑到协同创新共同体的微观生态性，即协同创新共同体是一个复杂的生态，包括设备、人才等诸多实体资源，还有金融、法律等环境条件，已有研究表明，空间上的邻近更有利于资源的流动，进而带动产业集群的发展，因此各创新主体需要在空间上具有较高的邻近性，以此充分发挥协同创新共同体在促进资源共享和流动方面的作用。

## （三）我国协同创新的实践发展

### 1. 探索和准备阶段：1985~2005年

改革开放初期，在科教兴国思想的引领下，我国各地积极开展以科技创新为目标的体制机制改革，产学研之间连接不畅的问题日益受到关注，我国的协同创新实践进入探索和准备阶段。1985年，国家出台《中共中央关于科学技术体制改革的决定》，鼓励高等院校、科研机构同企业、设计机构之间进行协作。接着，国家又出台了《关于进一步推进科技体制改革的若干规定》《国家中长期科学技术发展纲领》《"九五"全国技术创新纲要》等一系列政策文件，进一步鼓励科研与生产之间的联合。1996年，国家在《中华人民共和国国民经济和社会发展"九五"计划和2010年远景目标纲要》中提出要打破行政区划壁垒，促进跨地区的合作。此后，国家又陆续颁布了多项政策文件鼓励科研机构、高校、企业之间的协同创新。

总体而言，这一阶段的协同创新活动主要由政府引导，政府鼓励科研机构、高校与企业形成产学研联合发展的创新模式，产学研间的合作层次较低，且没有有效发挥市场的主体作用；在跨区域协同方面，国家有了初步的战略构想，但这些构想大多停留在概念层面，实践进程十分缓慢。因此，可以把这一时期称为协同创新的探索和准备阶段。

这一阶段的主要政策见表1。

表 1  协同创新探索和准备阶段的主要政策

| 序号 | 出台年份 | 文件名 | 主要内涵 |
|---|---|---|---|
| 1 | 1985 | 《中共中央关于科学技术体制改革的决定》 | 鼓励研究、教育、设计机构与生产单位联合开拓技术市场,并提出对科技协同创新成果收益进行分红的思路 |
| 2 | 1987 | 《关于进一步推进科技体制改革的若干规定》 | 鼓励科研与生产横向联合 |
| 3 | 1992 | 《国家中长期科学技术发展纲领》 | 提出要推进企业之间、企业与研究开发机构和高校之间的合作 |
| 4 | 1996 | 《"九五"全国技术创新纲要》 | 以科技进步为依托,继续大力推动产学研合作的经济模式 |
| 5 | 1996 | 《中华人民共和国国民经济和社会发展"九五"计划和2010年远景目标纲要》 | 提出按照市场经济规律和内在联系以及地理自然特点,突破行政区划界限,在以后经济布局的基础上,以中心城市和交通要道为依托,逐步形成长江三角洲、环渤海地区等7个跨省区市的经济区域 |
| 6 | 2000 | 《关于加速实施技术创新工程形成以企业为中心的技术创新体系的意见》 | 倡导积极构建和完善以企业为主体、高校和科研机构积极参与的产学研联合机制 |
| 7 | 2001 | 《科技部、国家经贸委关于推进行业科技工作的若干意见》 | 鼓励产学研主体联合建立行业工程技术中心 |

### 2. 国家创新体系建设阶段: 2006~2011年

自21世纪以来,增强自主创新能力越来越受到关注。2006年,国务院颁布了《国家中长期科学和技术发展规划纲要 (2006~2020年)》,明确了我国要建设创新型国家的要求,标志着我国的协同创新活动进入国家创新体系建设阶段。同年,为推进产学研结合工作,科技部等部委成立了专门的领导小组。2007年,为完善产学研合作机制,科技部等部委启动了产业技术创新战略联盟试点工作。2009年,首个国家自主创新示范区——中关村国家自主创新示范区建立。此后我国又相继建立了多个国家自主创新示范区,并采取股权激励、金融服务体系支撑、税收优惠等多种手段激发市场主体的创新活力。

在这一阶段,我国协同创新活动主要体现在以产学研协作模式为依托,充分发挥市场主体的作用，完善相关利益分配机制以及金融服务体系，进一步提升产学研间协作层次与协作能力，建立各主体积极主动参与、协作过程长期互惠、创新要素全面融合的产学研协同创新体系。在这一时期，全国各地建立了多个技术研究院、技术转移中心、创新创业基地、大学科技园等。此阶段协同创新的主要目标是提升国家核心竞争力，构建创新型国家体系，创新要素向企业聚集，形成重要的产业技术创新链，突破重点产业发展的核心技术并加速其商业化应用。

这一阶段的主要政策见表2。

**表2　国家创新体系建设阶段的主要政策**

| 序号 | 出台年份 | 文件名 | 主要内涵 |
|---|---|---|---|
| 1 | 2006 | 《国家中长期科学和技术发展规划纲要（2006～2020年)》 | 明确提出要把建设以企业为主体、市场为导向、产学研相结合的技术创新体系作为全面推进国家创新体系建设的突破口 |
| 2 | 2006 | 《实施〈国家中长期科学和技术发展规划纲要（2006～2020年)〉的若干配套政策》 | 在税收激励、科技金融服务体系、知识产权保护制度、科技人才队伍建设等方面提出了相关政策 |
| 3 | 2007 | 《关于科技企业孵化器有关税收政策问题的通知》 | 以税收优惠手段鼓励科技企业孵化器的实施 |
| 4 | 2007 | 《关于加强国家科普能力建设的若干意见》 | 通过加大科普投入、完善科普奖励政策等手段加强国家科普能力建设，为建设创新型国家提供保障 |
| 5 | 2010 | 《关于2010年深化经济体制改革重点工作的意见》 | 在体制机制方面促进经济结构调整和经济发展方式转变，并鼓励引导非公有制经济发展 |
| 6 | 2010 | 《促进科技和金融结合试点实施方案》 | 引导和促进各类资本在金融产品、服务和平台建设方面积极创新，实现科技创新链条和金融资本链条的有机结合，助力创新型国家建设 |

### 3. 全面推进协同创新阶段：2012年至今

党的十八大提出创新驱动发展战略，我国进入全面推进协同创新阶段。在这一阶段，我国过去创新资源协同不足的问题得到重视。2012年，国务院批转了国家发改委《关于2012年深化经济体制改革重点工作的意见》，强调要完善科技资源优化配置和科技评价奖励机制，建立健全多元化的科技投融资体系，将资源协同摆在重要位置。2015 年，习近平总书记在讲话中指出要围绕产业链部署创新链，消除科技创新中的孤岛现象，进一步对协同创新提出了要求。2016 年，国家出台了《国家创新驱动发展战略纲要》，再次加快了协同创新步伐，协同创新呈现多部门参与、跨产业、跨地区等新特点和新趋势。2017 年，党的十九大提出要深入实施区域协同发展战略。近年来，我国跨区域协同创新机制逐渐建立，《哈长城市群发展规划》《长江三角洲城市群发展规划》《粤港澳大湾区发展规划纲要》《中原城市群发展规划》《成渝城市群发展规划》等城市群发展规划以及《西安都市圈发展规划》《成都都市圈发展规划》《武汉都市圈发展规划》等都市圈发展规划相继出台，城市间的融合互动逐渐加强；京津冀协同创新共同体建设逐渐深入，协同创新体制机制逐渐完善，在交通、生态、产业三个重点领域实现重大突破。

在这一阶段，国家鼓励科技创新创业，并把科技成果转化摆到了重要位置，积极完善配套基础设施，激励企业与高校、科研机构进行创新合作，在国内创新环境、创新资源、创新主体等各方面进一步深化协同创新发展战略。总的来说，我国政府围绕研发合作、知识产权保护、税收优惠和科技创新基金等多个方面制定和实施了一系列政策来促进协同创新；我国创建了一大批孵化器、加速器、产业园区等创新平台汇聚创新资源，促进协同创新的发展；我国在创新生态建设方面做出了许多努力，多个城市在交通建设、生态环境保护、金融服务等领域展开合作，保障城市间协同创新的良好发展。

这一阶段的主要政策见表 3。

表 3　全面推进协同创新阶段的主要政策

| 序号 | 出台年份 | 文件名 | 主要内涵 |
|---|---|---|---|
| 1 | 2012 | 《关于 2012 年深化经济体制改革重点工作的意见》 | 强调以企业为主体、产学研用紧密结合的发展模式，并进一步强调要加强科技和经济的联系 |

| 序号 | 出台年份 | 文件名 | 主要内涵 |
|---|---|---|---|
| 2 | 2014 | 《国家新型城镇化规划(2014~2020年)》 | 在体制机制、要素市场、基础设施与服务等方面对城乡一体化发展做出了部署,并鼓励通过机制建设、交通建设等方面促进城市群协调发展 |
| 3 | 2016 | 《国家创新驱动发展战略纲要》 | 通过税收、金融、产业、政策等多种渠道积极促进产学研联合 |
| 4 | 2020 | 《2020年新型城镇化建设和城乡融合发展重点任务》 | 加快实施京津冀、长三角、粤港澳大湾区等区域的协同发展战略 |
| 5 | 2020 | 《关于新时代推进西部大开发形成新格局的指导意见》 | 加强西北、西南地区的合作,对成渝、关中平原地区的协同发展提出了要求 |

### （四）我国协同创新共同体的发展趋势

#### 1. 参与主体多元化

目前,我国协同创新共同体正处于建设阶段,呈现许多新的趋势,其中最为突出的是参与主体越来越多元化。在跨区域协同创新的过程中,政府端、科研端、企业端、金融端等多方参与的趋势越来越明显,在构建跨区域全面创新体系的过程中,越来越强调政府管理人员、科研人员、企业人员、金融领域人员、投资者、中介服务人员等多方群体的协同合作。协同创新共同体载体平台的建设方式正从由政府主导向企业、高校、科研机构、政府、中介机构、行业协会等多方主体联合共建的方式转变。当前,协同创新共同体载体平台的建设主要是由科研机构、高校、行业协会、企业四类主体牵头,政府通过规划制定、财政拨款、财税优惠、项目引导等方式参与平台建设并辅助平台运营,从而保证创新资源的全面共享和高效流通。

参与主体多元化与我国全面融合创新的要求是分不开的。当前,创新问题不单单涉及科技创新本身,而且与经济发展、生态环境保护等密切相关,创新的影响渗入社会的方方面面,创新活动的复杂性也不断提高,需要政府管理人员、科研人员、投资者、企业人员、金融领域人员、中介服务人员等多方群体共同参与。在当前趋势下,协同创新共同体的建设必须更加注重加强各参与主体对共同体的组织认同、目标认同以及对跨界合作文化的认同。

### 2. 创新要素多样化

在协同创新参与主体的积极推动以及信息技术的强力保障下，创新要素将变得更加多样化。一方面，各协同创新参与主体有实现创新要素多样化的动力。在协同创新共同体中，各参与者之间的关系网络是创新的关键，人与人、物与物、人与物之间全方位、高持久、强稳定、高效率的相互连接和融通是实现创新的基础。各创新主体可以纵向、横向整合创新要素，从而降低成本并获得要素融合所产生的新的价值。另一方面，信息技术的发展与普及为实现多样化的要素融通聚集提供了技术支撑。以人工智能、物联网、大数据、云计算等为代表的科技革命正在颠覆人们的生活和生产方式，万物互联正在逐渐渗入社会生活的方方面面，这为协同创新共同体实现多样化要素的聚集创造了条件，各种创新要素都可以更容易地实现聚集与流通。

### 3. 协同范围不断扩大

在政府的规划和统筹下，协同创新共同体正在以惊人的速度发展建设，建设的范围涵盖经济、交通、医疗、养老、文化、教育、生态环境、法律服务等各个方面。近年来，我国多地合作共建了一大批科技成果转化中心、创新发展联盟、技术创新联盟、产业创新联合体、技术协同创新研究院等平台载体，推动创新要素的共享和流动，为经济发展提供动力。在协同创新共同体建设过程中，各地还在交通、医疗、教育、文化、养老、法律服务等多个领域展开合作。例如，京津冀合作共建交通一体化网络，三地之间的交通互联建设越来越深入。京津冀三地还通过共同开发旅游路线、联合进行文旅宣传、协同举办赛事等方式，推进三地文化和旅游深度融合发展。此外，京津冀还通过共建法律服务联盟、签署《"聚集京津冀协同、深化国地税合作"区域税收协同共建框架协议》、共同出资设立京津冀协同发展专项基金、设立"自贸通办"窗口、成立基础教育协同联盟、签署《京津冀深入推进知识产权协同发展战略合作协议》等方式在法律服务、税收、金融服务、信用、政务服务、基础教育、知识产权等各方面为协同创新共同体的运行创建了良好的环境。

### 4. 跨界创新常态化

不同产业和技术领域间的跨界创新常态化也是协同创新共同体发展的一个重要趋势。协同创新共同体各参与主体可以在跨界合作的过程中实现知识的交叉共享，加速创新过程。在信息技术的加持下，未来，协同创新将更普遍地跨越不同的行业和领域。在协同创新共同体中，不同产业、技术、领域、学科之间的跨界创新将越来越普遍，同时自然科学和人文科学的跨界融合也将日益常态化。

### 5. 更加注重社会责任和可持续发展

在建设协同创新共同体的过程中，以政府为代表的各参与主体对于承担社会责任和兼顾可持续发展越来越重视，这将在协同创新实践中起到积极作用。在处理人与自然以及人与社会的关系方面，习近平总书记指出："发展的最终目的是为了人民。在消除贫困、保障民生的同时，要维护社会公平正义，保证人人享有发展机遇、享有发展成果。"如果做出破坏经济、社会、环境协调发展的举动，必然会给社会稳定带来负面影响，甚至破坏发展的根基。因此，在深入实施创新驱动发展战略的同时，还要兼顾可持续发展的目标。同时，在政府和消费者越来越重视企业社会责任和环境保护的形势下，越来越多的企业开始主动积极参与解决社会和环境问题，并在创新过程中兼顾承担社会责任和实现可持续发展。

### 6. 更加注重基础研究和人才培养

加强基础研究和人才培养成为协同创新共同体建设的一个重要趋势。协同创新共同体建设旨在通过跨学科和跨机构的合作，促进科技创新和产业升级。基础研究作为科学技术发展的重要基石，为协同创新提供了理论和方法支撑。同时，人才培养是协同创新共同体建设的核心要素，优秀的科技人才是推动创新的关键驱动力。基础研究是科学技术进步的源泉，不仅能够为协同创新提供前沿科技支撑，推动技术创新和产业升级，而且能够培养创新型人才，提高协同创新共同体的整体创新能力，对于推动协同创新共同体的发展具有重要意义。因此，加强基础研究和培养具备跨学科知识与创新能力的人才对于推动协同创新至关重要。近年来，京津冀协同创新共同体在大型科学仪器共享、教育联盟组建等方面不断加强基础研究和创新型人才培养。

**7. 体制机制不断完善**

充分发挥协同创新共同体的作用需要各地政府制定相关规划，构建协同创新制度，促进跨区域创新资源的全面共享和高效流通。随着协同创新共同体建设的不断深入，相关的体制机制也会不断完善。以京津冀协同创新共同体的建设为例，自京津冀协同发展上升为国家战略以来，京津冀三地不断完善协同联动和项目对接工作机制。在三地政府的积极协同推进下，三地在重大项目落地、创新示范区建设、重点产业项目合作等方面的实践活动越来越丰富，以协同创新为核心的协同创新保障机制不断完善，涉及金融服务、法律服务、政务服务、交通基础设施建设等各个方面，为协同创新共同体建设提供生态支持。

**8. 协同创新共同体模式有望在其他地区普及**

协同创新共同体作为促进区域协同创新的新模式，有望在更多地方普及。随着经济发展模式的变革，我国全面推进创新驱动发展战略，加快建设实体经济、科技创新、现代金融和人力资源各方面协同发展的产业体系。各部门和地方政府纷纷落实鼓励创新的政策措施，包括投融资政策、知识产权保护政策和财税支持政策等，同时通过财政资金来引导社会资金，以此支持科技成果的转化。高校更加注重为企业提供研发创新服务，而企业对于与高校的产学研合作也表现出更强的意愿。与此同时，跨区域的协同合作将会进一步扩大校企合作的广度，为创新发展带来新的活力。随着京津冀协同创新共同体理念的不断深入，长三角一体化发展、粤港澳大湾区合作发展也将不断深化，这些跨区域协同创新实践为跨区域协同创新模式的构建提供了基础，并带动其他跨区域协同创新政策创新升级。

# 三 协同创新共同体的运行机制和功能

## （一）协同创新共同体运行机制的基本内涵

协同创新共同体的运行机制指的是高校、科研机构、政府、企业、中介组织等协同创新主体从组建协同创新联盟到完成利益分配的各环节涉及的各种作用原理、制度安排以及作用形式，具体涉及协同创新的运行动力、决策方式、选择机制、投入和利益分配机制等[21]。因此，协同创新共同体的运行机制可以定义为协同创新共同体运行的动力、规则和程序，即协同创新共同体各参与主体间的内在联系、行动动力、行动方式、制度安排等内容。

协同创新共同体需要存在于特定的网络结构中，共同体成员间可以建立多样、紧密的联系；协同创新共同体的运行需要设置特定的程序机制，以充分激发参与主体的主动性和积极性，引导各参与主体建立联系，并采取资源共享等有助于协同创新共同体创新的行动；协同创新共同体的运行还需要建立保障类的机制，以有效保障参与主体的行为可以最大化地发挥有利于协同创新共同体整体的正向作用。

## （二）协同创新共同体运行机制的文献回顾

在有关协同创新共同体的运行机制方面，学者们对运行机制的几种类型和运行的关键活动进行了研究。危怀安等对协同创新的内涵、构成要素、特征以及运行机制进行了研究，并将运行机制分为动力机制、过程机制、转移机制、支持机制和产出转化机制[22]。安小米等从"激励-统筹-约束"的角度对我国政务信息系统整合共享工程中的共同体构建进行了研究[23]。曹静等认为技术创新协同包含了过程协同和要素协同，并提出了全面创新管理的建议[24]。陈培樛等将推动产学研技术联盟合作创新的动力机制分为内部机制和外部机制，并指出内部机制包括各主体自我发展需要和利益驱动，外部机制包括市场拉动、技术推动和政策启动[25]。陈劲等对协同创新的理论基础和内涵进行了研究，认为协同创新的核心是知识的增值[26]。王毅等对知识粘滞的成因以及知识转移机制进行了研究，并提出知识转移对协同创新具有重要影响[27]。崔新健等从过程理论的视角对创新共同体的建设进行了研究，认为跨区域创新共同体建设中的主要挑战是各主体在状态、目标、文化、开放倾向方面的不协同，并强调了政府在资源分配过程中起到的协商作用[28]。

### （三）协同创新共同体的运行机制分析

通过对协同创新共同体运行过程和关键环节的分析和总结，可以得出协同创新共同体的运行涉及知识、技术、组织、要素支撑体系四个方面。具体来说，可以将协同创新共同体的运行机制归纳为动力机制、支持机制、约束机制和保障机制。动力机制是协同创新共同体运行的核心，是诱发、引导协同创新活动开展的关键环节，是协同创新共同体形成的基础，可以从目标驱动和利益驱动两个方面对协同创新共同体的动力机制进行设计[23]；支持机制是协同创新共同体组织内部运作的具体方式，涉及协同创新共同体在开展创新活动的过程中，主体之间、要素之间、主体与要素之间的连接和转移方式；约束机制也是协同创新共同体运行的重要一环，指的是对各主体的行为进行约束，具体来说，可以从政策约束、协议或合同约束、督导约束三个方面进行设计；保障机制是协同创新共同体顺利、有效运行的重要保障，需要重点考虑协同创新过程中跨区域体制协同的问题，围绕政策和法律、知识产权保护机制、诚信机制等方面提供资源共享、价值共创、风险共担的机制保障。

#### 1. 动力机制

动力机制为协同创新共同体中的各主体提供驱动力量，是协同创新共同体形成的基础。从系统的角度来看，协同创新共同体的动力来源于内部和外部。内部驱动是指企业、高校、科研机构等协同创新共同体的主体为了满足自我生存发展的需求、满足区域发展的需求、顺应产学研内部或各界之间相互作用产生的合作驱动力等因素[29]而主动参与协同创新的行为；外部驱动是指协同创新共同体中的各主体受到市场拉动、技术推动、政策启动等外部动力源而进行协同创新的行为[25]。由于协同创新共同体受到组织内外因素的驱动，因此其动力机制应从主观激励与客观激励两个角度进行设计，其中主观激励由目标管理驱动，客观激励由利益引导驱动[23]。

目标应由协同创新共同体的集体发展目标和协同创新主体的自我发展目标组成。明确共同的发展目标，可以在客观上激励各主体参与协同创新活动的全过程。政府部门应出台相关文件制定协同创新共同体的总体目标和阶段性目标，激励各地方、各部门履行职责、按期完成任务，并为协同创新共同体各主体的协同创新活动指明方向。各地方政府、企业、高校、科研机构等在协同创新的过程中也应当制定相应的目标，明确自我发展定位以及预期取得的成果，充分发挥自我发展目标驱动的效果。

利益机制是协同创新共同体运行的根本机制。价值利益的一致性可以在主观上激励参与主体推动协同创新活动。利益机制应当在利益的分配和获取方式上体现公平性[25]。在利益分配上，利益机制应当符合互惠互利的原则。协同创新共同体中的各主体虽然追求相同的创新目标，但各主体本身也追求各自的发展目标，因此应当关注各创新主体的需求并构建相应的机制以实现各方主体的利益最大化，充分保证各主体的自主利益，更好地调动参与主体的积极性。在利益的获取方式上，应当秉持风险利益对称的原则。各主体承担的风险需要与其获取的收益呈正相关关系。在多主体协作的过程中，各主体之间可以采用协议的方式明确具体任务、细化各主体承担的责任，实现风险共担，保证合理收益并明确知识产权归属等问题，增强各主体间的信任。

在利益驱动机制的建设中，政府应当牵头，协调各方利益，建立一套科学、系统、可落地的激励政策。一方面，政府可以运用财税、信贷以及扶持资金等手段给予协调创新参与方优惠，也可以直接对项目进行资金投入。另一方面，政府可以在项目完成后给予相关参与方现金或荣誉奖励。同时，激励政策的落实应考虑区域间的差异性，因地制宜，加强激励政策的适用性和实用性，进而有效增强协调创新共同体运行的动力。

### 2. 支持机制

协同创新共同体的运行需要实现各主体以及知识、技术、人才、资金等要素的协同。协同创新共同体通过建立跨越边界的联系，为参与者提供协同创新所需的条件和平台，推动共同体系统内创新基础资源的全面共享和高效流动，进而提升各主体以及区域的创新能力和创新绩效。知识协同机制是协同创新共同体运行的核心。要实现知识协同，需要在异质性知识主体之间建立联系并促进知识共享。创新的产生越来越多地依赖于多层次的交互。在协同创新活动中，要通过组织各方进行知识交流等形式，运用现代信息技术，制定相关共享制度，使各方主体为了相同的价值增值目的，保证协同创新中的知识共享、技术共享、技能共享[30]。

实现协同创新过程中各主体及要素的聚集，需要高效的平台。聚集的功能性体现在各参与主体跨越组织、社会和层级边界建立联系，实现人才、知识、资金等要素资源的优化配置，进而提升协同创新共同体的发展速度和创新能力。协同创新共同体可以通过促进技术研发和经济实体的协作来促进创新要素的聚集[25]。

在技术研发协作方面，一方面，地方政府、高校和企业可以通过共建技术联盟、技术开发中心等技术创新基地的方式促进高新技术、关键技术的研发，进而推动区域产业转型升级和行业进步；另一方面，各主体可以通过共建研发中心来促进基础性科学研究成果转化为市场收益。而且，政府还可以鼓励高校和科研机构在技术联盟的框架下为企业提供技术支持，以实现技术收益的最大化并为学术活动提供实践支撑。此外，考虑到某些创新资源的稀缺性，应当建立相应的共享机制。比如，支持区域共建、共享重点实验室等重大科技基础设施，以实现对创新资源的高效利用。

在经济实体协作方面，协同创新共同体各主体可以通过共建科技企业或科技园区等经济实体的方式进行创新协作。高校、科研机构和企业可以结合各自的优势组建紧密的创新联合体，协同合作，推动技术的成功转化，最终为各参与主体带来创新收益。政府、企业、科研机构等主体可以通过共建科技园区、创业孵化中心等创新载体，为科技成果的转化应用提供平台。此外，各创新主体还可以共建技术交易市场，通过联合开展对接洽谈、项目路演、专利拍卖、挂牌交易等活动推动技术交易，加速科技成果的流通转化[31]。

建立涵盖知识、技术、市场的全面的协同创新体系，打通研发、应用、孵化的各环节，兼顾知识端和市场端需求，提升研发和科技成果转化的效率，实现创新基础资源的全面共享、高效流动，进而为协同创新共同体的运行提供支撑。

### 3. 约束机制

在协同创新共同体运行过程中，由于信息不对称以及逐利观念，各异质性主体容易产生机会主义行为，造成冲突矛盾和信任危机，导致交易成本上升，影响协同创新共同体的运行效率。约束机制可以通过一系列正式或非正式的手段对机会主义行为进行控制，有效规范各主体的行为，便于高校、企业、科研机构等主体明确协同目标，更好地进行协作创新，保障协同创新共同体支持机制的有效运转[32]。具体的约束机制可以通过政策约束、协议或合同约束、督导约束来实现。

政府可以通过出台政策文件对协同创新共同体各参与主体的行为进行约束。政府需要出台目标引导性的文件，为各创新主体的协同创新提供方向；同时，政府还需要出台文件对决策部署、任务分工进行明确，对协同创新共同体各主体进行责任约束；此外，政府还需要制定相关标准，对协同创新各主体的行为提出全面、具体的要求。总之，政府需要形成全方位的政策体系，对各主体的协同创新行为进行规范，推动协同创新各主体进行资源整合和共享[23]。

各主体在进行协同创新的过程中，需要依法签订相关的合作协议或合同。协议或合同约束是依靠法律武器约束参与者行为的方式。协议书或合同书能够明确各方权利与义务，可以对当事人双方（或多方）形成制约，能监督各方信守诺言、约束轻率反悔行为。协议或合同约束有助于保障协同创新活动中的利益和风险分配，形成风险共担、利益共享、产权明晰、共同发展的协同创新机制。

然而，仅仅依靠政府政策和协议、合同对参与主体的行为进行约束是远远不够的。协同创新共同体作为一种跨越地方边界的协同组织模式，往往会受到各地方政府专注于"一亩三分地"思想的阻碍。因此，协同创新共同体的顺利运行还需要一定的监督机制。监督机制可以通过在国家层面建立督导小组开展专项督导来实现。国家层面的相关机构可以通过实地督导、电话督导、文件督导、约谈督导等多种方式对相关任务的完成情况进行督导检查，推动工作进展滞后的组织按期、按质量完成任务，约谈工作进度缓慢的个体，查找问题，督促解决，确保各项任务分解落实到位、按时保质完成[23]。

### 4.保障机制

在协同创新的过程中，还需要围绕政策和法律、知识产权保护机制、诚信机制等建立相应的保障机制，提供资源共享、价值共创、风险共担的机制保障。通过机构协同、政策协同和资源的空间协同方式，积极引导、资助、激励和推动各类创新主体的协同与合作活动，促进协同创新共同体内各类信息、技术、人才、资金等创新基础资源的全面共享和高效流动，这是协同创新共同体成功运行的有效保障。

首先，要实现机构协同。协同创新共同体需要专门机构负责设计和运营，分解并落实协同创新共同体的目标，推动协同创新活动按期顺利进行。协同创新共同体的管理机构需要有较高的行政管理层级并具备调动资源的力量，来对跨区域主体进行协调和管理。只有充分保证协同创新共同体管理机构的行政权威和调动资源的力量，才能最有力地推动实现协同创新共同体的目标[13]。建议成立国家层面的协调机构，按照协同创新的目标定位，统筹布局各地创新基础设施等创新资源，避免无序竞争造成资源浪费。同时，还需要完善相应的协同机制，实现各地方政府之间以及财政部门、发改委等各部门之间的协同配合，协同推进跨部门、跨地区的信息和资源共享、交换等工作[23]。

其次，要实现政策协同。协同创新共同体在运行过程中需要充分协调、调动各方创新基础资源，而要实现资源在跨区域协同中的高效流动，就需要各地方建立起统一、协调的人才互认、企业备案互认、知识产权协同等机制。要实现人才的充分流动，就需要形成协同的人才资格认证体系，保障人才在跨区域流动的过程中可以在住房、子女教育等方面享受到合理的优惠和资助。要实现企业的跨区域流动，就需要建立起互认备案的资格体系，实现跨地区互认备案。同时，各地还需要建立协同的知识产权保护机制，不断提高知识产权保护水平，不断完善知识产权衔接机制，充分发挥知识产权制度激励创新的基本保障作用。

此外，协同创新共同体中各地区所拥有的资源并不是平均分布的，因此，为了实现各地区和各主体的长期、稳定、高效发展，需要积极构建合理的空间布局，鼓励资源充足地区的基础设施资源向资源缺乏的地区转移。比如，教育资源丰富的地区可以通过高校的整体搬迁、与资源劣势地区联合办学、在资源劣势地区建立分校等多种方式向资源较为缺乏的地区转移资源，实现教育的协同发展。同理，协同创新共同体中的各地区还可以在医疗服务、养老服务、法律服务、金融服务等各方面实现全面协同，保障人才、企业的跨区域高效流动。

### （四）协同创新共同体的功能

协同创新共同体可以通过打破行政壁垒、与跨区域主体协同联动，实现创新资源的进一步共享和流通，进而更充分地发挥"1+1＞2"的协同效应。创新资源在更大区域内的高效流通意味着跨区域的创新活动可以实现有效联动，创新链不同环节中的活动可以在更广阔的区域中互动；跨区域协同也将带来创新机构在更大范围内的联动，形成规模集群创新效应；同时，更大范围内的协同也会促成更多对创新资源的共享共用，使闲置资源得到有效利用，提高创新效率；此外，各地创新资源的聚集更利于形成良好的创新文化氛围，进一步激发各地区的创新活力。

#### 1.跨区域整合、部署创新链

建设区域协同创新共同体可以打破行政壁垒、提供跨区域协同的创新环境，有利于实现各创新要素和参与主体在创新链不同环节上的互动、整合和协同，促进创新活动基于比较优势进行区域分工，最终实现创新链的高效运转。在跨区域创新环境协同的保障下，市场将在资源配置中发挥决定性作用，创新资源将进一步按照共同市场进行优化配置，最终形成布局合理的产业结构和创新体系。

#### 2.广泛联结创新机构

在区域间建设协同创新共同体可以在更大范围内联结创新机构、聚合更多优质创新要素，促进创新资源更充分地流通，提高创新资源配置效率，最终形成规模集群创新效应。在协同创新共同体内部，大学、高校、科研机构、企业、政府、中介机构等不同类型的创新主体可以通过多种形式和途径实现更大范围内的互动和合作，聚集多地的创新资源，形成区域规模经济和规模集群创新效应。

### 3. 扩大创新资源的共享范围

跨区域协同可以实现创新基础设施、人才、资金、信息等创新要素在更大范围内的融合共享。这一特点旨在促进创新要素的充分流动和高效共享，从而支持协同创新共同体内部的创新活动和发展。为实现这一目标，区域协同创新共同体会搭建各类协同创新平台、组织各类活动，并运用相关的政策措施和政策工具来推动创新要素的流动和共享。这不仅是建设协同创新共同体的重要目标，也是其不断发展壮大的重要基础。通过创造有利于创新要素流动的环境，协同创新共同体能够促进成员之间的合作与互动，加速创新活动，从而为区域创新和发展创造更有利的条件。

### 4. 形成良好的创新氛围和创新文化

协同创新共同体通过消除创新体制机制和创新政策的壁垒，可以实现统一的市场、高度的共识以及均质的创新生态环境。不同地区之间的创新理念、创业文化以及合作文化相互融合发展，创造了有利于创新的环境。不同地区之间的文化交流和共享推动了创新创业文化的统一，促进了协同创新共同体成员之间的紧密合作，加速了创新的发展和传播。协同创新共同体内的成员可以在公平的机会和共同的利益基础上，共同探索创新的机会，实现文化的交流和共享，进一步促进创新创业文化的深入发展。

## 四 京津冀协同创新的发展历程与现状

### （一）京津冀协同创新的发展历程

京津冀协同创新的发展起源可以追溯到1986年。1986年环渤海地区市长联席会的成立为京津冀的交流协作提供了契机。但随后京津冀三地之间的协同合作较多地停留在设想阶段，实践活动较为缺乏。直到 2004 年 2 月，北京、天津和河北就消除地区壁垒、促进生产要素充分流动达成了共识，同年《环渤海区域合作框架协议》的签订则是京津冀跨区域合作的初步探索。此后十年间，京津冀一体化进程加快，初步建立了沟通协调机制，国家对京津冀三地间的协作做出了战略规划，北京、天津、河北两两之间也签署了合作框架协议。同时，在实践方面，京津冀合作取得阶段性进展，但合作领域大多局限在生态、环境保护等方面，经济发展、产业对接、资源共建共享等方面的合作较少。随着京津冀协同发展上升为国家战略（2014 年），京津冀三地间以创新为目标的协同合作逐渐丰富和深入。2014 年 8 月《京津冀协同创新发展战略研究和基础研究合作框架协议》的签订预示着京津冀区域协同创新发展战略研究和基础研究长效合作机制确立。同年 10 月，习近平总书记首次提出京津冀协同创新共同体的概念，强调要充分整合京津冀区域内创新资源、建立健全区域创新体系。2015 年，中共中央政治局会议审议通过了《京津冀协同发展规划纲要》，对京津冀协同创新发展进行了谋划。此后，京津冀协同创新机制进一步完善，构建"北京研发、津冀制造"协同创新共同体成为京津冀协同创新发展的目标。同时，三地积极促进协同平台的共建，推动创新资源共享和联合研发，在基础研发、孵化转化等环节实现了有效的协同。三地还建立了有效的知识产权协同保护制度、开通了跨区域政务办理窗口、建立了生态协同保护制度、构建了交通一体化网络、制定了人才互认标准、成立了教育联盟、出台了金融服务政策等，为协同创新创立了良好的生态环境。京津冀协同创新发展历程的重要节点如图 1 所示。

### （二）京津冀协同创新发展情况

#### 1.北京协同创新发展实践

北京紧密围绕全国科技中心的定位，充分发挥科技创新优势，积极促进创新资源的共享和流动，推动京津冀协同创新发展。北京积极与河北、天津进行产业项目合作、技术攻关合作、创新成果转化合作及协同创新机制建设，

1986年5月

起源：环渤海地区市长联席会议

2004年2月

共识：河北、天津、北京初步达成破除行政壁垒的共识

2004年6月

合作初探：《环渤海区域合作框架协议》签订

2008年2月

协调机制：京津冀发改委共同签署了《北京市、天津市、河北省发改委建立"促进京津冀都市圈发展协调沟通机制"的意见》

2011年3月

战略规划：国家规划纲要"十二五"发布，提出"打造首都经济圈"

2014年2月

国家战略：习近平总书记将京津冀协同发展上升为重大国家战略

2014年6月

统筹机制：国务院成立京津冀协同发展领导小组

2014年8月

创新协同：北京市科委、天津市科委、河北省科技厅签署《京津冀协同创新发展战略研究和基础研究合作框架协议》

2014年10月

共同体建设：习近平总书记提出要形成京津冀协同发展创新共同体

2015年4月

全局规划：中共政治局会议审议通过了《京津冀协同发展规划纲要》

2016年6月

产业布局：工信部发布《京津冀产业转移指南》，提出"1555N"的产业发展格局

2017年4月

国家级新区设立：中共中央、国务院印发关于决定设立国家级新区河北雄安新区的通知

2020年12月

科技创新平台建设："京津冀国家技术创新中心"成立

2023年7月

统筹机制完善：京津冀协同发展联合工作办公室正式揭牌

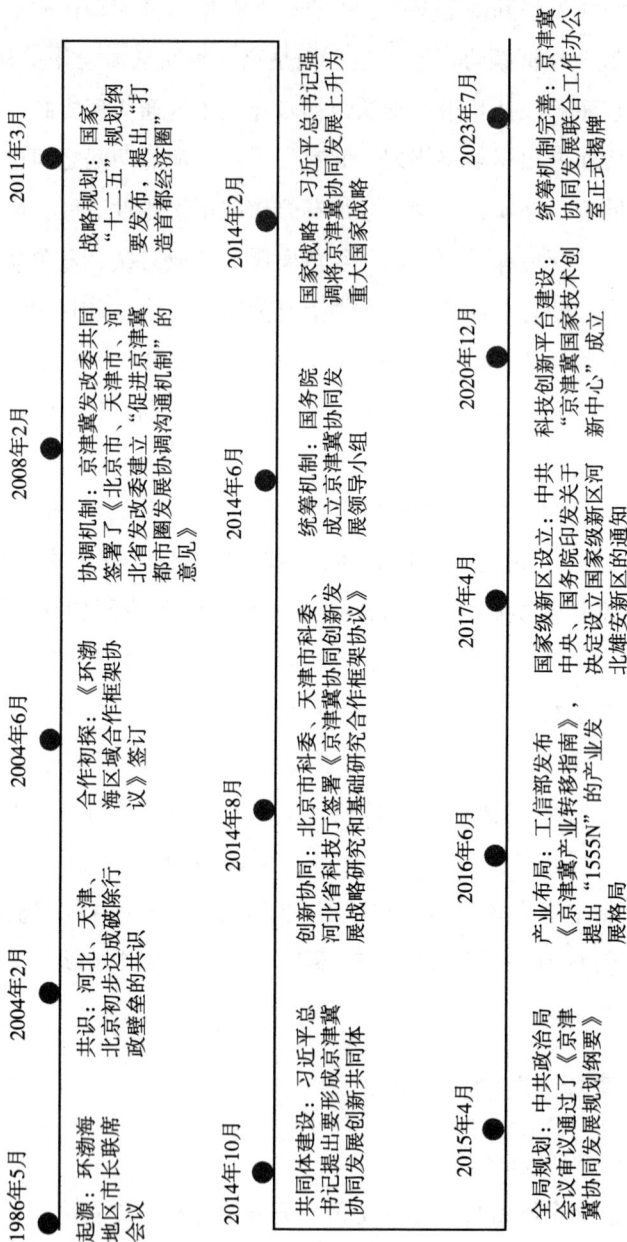

图1 京津冀协同创新发展历程

并取得了显著成就。在基础研究方面，北京设立了京津冀基础研究合作平台，截至 2022 年 2 月，资助的基础研究项目高达 68 项①，同时实现了京津冀青年科学家论坛常态化举办，为京津冀科学研究人才的交流、协作提供了良好平台。在科技成果转化方面，当前，北京在智慧城市、新能源、先进制造、节能环保等多个领域进行了科技成果在天津、河北的转化落地。截至 2023 年 7 月，中关村企业在津冀两地设立分支机构累计 9700 余家，北京流向津冀的技术合同成交额累计超 2200 亿元②。同时，北京还积极参与京津冀协同创新体制机制建设，在金融服务体系建设、交通一体化建设、企业资格认证等方面与河北和天津进行协同合作。

### 2. 天津协同创新发展实践

天津积极承接北京非首都功能，2022 年全年在天津引进各大央企、集团机构以及高质量项目中，总投资超过 1600 亿元③。同时，天津积极推动与河北和北京的协同创新，与河北、北京共同建立了一批产业园区、技术联盟等协同创新载体，推动创新资源的全面共享和高效流动。这些创新平台包括天津滨海-中关村科技园、天津滨海新区-唐山曹妃甸区协同发展合作示范产业园、天津滨海新区-沧州渤海新区协同发展合作示范产业园等。这些合作项目为京津冀协同创新共同体建设起到了显著的助力作用。以天津滨海-中关村科技园为例，《北京日报》的报道显示，截至 2022 年底，天津滨海-中关村科技园累计注册企业已有 4000 余家，其中，国家科技型中小企业突破 200 家，国家高新技术企业高达 140 家④。

### 3. 河北协同创新发展实践

河北以创新平台建设和协同创新体制机制完善为重点，加快推进京津冀

---

① 《北京发布京津冀协同发展 8 年成效，科技创新合作亮点来了》，https：//www.ncsti. gov.cn/kjdt/xwjj/202202/t20220224_60061.html。
② 《北京：推动京津冀协同发展不断迈上新台阶》，https：//www.gov.cn/lianbo/difang/ 202307/content_6890693.htm。
③ 《天津统计年鉴（2023）》。
④ 《1 至 7 月，滨海-中关村科技园新增注册企业 502 家》，https：//baijiahao.baidu.com/s？id= 1774731679780718609&wfr=spider&for=pc。

协同创新，与京津合作共建了一大批众创空间、科技企业孵化器、产业技术联盟和技术转移机构。在创新平台建设方面，河北与北京、天津共同建立了保定中关村创业大街、河北金种子创业谷等创新园区，加速创新成果转化；同时，河北还积极与北京、天津联合建立京津冀石墨烯产业发展联盟等95家产业技术创新联盟，积极促进产学研多主体间创新资源的充分共享和自由流动，为突破关键技术、构建良好产业生态做出贡献。自京津冀协同发展战略提出以来，京津冀产业协同取得了重大成果。以中关村·保定创新中心为例，河北新闻网的数据显示，到2023年2月，中关村·保定创新中心入驻企业累计研发投入超过1亿元，同时已有33项科技成果落地发展，知识产权数量突破1000件[①]。

### 4. 京津冀三地总体协同创新情况

总的来看，三地通过共同组建产业技术联盟、产业园区等方式促进创新技术联合攻关和科技创新成果转化，并通过构建协同的政务服务系统、一体化交通网络、人才互认机制等方式，构建了涵盖政务服务、交通网络、人才流动、法律服务、金融服务、信用、基础教育、医疗服务、数据服务等多个方面的协同创新生态体系，为实现人才、技术、资金等创新资源的充分共享和流动提供了完善的体制机制保障。

在创新平台建设方面，三地通过成立一系列科技成果转化中心、创新发展联盟、技术创新联盟、产业创新联合体、技术协同创新研究院等平台载体实现创新要素的共享和流动。具体的创新平台包括京津冀开发区创新发展联盟、京津冀国家技术创新中心、河北省氢能产业创新联合体、京津冀地理信息科技创新联盟、京津冀现代农业协同创新研究院、曹妃甸协同发展示范区等。

在创新生态体系建设方面，三地在交通建设、法律服务、金融服务、信用、政务服务、基础教育、知识产权、人才互认、数据协同、医疗协同等各

---

① 《京津冀协同发展九周年·产业协作｜创业者乐享"类中关村"服务》，https：//hebei.hebnews.cn/2023-02/26/content_8954665.htm。

方面为协同创新共同体的运行营造了良好的创新环境。具体措施包括：构建京津冀交通一体化网络；共同成立"京津冀工商界法律服务联盟"；共建京津冀科技成果转化创业投资基金；成立京津冀产业协同发展投资基金；成立京津冀晋信用科技实验室；上线京冀政务服务"自贸通办"窗口及京津通办自助服务厅；成立京津冀基础教育协同发展联盟；签署《京津冀深入推进知识产权协同发展战略合作协议》《外籍人才流动资质互认手续合作协议》；建设京津冀大数据综合试验区；实现医疗机构互认、医学影像检查资料共享、跨省异地就医费用直接结算；等等。

### （三）京津冀协同创新发展现状

2014年2月，习近平总书记强调京津冀协同发展上升为国家战略，同年10月，对《京津冀协同发展规划总体思路框架》做出重要批示，强调要建立健全区域创新体系、整合区域创新资源，形成京津冀协同创新共同体。2015年4月，中共中央政治局审议通过了《京津冀协同发展规划纲要》，指出了京津冀协同发展的目标和重点任务。自京津冀协同发展战略实施以来，京津冀产业格局持续优化，创新主体不断发展壮大，京津冀协同创新共同体建设也迈上了新台阶。

#### 1. 区域发展水平稳步提升

京津冀区域的经济发展水平呈上升趋势，产业结构优化也取得了阶段性成果。2012~2022年，京津冀地区生产总值提高了4.3万亿元，增长了75%；第一产业和第二产业占比呈下降趋势，第三产业占比呈上升趋势，三大产业的占比由2012年的6.1%、43.1%、50.8%变为2022年的4.8%、29.6%、65.6%（见图2）。

尽管京津冀地区经济发展和产业结构优化取得了显著的成果，但与全国经济发展水平相比，京津冀地区经济发展速度还有待进一步提高。如图3所示，2012~2022年，京津冀地区GDP占全国GDP的比例呈下降趋势，由2012年的10.7%下降到2022年的8.3%。其中，第二产业占比下降最严重，由2012年的10.3%下降到2022年的6.1%。在与全国经济增长相比时，京

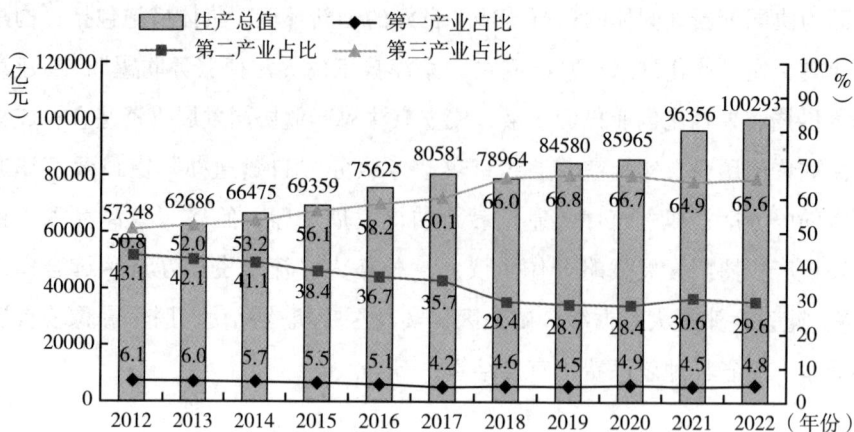

**图2 2012~2022年京津冀地区生产总值及产业结构**

资料来源：北京市统计局、天津市统计局、河北省统计局。

津冀第三产业的增长表现最为突出，每年都占全国第三产业增长总量的10%以上。

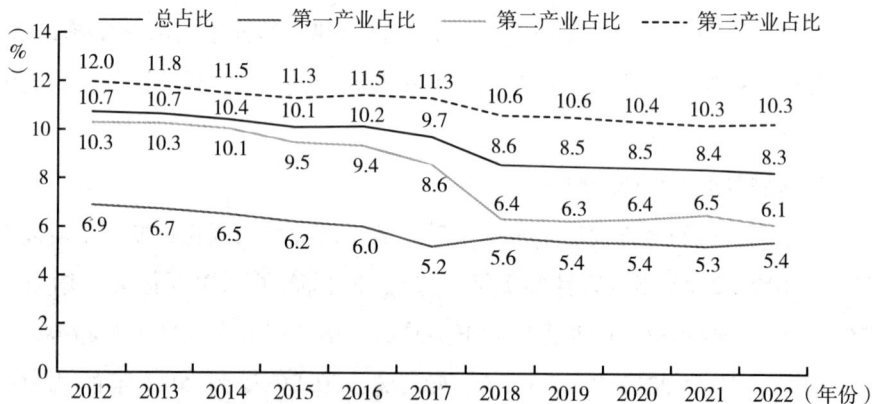

**图3 2012~2022年京津冀地区GDP和三大产业产值在
全国GDP与三大产业产值中的占比**

资料来源：北京市统计局、天津市统计局、河北省统计局、国家统计局。

以2022年数据为代表，对比京津冀三地的产业结构情况，发现京津冀三地产业结构的异质性十分显著。如图4所示，北京第三产业的经济增长领跑整个京津冀地区，在产业发展中应当充分发挥其带动作用。河北的第二产业经济优势突出，其第二产业与第三产业的增长相差不大。京津冀三地的产业结构情况各异，各有优势产业，这为三地的协同发展提供了异质性的资源，也预示着三地的进一步深度协同将会为整个区域带来显著的经济增长。

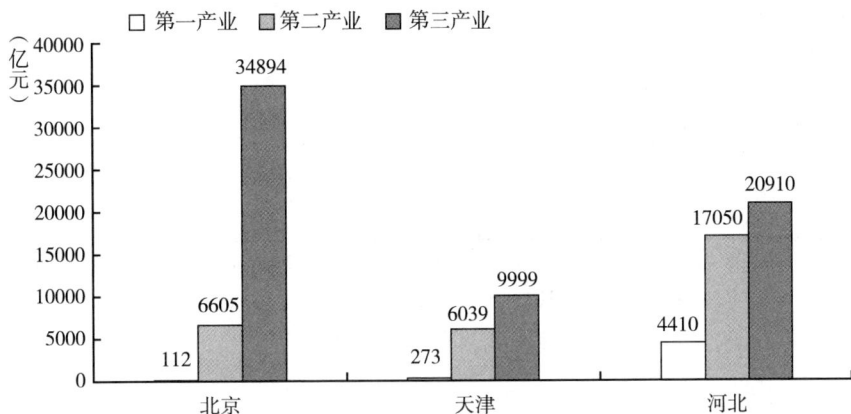

**图 4　2022 年京津冀三地产业结构对比**

资料来源：北京市统计局、天津市统计局、河北省统计局。

### 2. 创新能力逐渐提高

创新能力是高质量发展的重要驱动力。专利和技术市场成交情况是衡量一个国家或地区创新能力的重要指标。本报告从专利授权量和技术市场成交额两个方面分析 2013～2021 年京津冀地区创新能力发展情况。2013～2021 年，京津冀地区专利授权量和技术市场成交额均呈上升态势，分别由 2013 年的 105713 项和 3183.5 亿元上升到 2021 年的 416721 项和 8377.85 亿元（见图 5），说明京津冀地区的创新能力显著提升。

从京津冀三地内部在 2013～2021 年的综合情况来看，三地的创新能力稳定增长，但内部发展极不平衡。如图 6 所示，北京、天津和河北的专利授权量分别从 2013 年的 62671 项、24856 项和 18186 项增长到 2021 年的 198778 项、97910 项和 120033 项；三地的技术市场成交额分别从 2013 年的 2851.2 亿元、300.7 亿元和 31.6 亿元增长到 2021 年的 7005.7 亿元、620.12 亿元和 752.03 亿元，三地创新能力均显著提升。同时，京津冀三地

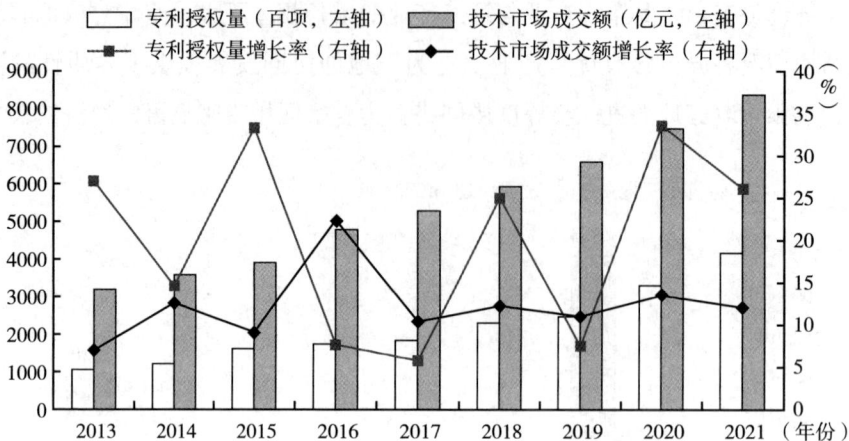

**图5 2013~2021年京津冀地区科技成果增长情况**

资料来源：北京市统计局、天津市统计局、河北省统计局。

创新能力的发展又是极不均衡的。历年来，北京的专利授权量和技术市场成交额均远远高于河北和天津。以2021年为例，北京的专利授权量为天津的2.03倍、河北的1.66倍；北京的技术市场成交额为天津的11.3倍、河北的9.32倍。由此可见，河北和天津的创新能力远低于北京。

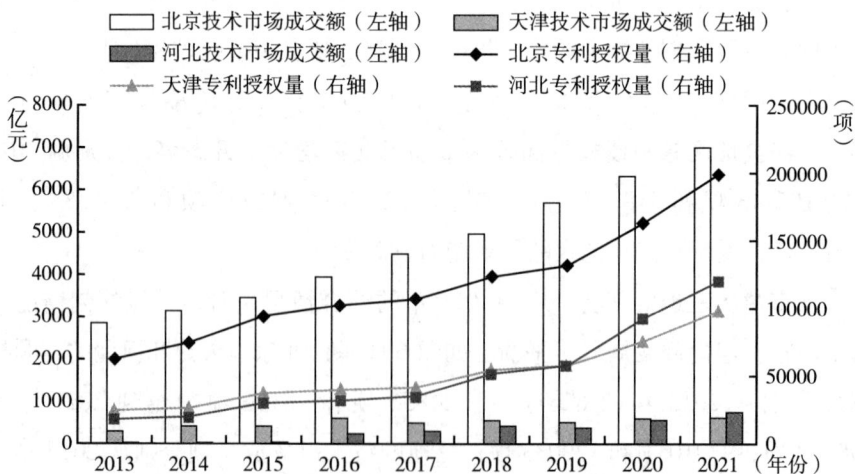

**图6 2013~2021年京津冀三地专利授权量和技术市场成交额对比**

资料来源：北京市统计局、天津市统计局、河北省统计局。

### 3.区域协同创新资源共享初见成效

京津冀三地正在基础研究、成果转化、公共服务一体化等多方面展开合作，三地经济合作项目日益增多。

一方面，京津冀三地协同共建了一大批产业园区、技术联盟、研究基地等创新载体。中关村海淀园秦皇岛分园、中关村·保定创新中心、天津滨海新区-唐山曹妃甸区协同发展合作示范产业园等一系列成果转化基地运转良好。第三代半导体产业技术创新战略联盟、中国电谷智能电网装备产业技术创新联盟、中国水性涂料产业技术创新战略联盟等一系技术创新联盟也为京津冀协同创新共同体的资源开放共享和优化配置提供了支撑。这些创新载体通过信息互通、资源共享、市场互联，促进三地知识、人才、技术、资本等创新基础要素的跨区域流动。

另一方面，京津冀通过全方位互联互通建设，在大型科学仪器设备、重大科技基础设施方面初步实现了跨区域科技资源的共享。其中，北京作为京津冀区域中的科技创新中心，对天津和河北的创新能力提高和创新绩效提升做出了巨大贡献。北京市统计局的统计数据显示，2020年北京流入天津和河北的技术合同分别达到1863项和3170项，成交额分别达到154.3亿元和192.7亿元；2021年北京流入天津和河北的技术合同分别达到1880项和3554项，成交额分别达到110.2亿元和240.2亿元。

## （四）京津冀与长三角、粤港澳协同创新对比分析

### 1.经济发展水平对比

区域的经济发展水平是影响区域协同创新发展水平的重要因素，也在一定程度上反映了区域协同创新发展的水平。2012~2020年三大城市群人均地区生产总值对比情况如图7所示。从图中可以看出，三个区域的经济发展水平均呈上升趋势，但对比来看，京津冀区域经济水平明显落后于长三角和粤港澳，粤港澳经济水平始终处于领先地位。从增长速度来看，长三角经济增长最快，粤港澳经济增长相对较慢。京津冀、长三角和粤港澳2012~2020年的经济增长率分别为63.18%、80.41%和52.21%。京津冀、长三角与粤

港澳的经济发展水平差距均呈缩小趋势。2012 年,粤港澳人均地区生产总值为京津冀人均地区生产总值的 1.43 倍、长三角人均地区生产总值的 1.19倍;2020 年,粤港澳人均地区生产总值为京津冀人均地区生产总值的 1.33倍,而长三角人均地区生产总值与粤港澳人均地区生产总值几乎持平。

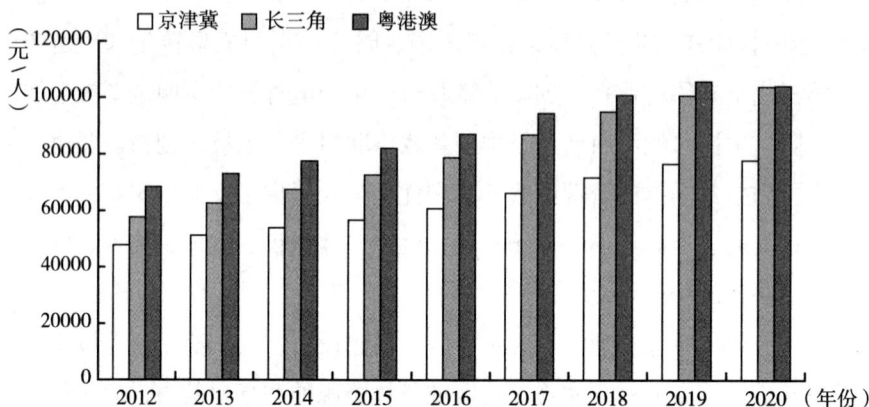

**图 7  2012~2020 年三大城市群人均地区生产总值对比**

资料来源:国家统计局。

### 2. 创新投入对比

创新投入包括人员投入和经费投入。2012~2021 年三大城市群创新投入情况如图 8 所示,其中粤港澳的数据用广东省数据代表。从图中可以看出,三大城市群在人员投入和经费投入方面均有明显的增长趋势,其中,长三角地区的人员和经费投入的数量和增长速度都高于京津冀和粤港澳。从数量方面看,以 2021 年为例,长三角地区研发人员全时当量分别是京津冀和粤港澳的 3.18 倍和 2.03 倍;长三角地区研发经费内部支出分别是京津冀和粤港澳的 2.13 倍和 2.10 倍。从增长速度方面看,2012~2021 年,京津冀、长三角、粤港澳研发人员全时当量增长率分别为 40.44%、92.43%和 79.81%。

### 3. 创新产出对比

专利授权量和规模以上工业企业新产品销售收入是代表性的区域协同创新成果。2014~2021 年三大城市群创新产出情况如图 9 所示,其中粤港澳的

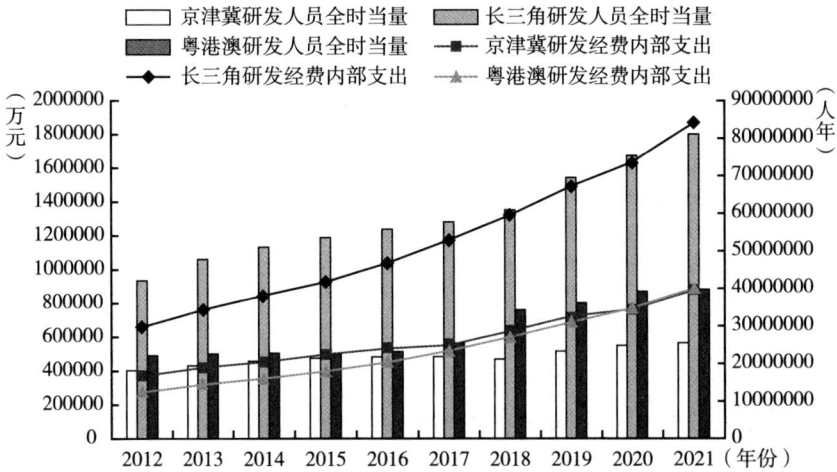

图 8　2012～2021 年三大城市群创新投入对比

资料来源：《中国科技统计年鉴》。

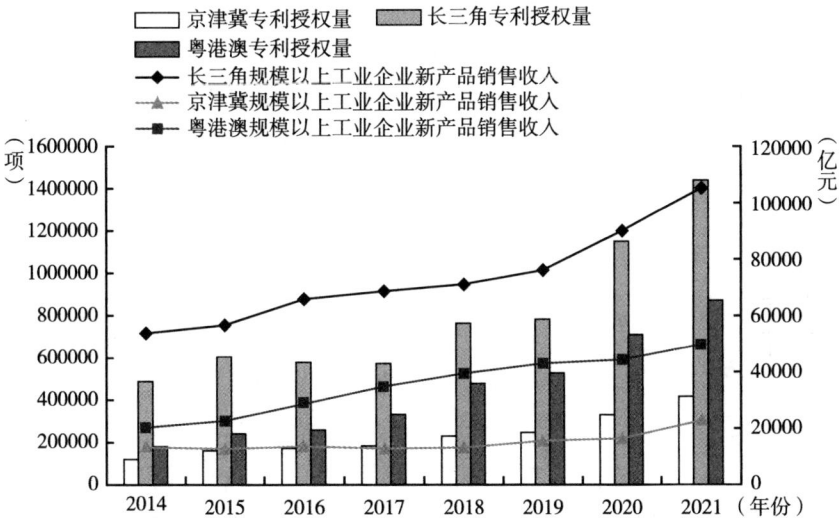

图 9　2014～2021 年三大城市群创新产出对比

资料来源：国家统计局。

数据用广东省数据代表。从图中可以看出，无论是从专利授权量还是从规模以上工业企业新产品销售收入来看，长三角的创新产出均最丰富，而京津冀的创新产出最为贫乏。以 2021 年为例，长三角专利授权量分别为京津冀和粤港澳的 3.45 倍和 1.65 倍；长三角规模以上工业企业新产品销售收入分别为京津冀和粤港澳的 4.63 倍和 2.12 倍。从增长趋势来看，京津冀、长三角和粤港澳的创新产出增长趋势均十分明显。2014~2021 年，京津冀、长三角和粤港澳专利授权量的增长率分别为 243.99%、195.25%、384.69%；京津冀、长三角和粤港澳规模以上工业企业新产品销售收入的增长率分别为71.64%、95.61%、144.59%。

**4. 科技创新成果转化水平对比**

技术市场成交额是反映区域科技创新成果转化情况的重要指标。2012~2021 年三大城市群科技创新成果转化情况如图 10 所示，其中粤港澳的数据用广东省数据代表。从图中可以看出，三大城市群中京津冀科技创新成果转化表现最突出。2012~2021 年，京津冀技术市场成交额在三大城市群中始终保持领先地位。从增长速度来看，三大城市群的技术市场成交额均持续增长，其中，京津冀地区在科技成果转化方面增长最为缓和，截至 2021 年，其技术市场成交额与长三角几乎齐平，存在被赶超的风险。从具体数据来看，2012~2021 年，京津冀、长三角、粤港澳的技术市场成交额分别增加了230.24%、709.11%和1026.1%。

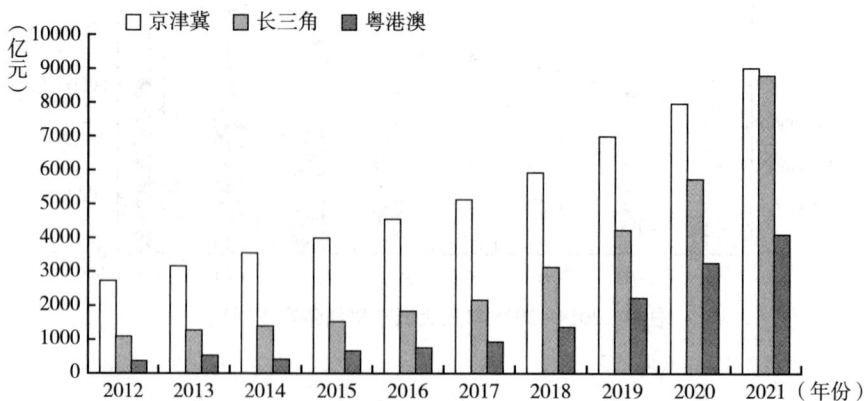

图 10 2012~2021 年三大城市群技术市场成交额对比

资料来源：国家统计局。

# 五 京津冀协同创新共同体建设存在的障碍

加快构建京津冀协同创新共同体，是推动京津冀区域协同创新发展的内在需求，也是我国应对世界经济形势新发展和新矛盾的关键举措。当前，京津冀协同创新共同体建设已经取得了令人瞩目的成绩，但也面临一些障碍和困境。综合来看，京津冀协同创新共同体建设中存在协同创新机制障碍突出、创新能力差距过大、创新要素流动不畅、创新链与产业链对接不畅、政府主导特征明显等问题。

## （一）协同创新机制障碍突出

从体制机制角度来看，京津冀协同创新仍存在体制机制不畅的问题。尽管在推动协同创新方面取得了一些进展，但仍然需要深入审视现有的体制机制，以进一步促进这一区域的协同创新发展。京津冀协同创新体制机制上的问题具体表现为政府层面存在权责不清的问题、创新政策落实不到位、产业层面协同宽度和广度不足、产业协同利益共享机制有待进一步完善。完善京津冀协同创新体制机制有助于推动协同创新取得更大的成功，同时，这也需要各方共同努力，为地区协同发展营造更加有利的环境。

首先，政府层面存在权责不清的问题。在京津冀三地的协同创新中，各级政府参与多、职能复杂，但在项目推进和决策过程中，责任划分模糊，缺乏明确的权力机制和合作机构，导致决策效率低下、项目进展缓慢。为了充分发挥协同效应，北京、天津、河北三地需要在政策制定和实施方面实现统筹和协调。然而，当前三地签订的协议和出台的政策文件较少涉及跨省协议的执行、监督和反馈等内容。同时，京津冀协同发展领导小组作为促进京津冀协同发展的重要力量，运行机制主要依靠自上而下的决策和执行，没有明确、固定的周期性活动，具有较强的临时性和机动性[33]。解决这一问题需要确立更加清晰的政府职责分工，明确各级政府的协同创新角色，推动政府机构更高效地协同合作。

其次，创新政策落实不到位、区域间行政分割问题，对区域内的科技、人才、产业、金融、财税等政策协同造成了一定程度的制约，具体表现为在跨区域协同创新中心建设、人才流动和公共服务、企业认定等方面存在问题。一方面，在建设跨区域协同创新中心时，由于地区边界的限制，人才同城待遇等政策难以顺利实施。例如，在社保、公积金、购房资格、子女入学等公共服务方面仍存在一些障碍，使得人才流动和跨区域协同创新受到限制。另一方面，不同地区在企业认定标准上存在不一致情况，这也给科技创新资源的跨区域合理配置带来了困难。特别是在科技型中小企业、高新技术企业认定以及企业科技成果认定等方面，各地标准的不一致阻碍了企业的跨区域合作和资源整合。这种不协调的认定标准使得企业难以享受到应有的政策支持，影响了科技创新资源的有效流动。创新政策的不到位和区域行政分割问题，限制了京津冀地区在科技、人才、产业、金融、财税等方面的协同合作。解决这些问题需要政府在政策制定和实施过程中更加密切协同，统一政策标准，推动区域内各项政策的一体化，以促进跨区域协同创新和资源流动。

再次，京津冀在产业层面的协同宽度和广度不足。尽管京津冀三地政府对于产业协同已经从政策层面给予了许多引导和支持，但在实际操作层面仍存在联合攻关项目的组织难度较大、研发资金的管理不够顺畅等问题，联合攻关项目更多聚焦交通一体化建设、生态环境保护等领域，导致涉及关键共性技术的硬核科技成果相对不足。在科技协同创新平台共建中，协同创新的方式方法主要停留在技术转让、合作开发等较低层次，而以经济实体为合作载体推动科技工贸一体化合作开发的共建模式发展较为滞后。

最后，在京津冀协同发展的过程中，产业协同发展的利益共享机制亟须进一步完善。目前，税收利益的不协调成为制约该地区协同发展的一个显著问题。为了有效推进企业的迁移和协同发展，必须建立更为完善的利益共享机制，以协调三地政府之间的利益关系，从而确保产业协同发展的可持续性。特别是在非首都功能疏解和产业合作进入新阶段时，面临着不少挑战。疏解方的疏解动力可能会逐渐减弱，而承接方的竞争力则可能不断增强。这将导致涉及非税收利益增值的矛盾和问题逐渐升级，包括新产业项目、重大创新平台、高水平人才等方面的竞争问题日益突出。

为解决这些问题，京津冀地区需要建立更加灵活和有力的利益共享机制。这一机制应当能够平衡各地政府的利益，促进资源的合理配置，确保各方都能够在产业协同发展中获益。这可能包括对税收政策的重新审视，以确保各地的税收体系更加协调一致，减少企业因税收问题而受到的干扰。

## （二）创新能力差距较大

从创新能力角度来看，京津冀协同创新共同体建设目前面临着发展不均衡的问题。本报告从研发投入、创新资源、创新产出三个角度对京津冀三地的创新能力进行了对比，研发投入由研发经费投入及研发经费投入强度表示，创新资源由地区高校研究生人才资源分布情况和地区经济发展状况表示，创新产出由专利授权量和技术合同成交情况表示，结果发现，河北的创新能力最低，北京的创新能力最高。京津冀三地之间创新能力的差距较大，严重制约了京津冀三地的协同创新。

从研发投入的角度看，无论是在研发经费投入方面还是在研发经费投入强度方面，北京的研发投入均远远领先于天津和河北。《2022 年全国科技经费投入统计公报》中相关数据显示，2022 年北京研发经费投入为 2843.3 亿元，研发经费投入强度为 6.83%，是全国平均研发经费投入强度（2.54%）的 2.69 倍；天津研发经费投入为 568.7 亿元，研发经费投入强度为 3.49%，是全国平均研发经费投入强度的 1.37 倍；河北研发经费投入为 848.9 亿元，研发经费投入强度为 2.00%，远不及全国平均研发经费投入强度。京津冀三地比较来看，北京的研发经费投入是天津的 5.0 倍、河北的 3.35 倍；北京的研发经费投入强度是天津的 1.96 倍、河北的 3.42 倍。

从创新资源的角度看，三地高校研究生人才资源分布不均。从数量看，京津冀三地中河北在普通高校教育资源方面最为丰富，但在研究生人才资源方面却最为薄弱。根据《北京市 2022 年国民经济和社会发展统计公报》《2022 年天津市国民经济和社会发展统计公报》《河北省 2022 年国民经济和社会发展统计公报》中的数据，截至2022年，北京拥有普通高校67所，天津56所，河北124所，河北普通高校数量分别为北京和天津的1.85倍和2.21倍。从三地高校研究生教育角度看，河北在研究生招生、在学、毕业三个方面的指标均显著落后于北京和天津。2022年，北京研究生招生、在学、毕业人数分别为14.6万人、43.5万人和11.4万人，天津研究生招生、在学、毕业人数分别为3.16万人、9.28万人和2.40万人，河北研究生招生、在学、毕业人数分别为2.89万人、8.18万人和1.93万人。北京研究生招生、在学、毕业人数分别为河北的5.05倍、5.32倍和5.91倍，天津研究生招生、在学、毕业人数分别为河北的1.09倍、1.13倍和1.24倍。

从创新产出的角度看，北京的专利授权量远高于河北和天津，技术市场情况也远优于河北和天津。根据《北京市2022年国民经济和社会发展统计公报》《2022年天津市国民经济和社会发展统计公报》《河北省2022年国民经济和社会发展统计公报》中的数据，2022年，北京专利授权量为20.3万件，天津为7.1万件，河北为11.5万件，北京专利授权量为天津的2.86倍、河北的1.77倍。截至2022年底，北京、天津、河北的有效发明专利数量分别为47.8万件、5.12万件、5.19万件，每万人口发明专利拥有量分别为218.8件、37.4件、7.0件，北京有效发明专利数量分别为天津和河北的9.34倍、9.21倍，北京每万人口发明专利拥有量分别为天津和河北的5.85倍、31.26倍。从技术市场情况来看，2022年北京、天津、河北的登记技术合同数量分别为95061项、12514项和15246项，技术合同成交额分别为7947.5亿元、793.16亿元、1009.7亿元，北京登记技术合同数量分别为天津和河北的7.60倍、6.23倍，北京技术合同成交额分别为天津和河北的10.02倍、7.87倍。

### （三）创新要素流动不畅

当前，京津冀协同创新存在着创新要素流动不畅的问题。在京津冀协同创新过程中，知识、技术、资本、信息等创新要素的跨区域流动仍存在体制机制障碍。创新要素流动不畅将影响创新资源的整合利用，浪费创新资源，不仅会对经济效益产生负面影响，制约企业和区域创新能力的提升，还会导致京津冀三地的不均衡发展，妨碍区域间创新合作的深入推进，严重影响协同创新共同体的建设效果。促进创新要素的自由流动，对于京津冀协同创新的可持续发展至关重要。京津冀协同创新中创新要素流动不畅的问题主要表现在北京对创新要素存在巨大需求和吸引力、京津冀各类创新主体互动不充分、天津和河北对北京的创新成果转化不足三个方面。

首先，北京对创新要素的巨大需求和吸引力加剧了创新要素流动不畅的问题。北京以"三城一区"为主平台，着力打造全国科技创新中心，致力于打破创新瓶颈，塑造高精尖的经济结构。这使得北京对高端创新要素的需求和吸引力巨大。同时，北京拥有更多的高端创新资源和项目，成为各类优质资源的聚集地。相比之下，河北、天津资源匮乏，且在公共服务、收入等方面与北京存在明显的发展差距。这使得北京天然具备一种"虹吸效应"，不断吸引高端创新要素向其聚集，从而导致区域内资本、技术、成果、人才等要素难以有效流动，严重影响了三地的深度合作。并且，在当前的财税体制和政绩考核体制下，地方政府普遍会以"标尺竞争"的方式，通过对创新要素流动设置优惠政策和制度障碍，以争取更多资源的留驻。然而，这也导致了资源在区域间的不均衡流动，制约了协同创新的全面发展。因此，京津冀地区需要建立更为均衡的资源分配机制，鼓励高端资源向周边地区流动，实现资源的共享和合理配置，从而促进协同创新的蓬勃发展。

其次，京津冀各类创新主体互动不充分也是创新要素流动不畅的原因之一。各类创新主体之间的互动不充分导致了创新要素流动不畅，制约了协同创新的发展。以京津冀三地高校之间的互动为例，尽管三地科技部门联合设立了基础研究合作专项，但专项的经费支持力度不足，2022 年的资助金额仅为 1200 万元[1]，而同年北京的基础研发费用则高达 4706662 万元[2]。这种

---

[1] 《天津市科学技术局关于发布 2022 年度京津冀基础研究合作专项项目指南的通知》，https://kxjs.tj.gov.cn/ZWGK4143/TZGG2079/202208/t20220819_5962831.html。

[2] 《北京统计年鉴（2023）》。

资金支持的不平衡导致区域产业发展所需的共性关键技术难以攻克。为了解决创新要素流动不畅的问题，京津冀地区需要加强各类创新主体之间的互动，促进创新资源的充分共享和创新成果的高效流通。

最后，京津冀地区存在明显的高创新产出与低区域转化的不平衡现象。北京作为全国科技创新中心，创新绩效十分突出，但与之形成鲜明对比的是，天津和河北在创新成果转化方面仍存在着较大的提升空间。以2022年为例，河北作为京津冀地区主要研发成果转化的承载地，承接了来自京津的402.8亿元技术合同成交额，仅占京津所输出的技术合同成交额的7.9%①；天津承接了来自北京的82.1亿元技术合同成交额，仅占北京所输出的技术合同成交额的1.8%②。这些数据反映出，尽管京津冀协同发展的政策和合作机制逐渐完善，但在创新成果的区域转化方面，天津和河北仍面临较大挑战。为了实现更加均衡的协同创新发展，京津冀地区需要加强技术创新成果的转化与落地，推动创新成果更广泛地惠及整个地区，促进各地之间的协同共赢。这将有助于京津冀地区的创新资源更加均衡地流动和共享，推动整个区域的可持续发展。

## （四）创新链与产业链对接不畅

当前，京津冀协同创新存在着创新链与产业链对接不畅的问题，对京津冀整体创新的发展和经济结构升级形成了制约。创新链与产业链对接不畅容易导致高校、科研机构等创新主体的研究成果难以迅速应用到实际产业中，降低资源的利用效率，同时还可能导致高端创新人才流失，进一步影响京津冀协同创新发展的速度和效果，限制京津冀地区的创新潜力。当前，京津冀创新链与产业链对接不畅的问题主要是由京津冀三地产业发展水平差距过大导致的。

首先，京津冀三地的产业发展现状存在着明显的差距，这不仅反映在产

---

① 《〈人民日报〉连续3天关注京津冀协同发展，雄安再"出镜"》，https：//baijiahao.baidu.com/s？id=1761755423373692255&wfr=spider&for=pc。

② 《北京统计年鉴（2023）》《天津统计年鉴（2023）》。

业结构上，还表现在发展阶段和创新链与产业链之间的脱节上。首先，京津冀三地处于不同的产业发展阶段，呈现显著的水平差距。2022年，北京第三产业比重高达83.8%，而天津和河北第三产业比重分别为64.4%和51.7%①。这一差异导致了产业结构和水平的不协调，制约了创新成果的有效传导和转化。

其次，河北在承接创新成果和推动新旧动能转换方面面临重重困难。河北的传统产业主要包括煤炭、钢铁和冶金等重化工产业，而这些产业正面临结构性调整的艰巨任务。与之相对应的是，北京和天津已经在现代服务业和高新技术产业方面取得了显著进展。然而，河北的产业链与京津两地存在鸿沟，导致创新成果的外溢效应不足，难以实现高效对接。

最后，京津冀三地之间的人才、科技和教育资源分布不均。北京和天津汇聚了高等院校、智库研究机构等丰富的人才和科技资源，同时拥有完善的金融、商务信息服务和科技服务体系。然而，这些优势资源与河北的科技需求和产业发展不匹配，导致难以开展高效、精准的协同合作。这也导致一些人才、科技和资金流向了长三角和珠三角等地区，使得京津冀地区未能形成区域协同发展的创新链、产业链和价值链。

综上所述，京津冀三地的产业发展差距、产业结构脱节和资源不均衡，导致了创新链与产业链之间的对接不畅。这不仅制约了三地创新协同和产业协同发展的速度，也影响了整个地区的创新潜力和竞争力。因此，需要采取措施来促进三地之间的产业链衔接，实现更加紧密的协同创新。

## （五）政府主导特征明显

当前，京津冀在协同创新过程中还没有充分发挥企业的作用。然而，发挥企业在创新活动中的主导作用对于京津冀协同创新发展是非常重要的。企业通常拥有财务、人力、设备和技术专长等方面的资源，同时企业也更了解

---

① 《瓣瓣同心共谋发展 京津冀经济总量突破10万亿——数说京津冀协同发展九年成效系列之一》，https：//tjj. beijing. gov. cn/tjsj_31433/sjjd_31444/202302/t20230220_2920149. html。

市场需求和客户反馈，可以更好地将创新成果与市场需求相匹配，根据市场反馈调整创新方向，确保产品或服务有市场竞争力。同时，创新通常伴随着不确定性和风险，企业可以更好地承担这些风险，包括投资研发、市场推广和商业化的风险。企业还可以积极培养和维护创新文化，鼓励员工提出新想法、开展实验和尝试新方法，以推动创新的发展。

从研发经费投入的角度来看，京津冀地区的科技创新体系尚未有效激发企业的主导作用，需要提高科技创新的市场化程度。根据《北京统计年鉴（2022）》《天津统计年鉴（2022）》《河北统计年鉴（2022）》中的数据可以看出：2021年，在北京的研发经费投入中，政府资金占1186.50亿元，企业资金占1247.72亿元，政府与企业资金比例约为1∶1；天津的情况是政府资金103.97亿元，企业资金470.36亿元，政府与企业资金的比例约为2∶9；河北的情况是政府资金101.38亿元，企业资金625.14亿元，政府与企业资金的比例约为1∶6。综合来看，京津冀地区在2021年的研发经费投入中，政府资金与企业资金的比例约为3∶5。《中国统计年鉴（2022）》中的数据显示，同一时期全国的研发经费投入中，政府资金占5299.7亿元，企业资金占21808.8亿元，政府与企业资金的比例约为2∶5。京津冀地区在研发经费投入方面呈现政府主导的特征，而全国的情况更趋向于政府与企业之间的平衡。京津冀需要采取措施来鼓励企业更积极地参与研发投入，以促进科技创新的进一步市场化。

当前，京津冀三地市场主体之间的创新合作积极性不足，这主要是由于行政区划导致的。这种情况导致了产学研资源的利用效率下降，同时也降低了创新成果的转化效果，限制了协同创新对产业发展的推动作用。从创新主体的角度来看，那些具有生态引领作用的大型企业没有充分发挥跨区域布局的引领作用，而新兴领域的企业也缺乏跨区域转移的意愿。同时，津冀企业的上下游配套能力和创新成果转化能力总体上没有达到预期水平。跨区域产业链和人才链的融合度不够，引进的企业层次和水平较低，大多集中在产品价值链的中低端。需要进一步采取措施激发京津冀三地市场主体之间更积极的创新合作，解决行政区划带来的管理问题，提高资源利用效率，促进创新成果更好地转化，发挥协同创新对产业发展的驱动作用。此外，需要鼓励大型企业更多地在不同地区进行布局，同时也需要鼓励新兴领域的企业积极进行转移。津冀企业应提高上下游配套能力和创新成果转化水平，加强与北京产业链和人才链的融合，吸引高水平企业入驻，提升产业价值链的竞争力。

## 六　数字经济背景下京津冀协同创新共同体建设研究

随着信息技术的飞速发展，人类正迅速迈入数字经济时代。数字经济以其强大的平台功能和赋能机制，已成为构建现代化经济体系的重要引擎。习近平总书记指出，数字经济正在成为全球要素资源重组、全球经济结构重塑及全球竞争格局改变的关键力量[34]。随着数字经济的发展，新技术、新业态和新模式不断涌现，数字经济已成为加速国家和地区经济转型升级、增强未来竞争优势的重要动力。

不少学者对数字经济背景下京津冀协同发展进行了诸多研究。例如：武义青等围绕数字经济推动京津冀发展，从二者结合所存在的问题出发，提出应完善人才培养体系和加快区域产业结构升级等发展策略[35]；陈肖等通过采用熵权法和 DEA-Malmquist 指数法构建分析模型研究了数字经济发展对京津冀地区的影响，证明了数字经济对区域经济高质量发展和提升科技创新水平有着重要意义[36]。

### （一）数字经济的内涵

数字经济是一种以数字技术和信息通信技术为核心，以数据和信息资源为基础，旨在实现产业升级和经济转型的经济形态，是数字技术与实体经济间的有机融合。数字经济在生产、管理、营销和交易等多个领域广泛应用，对决策制定和价值创造至关重要[37]。数字技术的网络连接性使市场规模扩大、消费者之间的联系更加紧密，同时也为商业创新提供了更多机会。国家统计局发布的《数字经济及其核心产业统计分类（2021）》将数字经济划分为数字产品制造业、数字产品服务业、数字技术应用业、数字要素驱动业、数字化效率提升业五大类。

## （二）数字经济对京津冀协同创新共同体建设的影响

数字经济对京津冀协同创新共同体建设的影响和意义是多方面的，涵盖了经济、科技、环境等多个领域。数字经济的发展可以促进创新主体跨地区合作、优化产业结构、推动跨界合作、提升政府治理水平。

### 1. 促进创新主体跨地区合作

数字经济的发展有助于打破空间限制，实现不同主体的跨区域沟通和协作，提升参与主体的创新能力。一方面，数字经济通过数字技术与实体经济的深度融合，不仅可以优化生产过程，还可以突破时空限制，强化企业与供应商之间、企业与客户之间甚至是企业跨地区分支机构之间的联系，进而提高生产效率、生产质量以及创新能力。另一方面，数字经济的发展可以促进政产学研金之间建立紧密的联系，促进知识、技术、人才、资金等创新要素的充分融合，进而提升区域创新能力。

### 2. 优化产业结构

数字经济在优化京津冀地区产业结构方面具有显著潜力。一方面，数字经济的兴起为传统产业的升级提供了有力支持。由于京津冀地区的整体发展较慢，更多企业以传统制造业为主，数字经济的引入和发展有助于实现产业结构的优化调整。通过数字化技术，传统制造业可实现智能化生产，提高生产效率和质量。同时，新兴数字产业如人工智能、大数据分析、云计算等也能在地区内发展壮大，丰富产业结构，降低经济的结构风险。另一方面，数字经济以网络化形式存在，不受地理限制，可通过互联网和数字技术将资源有效地配置到不同地区。京津冀地区可通过数字化平台吸引更多投资和企业，实现资源配置的优化。

### 3. 推动跨界合作

数字化技术使不同行业和领域之间的交叉融合成为可能，从而促进了跨界合作。例如，数字化技术可将物联网与医疗保健、制造业与人工智能、金融与大数据分析相结合，创造全新的产业链和生态系统。互联网平台和数字化市场的崛起为不同行业的企业提供了共享平台，使其能够跨界合作和互利共赢。这些平台为企业提供了数字化服务，有助于促进各企业之间的合作和交流，不同行业的企业可以共同探索新的商业模式和产品。这种创新可以改变传统产业的竞争格局，促使企业更加开放和合作，共同应对市场挑战。

### 4. 提升政府治理水平

数字经济的发展可以通过优化资源配置和促进跨部门、跨产业与跨政府的数据协同提升政府治理水平，进而提升京津冀协同创新共同体的建设效率。一方面，通过大数据分析和物联网技术，地方政府可以更好地了解资源利用情况，并对未来情况进行预测，进而优化资源的配置和利用。另一方面，跨部门、跨产业与跨政府的数据协同为制定更科学的协同创新决策创造了条件。基于数据协同，政府内部、政府与企业之间可以更好地进行信息传递和反馈，从而依据大量信息及时制定更加科学、适用的治理决策。

## （三）数字经济引领京津冀协同发展面临的挑战

在数字经济深度介入京津冀协同创新共同体建设的时代背景下，京津冀协同创新共同体的建设面临着诸多问题，主要包括数字基础设施建设不平衡、产业协同难度大、竞争与合作不平衡等。

### 1. 数字基础设施建设不平衡

京津冀地区的数字基础设施建设不平衡是指该地区内不同城市和地区之间在数字基础设施建设方面存在显著的差异和不均衡现象。这种不平衡在多个方面表现出来。首先，从互联网接入速度和覆盖范围来看，京津冀地区的一些城市和地区在互联网接入速度和覆盖范围方面表现相对较好，而另一些城市和地区则存在接入速度较慢和覆盖范围不广的问题。这种不均衡影响了不同城市和地区居民与企业的数字化体验和竞争力。其次，京津冀地区的数据中心和云计算资源分布不均。数据中心和云计算资源是数字化经济的核心基础设施，然而，京津冀地区的某些城市和地区拥有更多的数据中心和云计算资源，而其他城市和地区相对匮乏。这可能导致数据存储和处理不平衡，影响数据经济的创新和发展。与此同时，京津冀区域数字化、智能化城市建设存在较大差异。一些城市在数字化、智能化城市建设方面投入更多资源，实施智能交通、智能医疗、智能教育等项目，而其他城市的数字化城市建设进展较慢，这可能导致城市发展不均衡。再次，京津冀地区的数字化教育和技能培训机会不均等，数字化基础设施的不平衡也会影响到居民的数字素养和技能培训机会。最后，不同城市和地区在数字化基础设施建设方面可能受到政府政策和资金投入差异的影响。一些城市和地区可能获得更多政府支持和资金，而其他城市和地区可能受到限制，从而导致数字基础设施建设不平衡。

### 2. 产业协同难度大

产业协同是数字协同的重要基础。当前京津冀地区内不同城市和地区的产业结构存在显著差异，制约了数字行业的协同发展。北京作为国家政治和文化中心，以高科技和创新产业为主导，天津以制造业和港口物流为主，河北则以传统的重工业和农业为主。在京津冀地区，北京作为超大城市拥有巨大的经济规模和吸引力，而其他城市相对较小，这导致了北京在区域产业协同中的主导地位，其他城市的产业难以与之竞争，难以形成真正的协同合作。在交通和物流方面，京津冀地区的交通和物流基础设施虽有所改善，但仍存在瓶颈。交通拥堵和运输成本高会限制产业要素的流动，阻碍产业链上下游的协同发展。人才是产业协同的核心要素之一，然而，京津冀地区的人才流动不够畅通，高层次人才分布不均，不同城市之间的人才培养机构和培训资源也存在差异。在政策和法律体系方面，不同城市和地区在产业政策和法律法规方面存在差异，包括税收政策、环保法规、土地政策等。这种差异性可能导致企业在不同地区的经营环境不稳定，降低了跨地区产业协同的动力。

整体而言，京津冀地区产业协同难度大主要源于产业结构、城市规模、交通物流、政策法规、人才和环境等多方面因素。要解决这一问题，需要政府、企业和社会各方共同努力，制定统一的政策框架、加强基础设施建设、提高人才流动性、降低交通物流成本等，以促进京津冀地区产业协同发展。

### 3.竞争与合作不平衡

京津冀三地竞争与合作的不平衡为促进数字经济的协同发展构成了潜在威胁。京津冀地区在追求经济增长和市场竞争力的同时，也需合作解决共同的环境、交通、人才等问题。竞争压力和合作需求之间的平衡是关键挑战，因为竞争可能导致合作动力减弱，但过度合作也可能抑制竞争创新。在京津冀地区合作协同发展意向下，不同城市在资源分配和利益分配方面存在差异，这种不平衡会引发利益冲突，会影响合作的深度。同时，京津冀各城市的功能定位和产业结构不同，这导致了竞争和合作之间的复杂关系。

京津冀地区的交通和基础设施互联是促进竞争与合作平衡的关键因素。不充分的互联可能使得城市间交往不畅，制约合作潜力，但过度互联也可能导致资源的不均衡配置和竞争激烈。此外，一些城市可能采取竞争性政策，例如税收优惠政策和产业扶持政策，以吸引企业和人才。这些情况可能导致不公平的竞争和资源外流，不利于协同创新共同体的建设。

## （四）数字经济引领京津冀协同发展的对策建议

京津冀地区的竞争与合作平衡问题具有多层次、多维度的复杂性。要实现平衡，需要在政策、资源、产业协同和城市规划等方面进行综合考虑和协调，以推动京津冀地区的协同和可持续发展，具体建议包括加快推进制造业数字化转型升级、全面提升数字化公共服务水平、完善数字人才培养体系以及构建数字经济生态圈。

### 1.加快推进制造业数字化转型升级

京津冀地区应深度推进产业数字化进程，将数字经济与实体经济相结合，加快实体经济的数字化、智能化和绿色化转型，以"互联网+企业"的形式推动京津冀地区制造业的深度转型升级。

在供应链领域，应当引入先进的数字供应链技术和物流系统，以实现生产和物流的高效协同。这有助于降低运输成本、缩短交付时间，同时提高供应链的可视性和透明度，使得京津冀地区的制造企业更具竞争力。京津冀地区应充分发挥市场作用，不断完善产业链，补齐产业链短板，结合京津冀不同地区的优势，努力进行产业数字化转型。

### 2. 全面提升数字化公共服务水平

京津冀地区是我国经济发展的关键区域之一，拥有众多政府部门、企业和居民，对公共服务的需求量巨大。然而，不同行政区划之间的信息孤岛问题和数据孤立现象导致了资源分散和信息难以共享，限制了公共服务的高效性和覆盖范围。当前，社会经济发展与科技创新的迅速推进为数字化、一体化公共服务提供了契机，以提高治理效率和满足人民群众的多元化需求。

通过数字技术建立统一的数字化平台，整合各级政府、企业和社会组织的数据资源。采用云计算、大数据和区块链等前沿技术，以确保数据的安全性和可信度。数字化公共服务向社会的普及包括多方面内容，如建设数字政府门户网站、推动电子政务发展、提供在线办事服务、进行数字健康管理等。通过提高公共服务的数字化水平，降低信息获取和服务办理的门槛，会大幅提升服务的便捷性和可及性。当今时代，数字化技术是提升公共服务化水平的重要环节，以数字手段聚焦教育、医疗、社保、交通和政务服务等社会重点关注领域，推动"互联网+教育""互联网+医疗""互联网+文化"的发展，通过数字化手段不断提升公共服务供给的协同性和便捷性。

在数字技术服务普及的同时也要确保公民个人信息的安全和隐私权受到有效保护。建立数据共享的合法机制和规程，明确数据使用和访问权限，平衡数据开放与隐私保护之间的关系。注重培养政府部门的数字化能力和人才，比如培训政府工作人员，提高其数字技能，使其能更好地理解和应用数字化技术来提供公共服务。

完善合理的服务离不开群众的反馈。应建立社会参与和反馈机制，鼓励公众参与。可开展公众调查、听取建议、建立在线投诉渠道，以确保公共服务满足民众的实际需求。

### 3. 完善数字人才培养体系

科技人才是科技创新的关键驱动力，应加强数字化人才培养体系建设，提升数字经济产业劳动力的数量和质量。

（1）建设高水平科研机构

在京津冀地区建设世界级的科研机构，提供优质的科研环境和强大的资源支持。这些机构应注重基础研究和应用研究，并鼓励国际化合作，以吸引和培养高级科技人才。同时，应建立跨学科研究中心，促进跨学科合作，建立研究中心和实验室，为科技人才提供多样化的研究机会。这可以推动创新和解决复杂问题，提高研究的影响力。加强产业界与科研机构之间的合作，推动科技研究成果转化为实际应用。这可创造更多的就业机会，吸引更多科技人才加入京津冀地区的科技发展。

（2）加强对数字经济相关研究型和应用型人才的培训和教育

制定有利于吸引和培养科技人才的政策，如税收优惠、科研项目资助和科研成果奖励等政策；提供长期的科研基金支持，鼓励年轻科研人员积极投入研究，提供高质量的本科和研究生教育，培养具备国际竞争力的数字科技人才；鼓励对在职人员的培训，持续提供职业培训和终身学习机会，以保持科技人才的竞争力，推动数字技术与实体经济深度融合。

**4. 构建数字经济生态圈**

京津冀地区存在资源分散、产业结构不均衡等问题，数字经济生态圈的建设对于资源的整合再分配，以及促进京津冀地区的共同进步有着重要意义。推动数字经济生态圈建设，促进京津冀协同创新发展可从以下几方面进行。

（1）加强数字产业集群建设

加强数字基础设施建设，包括高速互联网、5G 通信网络、数据中心和云计算基础设施等。同时应重点培育数字经济相关产业，如人工智能、物联网、大数据分析和区块链等，实现数字经济产业化。充分利用政策引导，吸引和培养高科技企业和创新型企业，在京津冀地区建立数字产业集群。

（2）数字化创新生态建设

建立数字化创新生态系统，促进大学、科研机构、企业以及金融服务机构间的紧密合作，保障数字创新要素充分、高效地流动，努力打造产业链、创新链、金融链、人才链四链融合的数字经济产业体系。同时针对数字时代的信息安全问题，制定数据共享政策和数据安全标准，促进数据资源的开放和共享。建立强有力的数据安全保护体系，确保敏感信息和隐私得到充分保护，以提升数字经济的可信度。

## 参考文献

［1］史烽、陈石斌、蔡翔：《论协同创新的内涵及空间效应》，《技术经济与管理研究》2017 年第 3 期。

［2］郭园庚：《雄安新区与京津冀协同创新共同体建设的互联共生》，《河北学刊》2018 年第 4 期。

［3］辛文玉：《京津冀协同创新共同体：转型升级模式和金融支持政策研究——以保定市与北京市中关村为例》，《全国流通经济》2021 年第 34 期。

［4］韩英军、连红军、王晓阳：《京津冀协同创新共同体打造机制的科学构建》，《商》2016 年第 22 期。

［5］张恩泽：《京津冀协同创新共同体的构建与实施路径》，《中国商论》2019 年第 22 期。

［6］曹家鹤、刘宾、李佳蔚：《京津冀协同创新共同体发展模式与路径研究——基于金融资源非均衡性的视角》，《当代经济》2016 年第 26 期。

［7］王晓明：《构建新沪协同创新共同体的思考》，《产业与科技论坛》2023 年第 7 期。

［8］赵超：《区块链+粤港澳大湾区协同创新共同体构建分析》，《学术论坛》2020 年第 4 期。

［9］胡宗雨、李春成：《从科学共同体到创新共同体——溯源与运行机制》，《商》2015 年第 38 期。

［10］Lynn, L. H., Mohan, R. N., Aram, J. D., "Linking technology and institutions：The innovation community framework", *Research Policy*, 1996, 25：91-106.

［11］Sawhney, M., Prandelli, E., "Communities of creation：Managing distributed innovation in turbulent markets", *California Management Review*, 2000, 42：24-54.

［12］Fichter, K., "Innovation communities：The role of networks of promotors in open innovation", *R&D Management*, 2009, 39：357-371.

［13］王峥、龚轶：《创新共同体：概念、框架与模式》，《科学学研究》2018 年第 1 期。

[14] Cebon，P，"Swarm creativity：Competitive advantage through collaborative innovation networks"，*Innovation*，2006，8：413-414.

[15] 陈劲：《协同创新与国家科研能力建设》，《科学学研究》2011年第12期。

[16] 范如国：《复杂网络结构范型下的社会治理协同创新》，《中国社会科学》2014年第4期。

[17] 解学梅、陈佳玲：《供应链多维协同创新与企业绩效：一项元分析的检验》，《管理工程学报》2022年第2期。

[18] 赵增耀、章小波、沈能：《区域协同创新效率的多维溢出效应》，《中国工业经济》2015年第1期。

[19] 陈芳、眭纪刚：《新兴产业协同创新与演化研究：新能源汽车为例》，《科研管理》2015年第1期。

[20] 白俊红、蒋伏心：《协同创新、空间关联与区域创新绩效》，《经济研究》2015年第7期。

[21] 李祖超、梁春晓：《协同创新运行机制探析——基于高校创新主体的视角》，《中国高教研究》2012年第7期。

[22] 危怀安、聂继凯：《协同创新的内涵及机制研究述评》，《中共贵州省委党校学报》2013年第1期。

[23] 安小米、郭明军、魏玮：《政务信息系统整合共享工程中的协同创新共同体能力构建研究》，《情报理论与实践》2019年第4期。

[24] 曹静、范德成、唐小旭：《产学研结合技术创新合作机制研究》，《科技管理研究》2009年第11期。

[25] 陈培樗、屠梅曾：《产学研技术联盟合作创新机制研究》，《科技进步与对策》2007年第6期。

[26] 陈劲、阳银娟：《协同创新的理论基础与内涵》，《科学学研究》2012年第2期。

[27] 王毅、吴贵生：《产学研合作中粘滞知识的成因与转移机制研究》，《科研管理》2001年第6期。

[28] 崔新健、崔志新：《多区域协同创新演化路径研究——构建3×3区域协同创新模式》，《经济社会体制比较》2018年第3期。

[29] 朱桂龙、彭有福：《产学研合作创新网络组织模式及其运作机制研究》，《软科学》2003年第4期。

[30] 潘春辉：《产学研协同创新效率管理与激励策略》，《中国高校科技》2018年第5期。

[31] 贾树生、习亚峰、白会肖：《基于系统论的推进京津冀协同创新机制研究》，《经济研究参考》2018年第34期。

[32] 徐玫、朱卫未、淦贵生：《产学研协同创新知识流动效率的影响因素研究》，

《中国集体经济》2017 年第 35 期。

［33］薄文广、黄南：《基于政府合作视角的京津冀协同创新共同体构建研究》，《河北经贸大学学报》2023 年第 3 期。

［34］宣宇、王月红：《数字经济协同发展的京津冀路径》，《前线》2023 年第 2 期。

［35］武义青、李涛：《数字经济引领京津冀产业协同发展——2022 京津冀协同发展参事研讨会综述》，《经济与管理》2022 年第 5 期。

［36］陈肖、吴娜、牛风君：《数字经济发展水平测度及其对经济高质量发展的影响效应——以京津冀区域为例》，《商业经济研究》2023 年第 3 期。

［37］张城恺、武霏霏、杨丽丽：《京津冀数字经济发展的现状与建议》，《科技智囊》2022 年第 11 期。

# 分 报 告
## Sub-reports

# B.2
# 数字经济驱动京津冀创新网络
# 发展的路径研究<sup>*</sup>

王雅洁　信晓丹　吴艺菲　马　婕**

**摘　要：** 本报告以北京、天津及河北 11 个地级市为研究对象，首先，采用社会网络法分析京津冀创新网络发展现状。研究显示京津冀创新网络关联性越发紧密，但内部发展极不均衡，北京、天津处于核心，石家庄、唐山处于次核心，其他城市处于边缘，京津之间及其与河北各地区之间的创新联系较为紧密，但河北各地区之间几乎没有产生创新关联。其次，采用 fsQCA 方法研究数字经济驱

---

* 本报告是河北省社会科学发展研究重点课题"数字经济促进河北省传统产业转型升级研究"（20200201004）、河北省科技计划项目"促进河北省数字经济高质量发展的科技创新体系构建"（22557636D）、雄安新区哲学社会科学研究课题"雄安新区传统产业数字化转型的运行机制与提升路径研究"（XASK2022103）的研究成果。

** 王雅洁，博士，河北工业大学经济管理学院副教授、博士生导师，主要研究方向为产业与区域经济发展；信晓丹，河北工业大学经济管理学院硕士研究生，主要研究方向为区域经济学；吴艺菲，河北工业大学经济管理学院硕士研究生，主要研究方向为区域经济学；马婕，河北工业大学教师发展研究中心副教授，主要研究方向为数字与教育发展。

动京津冀创新网络发展的组态路径，结果表明，数字基础设施、数字规模水平、数字应用水平、数字研发环境之间存在联动匹配的多重并发因果关系，识别出引致高中心度的两种组态，数字基础设施、数字规模水平在每种组态中均是核心。最后，提出了促进京津冀创新网络发展的数字化路径。

**关键词：** 京津冀　数字经济　创新网络　创新路径

# 一　引言

自京津冀协同发展上升为国家战略以来，京津冀协同创新不断走深走实，是推进中国式现代化建设的内在体现。城市网络化是城市群发展到高级阶段的必然结果，创新网络是提高区域创新能力的重要支撑，京津冀创新网络关联性日益紧密，从早期单核心演变成多节点协同发展的态势[1][2][3][4]。

数字经济作为新型经济形态，以数字化技术为支撑，以现代化信息网络为载体，为区域创新注入新动力。数字经济的发展显著促进了区域创新水平的提升[5][6][7]，有利于缩小区域间的创新差距[8]。但是，东、中、西部[5]，大、中、小城市[9]，以及本地区与邻近地区[10]等不同地区的数字经济对区域创新的影响存在显著的差异性。数字经济影响区域创新的具体路径尚不得而知，而创新网络是区域创新的重要支撑，因此，探讨数字经济对其作用路径的重要性不言而喻。此外，考虑到数字经济对区域创新影响的地区差异性，探讨数字经济驱动京津冀创新网络发展的路径对京津冀在数字经济时代提升创新水平具有十分深远的意义。

# 二　研究现状

京津冀创新网络研究的热度不断增加，主要聚焦创新网络的演化与影响因素，因此，科学全面地评价创新网络是研究的前提。现有研究多采用单一指标测度创新网络，如联合申请专利[1]、授权专利合作[3]；潘春苗等[11]虽然基于跨城市合著论文、跨城市联合申请发明专利、省际技术交易数据分析了创新网络的结构特征，但也仅限于创新产出这一方面。创新是一个系统工程，受创新产出、创新投入和创新环境的影响，仅从产出方面测度创新网络未免偏颇，不能全面体现创新网络的整体特征。

从京津冀创新网络的影响因素分析来看，主要集中于邻近性[1][2]、空间交易成本[12]等方面。数字经济已成为区域发展的重要动力，对推动创新、提高效率、促进可持续发展都有不可替代的作用，然而，关于其对区域创新网络的影响如何，目前所知甚少。

关于数字经济对创新网络的影响目前研究甚少，但关于数字经济对区域创新影响的研究日益丰富，主要集中于三个方面：一是直接研究数字经济对区域创新的影响[6][9]；二是考察数字经济对区域创新影响的中介机制，如研发要素流动[8]、创业活跃度与产业结构升级[13]、知识溢出效应[7]；三是分析数字经济对区域创新影响的调节机制，如制度环境[5]、市场化程度[10]。上述研究为理解数字经济对区域创新的促进作用、内在机理和影响机制提供了扎实的理论基础，为进一步研究数字经济驱动创新网络发展的路径提供了很好的借鉴。然而，数字经济是一个宽泛且多维的概念，运用"自变量—因变量"的常规方法进行变量净效应分析，只是对理论模型构建的固定路径进行简单验证，无法全面考察数字经济不同维度的交互效应对区域创新及创新网络的复杂作用机制。

综上，研究数字经济如何推动京津冀创新网络发展丰富了京津冀协同创新研究。为此，本报告基于投入、产出两方面构建综合性的创新网络评价指标，引入兼具定性与定量分析优势的模糊集定性比较方法，考察数字经济不同维度直接的组合效应与创新网络的关系，尝试找出数字经济影响创新网络的多条路径，以此对数字经济推动区域创新网络发展提出更深刻的认识。

## 三　数字经济驱动创新网络发展的机制分析

数字经济的发展有利于提升创新网络的整体强度和关系扩张。数字经济的发展显著提升了区域创新网络强度，一方面，数字经济为跨区域、跨领域、跨行业的创新合作搭建了便捷的沟通平台，提升了区域创新网络的融通性和协作效率，有利于调动各地区的主动性、参与性和创造性，加速创新组织向网络化、生态化演进，进而提升区域创新网络强度；另一方面，数字经济弱化了地理边界，增强了显性和隐性知识的溢出以及技术扩散的范围[14]，有利于区域间的知识和技术融合交汇实现重组及再造，增加跨区域技术合作的有效知识存量，推动人力资本的积累和高级化进程，使区域创新合作朝着深度化发展，创新网络强度提升。

关系扩张的本质在于创新网络关系的延伸发展，不仅包括创新主体数量增加，也包括关系结构复杂化和合作效率提升。数字经济拓宽了区域创新的渠道，打破了信息不对称的壁垒，增强了区域创新过程中消化、吸收、创造新知识和新技术的能力，提升了边际产出效率。高效率的投入产出吸引新主体进入，创新网络节点数量增加，网络关系呈现扩张态势。因此，数字经济不断吸引新的主体进入合作，参与者在经济利益驱动下不断形成新合作关系，网络关系得以延伸扩张。

数字经济对个体网络的影响在于提升各个网络节点的关联性。在数字经济背景下创新呈现开放性的特点，区域创新合作的关联性增强。由于创新资源有限，发挥比较优势开展创新合作成为地区最优决策。数字经济加速了创新要素的集聚与整合，增强了创新较差地区与较佳地区建立创新关联的意愿，网络核心的中心地位得到进一步加强，区域间联结关系越发紧密。

数字经济降低了知识、技术等要素的共享成本，有利于引导其他各类创新要素在区域间以及产业链上下游合理流动，提高要素资源的配置效率，缓解要素资源配置扭曲造成的资源浪费与效能低下等问题，节点间的无效衔接减少，资源信息流转关键节点位置更为凸显。另一方面，数字经济有利于提升区域间的互动性，进而减少无效联结，从而更高效配置资源，网络中介结构作用得以更好地发挥。

# 四 京津冀创新网络特征分析

## （一）创新发展水平测度

本报告从创新环境、创新投入及创新产出三个方面测度城市创新发展水平，评价指标体系如表1所示。

城市创新发展受到众多外部环境的影响，创新环境主要从宏观环境、开放程度、政府支持、教育水平等方面进行衡量。人均GDP是衡量一个国家或地区宏观经济运行状况的有效工具，在一定程度上影响着城市创新发展。自"创新型国家"战略提出以来，各地区政府不断扩大开放，吸纳外商企业投资促进本土企业创新发展，并且不断加大政府科技研发投入以推动创新发展。同时，政府将科研经费投放到各科研机构与高校，促使其开展创新项目，为后续创新理论的发展以及创新成果的转化提供资金基础与条件保障。本报告选取人均GDP、外商直接投资、科学技术支出、科技支出占一般公共预算支出的比例、教育支出占一般公共预算支出的比例来分析创新环境。

**表1 京津冀创新发展水平测度指标**

| 一级指标 | 二级指标 |
|---|---|
| 创新环境 | 人均 GDP(元) |
| | 外商直接投资(万美元) |
| | 科学技术支出(万元) |
| | 科技支出占一般公共预算支出的比例(%) |
| | 教育支出占一般公共预算支出的比例(%) |
| 创新投入 | 规模以上工业企业 R&D 人员折合全时当量(人·年) |
| | 规模以上工业企业 R&D 经费支出(万元) |
| | R&D 经费支出占 GDP 比例(%) |
| 创新产出 | 专利授权量(件) |
| | 发明专利授权量(件) |
| | 规模以上工业企业新产品销售收入(万元) |

创新投入主要指人力与资本的投入，规模以上工业企业的研发人员和经费投入比较具有代表性。区域创新发展离不开创新人才，创新人才为创新活动的开展提供必要的基础，是推动区域创新必不可少的核心资源。资本投入是实现创新的基本保障，为区域创新发展注入源源不断的动力。因此，本报告选取规模以上工业企业 R&D 人员折合全时当量、规模以上工业企业 R&D 经费支出、R&D 经费支出占 GDP 比例三个指标来表征创新投入。

创新产出能够较为直观地反映一个地区的技术创新成果，目前创新产出的度量指标主要包括专利和新产品销售收入。专利比较接近创新的商业应用，具有与创新活动关联度大、数据易获得的优势，并且能够较为全面地反映各区域的创新和发明情况，相关性分析表明专利与创新活动之间有非常紧密的联系。相较于专利申请量，专利授权量是经过国家专利局正式授权认可的，具有新颖性、创造性和实用性，所以专利授权量可以更加直接地体现科技创新的知识成果。发明专利不仅涵盖以技术手段实现的解决方案，还包括基于解决方案的应用和创造性的改进或发展。新产品销售收入作为技术创新成果转化的主要衡量指标，也是创新产出的重要指标。因此，本报告选取专利授权量、发明专利授权量、规模以上工业企业新产品销售收入三个指标来分析创新产出。

本报告采用熵值法确定各指标的权重，并测算 2019~2021 年京津冀 13 个地级及以上城市的创新发展水平，计算公式如下：

$$S_i = \sum_{i=1}^{n} a_{ij} \frac{1 - d_i}{\sum_{i=1}^{n} (1 - d_i)} = \sum_{i=1}^{n} a_{ij} \times w_j \tag{1}$$

式（1）中：$S_i$ 是城市创新发展水平综合得分；$a_{ij}$ 是创新指标数据标准化值；$d_i$ 为创新指标熵值，根据熵的定义，可用熵值来判断某个指标的离散程度，某个指标的离散程度越小，表明该城市的创新水平越高，反之亦然；$w_j$ 为创新指标权重。计算结果如表 2 所示。

**表2 2019~2021年京津冀13个地级及以上城市的创新发展水平综合得分**

| 城市 | 2019 年 | 2020 年 | 2021 年 |
|------|---------|---------|---------|
| 北京 | 8055078.869 | 8250720.825 | 10803262.958 |
| 天津 | 3623402.356 | 3705878.349 | 4460860.590 |
| 石家庄 | 611266.677 | 759455.862 | 844022.751 |
| 唐山 | 1405498.323 | 1655149.398 | 2355153.314 |
| 秦皇岛 | 324625.597 | 353532.924 | 416481.229 |
| 邯郸 | 753632.930 | 577661.778 | 771728.965 |
| 邢台 | 296546.633 | 383023.092 | 462370.606 |
| 保定 | 938857.253 | 1016141.298 | 1291580.793 |
| 张家口 | 116560.671 | 134499.188 | 153427.034 |
| 承德 | 108688.818 | 152313.296 | 265103.926 |
| 沧州 | 288222.643 | 320105.243 | 497503.942 |
| 廊坊 | 318809.923 | 353872.635 | 433357.159 |
| 衡水 | 191719.557 | 177364.212 | 233586.638 |

## （二）创新网络特征分析

### 1.空间相互作用模型

为更加准确地刻画京津冀创新网络的总体特征，本报告在借鉴已有研究基础上，利用修正的引力模型来测度京津冀创新网络强度，将人口和GDP视作两大重要因素引入模型，修正后的引力模型为：

$$Q_{ij} = k_{ij} \frac{\sqrt[3]{P_i\, GDP_i\, S_i}\ \sqrt[3]{P_j\, GDP_j\, S_j}}{\left(\dfrac{D_{ij}}{GDP_i - GDP_j}\right)^2}$$

$$k_{ij} = \frac{S_i}{S_i + S_j} \tag{2}$$

式（2）中：$Q_{ij}$ 为城市 $i$ 与城市 $j$ 之间的创新网络强度，$P_i$ 和 $P_j$ 分别表示城市 $i$ 和城市 $j$ 的年末人口数，$GDP_i$ 和 $GDP_j$ 分别表示城市 $i$ 和城市 $j$ 的地区生产总值，$S_i$ 和 $S_j$ 分别是城市 $i$ 和城市 $j$ 的创新发展水平综合得分，$k_{ij}$ 表示城市 $i$ 对城市 $i$ 与城市 $j$ 之间创新联系的贡献率。基于经济距离和地理距离的耦合因素对城市创新空间关联的影响，本报告拟用城市 $i$ 与城市 $j$ 之间的地理距离 $D_{ij}$ 与城市间 GDP 差值（ $GDP_i-GDP_j$ ）的比值来表征这一"关联距离"，以体现两地的通达距离。

### 2. 社会网络分析

社会网络分析是一种旨在对关系进行定量研究的分析方法。本报告运用 Ucinet 6.0 软件，利用网络密度、网络中心度等指标，刻画京津冀创新网络节点、空间结构特征及其演化趋势。

网络密度是用于衡量网络紧密程度的指标，它表示网络中已有的边占所有可能存在的边的比重。

网络中心度包括点度中心度、中介中心度、接近中心度等指标。点度中心度根据网络中的关联数来表示各地区在创新网络中的核心程度，点度中心度越高，表明该节点在创新网络中与其他地区的关联数越多，在网络中越处于核心位置。点入度是直接指向该点的总数，即创新网络内其他地区对该地区创新的影响程度，点出度是该点所直接指向点的总数，即创新网络内该地区对其他地区创新的影响程度。中介中心度测量的是行动者对资源控制的程度，如果一个点处于许多其他点对的路径上，该点就具有较高的中介中心度，起到沟通桥梁的作用。接近中心度表示一个点和所有其他点的接近程度，接近中心度的高低意味着个体地区能否快速与其他地区产生创新关联，表明其在创新网络中扮演的是中心行动者角色还是边缘行动者角色。

块模型方法最早由 White 等[15] 提出，是社会网络分析中进行空间聚类分析的主要方法。块模型分析是对网络节点所扮演的角色和所处的位置进行描述性代数分析，其原理是根据结构对等性将网络中的各节点划分成不同的聚类，同时考察各聚类的属性、规模及聚类间的关系，是对网络关系的简化表示。通过块模型分析，能够从新的维度考察协同创新网络的发展状况，考察和揭示知识溢出网络的内部结构状态。Burt[16] 将社会网络中的板块划分为净受益板块、双向溢出板块、经纪人板块和净溢出板块四类：净受益板块接收外部关系较多，但发出外部关系较少；双向溢出板块既发出外部关系也接收外部关系，且板块内部关系相对较多；经纪人板块既发出也接收外部关系，但其内部关系相对较少，在网络中发挥桥梁作用；净溢出板块的外部关系远多于内部关系，且接收其他板块的关系较少。

### 3. 结果分析

#### （1）整体网络特征

京津冀创新网络发展稳定，创新联系较为紧密。2021 年京津冀创新网络关联性如图 1 所示。京津冀创新网络关联系数相对稳定，创新网络密度也相对稳定，说明京津冀间保持着相对稳定的创新资源流通、资源共享现象，并且网络密度保持在 0.5 左右，说明京津冀的创新联系较为紧密。

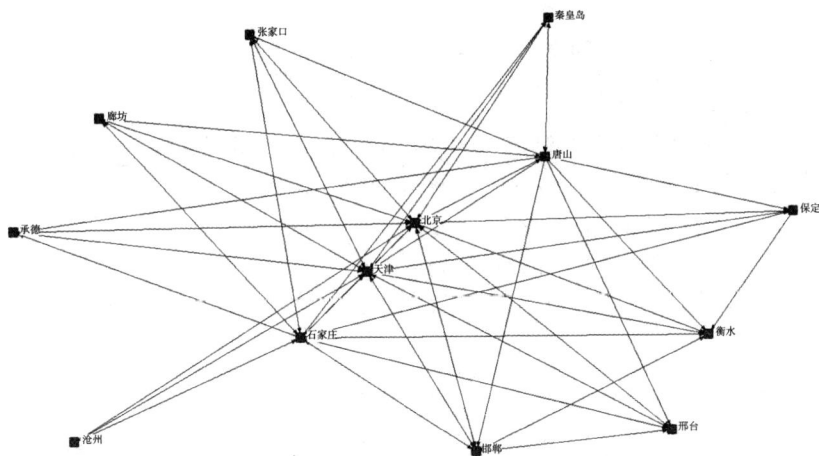

图 1　2021 年京津冀创新网络关联性

#### （2）节点网络特征

本报告通过点度中心度、中介中心度和接近中心度来衡量创新节点在网络中的地位，结果分别如表 3 至表 5 所示。

①点度中心度。北京、天津处于网络中的核心地位，石家庄、唐山处于网络中的次核心地位。从表 3 可以看出，北京、天津的点度中心度最高，达到 100，点出度和点入度均为 12，与京津冀其他城市的创新关联多，有较频繁的创新资源流入和流出，一直处于主导地位。石家庄和唐山的点度中心度与京津相比还有差距，但相对河北其他城市高出很多，且点出度较高，说明

这两个城市的创新能力较强，且对其他城市产生了溢出效应，在创新网络中居于次核心的位置。河北其他城市的点度中心度较低，说明在整个创新网络中处于边缘地位。2019~2021年，石家庄、唐山、保定、廊坊呈现点出度大于等于点入度的现象，说明其创新资源的溢出效应较强；秦皇岛、邯郸、邢台、张家口、承德、沧州、衡水呈现点入度大于等于点出度的现象，说明这些城市的创新发展能力较弱，创新资源自给能力较弱，对其他城市的依存度较高。从2019~2021年的变化来看，点度变化相对稳定，说明京津冀保持着稳定的创新联系，但创新合作主体地位的发展还很不均衡，差距较大。

表3  2019~2021年京津冀创新网络点度中心度

| 序号 | 城市 | 2019年 | | | 2020年 | | | 2021年 | | |
|---|---|---|---|---|---|---|---|---|---|---|
| | | 点出度 | 点入度 | 点度中心度 | 点出度 | 点入度 | 点度中心度 | 点出度 | 点入度 | 点度中心度 |
| 1 | 北京 | 12 | 12 | 100.000 | 12 | 12 | 100.000 | 12 | 12 | 100.000 |
| 2 | 天津 | 12 | 12 | 100.000 | 12 | 12 | 100.000 | 12 | 12 | 100.000 |
| 3 | 石家庄 | 11 | 10 | 91.667 | 10 | 9 | 91.667 | 11 | 9 | 91.667 |
| 4 | 唐山 | 10 | 4 | 83.333 | 11 | 4 | 91.667 | 9 | 4 | 83.333 |
| 5 | 秦皇岛 | 4 | 4 | 33.333 | 3 | 4 | 33.333 | 3 | 4 | 33.333 |
| 6 | 邯郸 | 4 | 6 | 50.000 | 5 | 6 | 50.000 | 5 | 6 | 50.000 |
| 7 | 邢台 | 4 | 6 | 50.000 | 4 | 5 | 41.667 | 4 | 5 | 41.667 |
| 8 | 保定 | 5 | 3 | 41.667 | 4 | 4 | 41.667 | 4 | 4 | 41.667 |
| 9 | 张家口 | 3 | 4 | 33.333 | 3 | 4 | 33.333 | 3 | 4 | 33.333 |
| 10 | 承德 | 2 | 4 | 33.333 | 2 | 4 | 33.333 | 2 | 4 | 33.333 |
| 11 | 沧州 | 3 | 4 | 33.333 | 3 | 4 | 33.333 | 3 | 3 | 25.000 |
| 12 | 廊坊 | 4 | 4 | 33.333 | 4 | 3 | 33.333 | 4 | 3 | 33.333 |
| 13 | 衡水 | 4 | 5 | 50.000 | 4 | 6 | 50.000 | 4 | 6 | 50.000 |

②中介中心度。北京、天津、石家庄、唐山在创新网络中起到中介作用。从表4可以看出，北京、天津一直保持最高的中介中心度，石家庄、唐山次之，说明其凭借着自身的发展优势在京津冀创新网络中处于核心地位，并在创新网络发展过程中起到中介作用。河北其他城市的中介中心度

均低于 1，说明其难以对网络中其他地区起到控制和支配作用。京津冀创新网络的中介中心度差距较大，呈现非均衡特征，相当多的创新联系需要通过北京、天津、石家庄、唐山来完成。2019～2021 年，北京、天津、石家庄总体呈现中介中心度上升的趋势，说明随着创新发展，其中介作用不断增强。

表 4　2019～2021 年京津冀创新网络中介中心度

| 序号 | 城市 | 2019 年 | 2020 年 | 2021 年 |
|---|---|---|---|---|
| 1 | 北京 | 13.081 | 12.486 | 14.268 |
| 2 | 天津 | 13.081 | 12.486 | 14.268 |
| 3 | 石家庄 | 12.551 | 12.348 | 13.359 |
| 4 | 唐山 | 9.722 | 12.348 | 9.318 |
| 5 | 秦皇岛 | 0.152 | 0.138 | 0.152 |
| 6 | 邯郸 | 0.404 | 0.441 | 0.455 |
| 7 | 邢台 | 0.833 | 0.138 | 0.152 |
| 8 | 保定 | 0.253 | 0.138 | 0.152 |
| 9 | 张家口 | 0.152 | 0.138 | 0.152 |
| 10 | 承德 | 0.152 | 0.138 | 0.152 |
| 11 | 沧州 | 0.152 | 0.138 | 0.000 |
| 12 | 廊坊 | 0.152 | 0.138 | 0.152 |
| 13 | 衡水 | 0.833 | 0.441 | 0.455 |

　　③接近中心度。北京、天津能够最快地与其他城市产生创新连接，石家庄、唐山次之。表 5 显示，北京、天津的接近中心度为 100，说明北京、天津由于自身较强的经济、资源优势，与其他地区的经济距离较短，能够最为迅速地与其他城市进行创新资源的内在连接，扮演着中心行动者的角色；石家庄、唐山次之，表明其也能够较快地在京津冀城市中进行创新连接；河北其他城市的接近中心度较低，表明其受自身发展水平或地理位置的限制，创新流通效率相对较低，处于创新网络的边缘。

表5　2019~2021年京津冀创新网络接近中心度

| 序号 | 城市 | 2019年 | 2020年 | 2021年 |
|------|------|--------|--------|--------|
| 1 | 北京 | 100.000 | 100.000 | 100.000 |
| 2 | 天津 | 100.000 | 100.000 | 100.000 |
| 3 | 石家庄 | 92.308 | 92.308 | 92.308 |
| 4 | 唐山 | 85.714 | 92.308 | 85.714 |
| 5 | 秦皇岛 | 60.000 | 60.000 | 60.000 |
| 6 | 邯郸 | 66.667 | 66.667 | 66.667 |
| 7 | 邢台 | 66.667 | 63.158 | 63.158 |
| 8 | 保定 | 63.158 | 63.158 | 63.158 |
| 9 | 张家口 | 60.000 | 60.000 | 60.000 |
| 10 | 承德 | 60.000 | 60.000 | 60.000 |
| 11 | 沧州 | 60.000 | 60.000 | 57.143 |
| 12 | 廊坊 | 60.000 | 60.000 | 60.000 |
| 13 | 衡水 | 66.667 | 66.667 | 66.667 |

（3）空间聚类特征

京津与河北各地均产生了创新联系，京津间的创新联系较为紧密，河北各地间的创新联系较为松散。本报告采用Concor方法，选择最大分割深度为2，集中标准为0.2，把京津冀13个地级及以上城市划分为4个板块，如表6所示。其中，板块Ⅰ有北京、天津2个城市，属于京津冀创新网络的核心城市；板块Ⅱ有石家庄、唐山2个城市，其发展相对较快，属于京津冀创新网络的次核心城市；板块Ⅲ有秦皇岛、廊坊、承德、沧州、张家口5个城市，这些城市主要位于河北省中北部；板块Ⅳ有邢台、保定、邯郸、衡水4个城市，这些城市主要位于河北省南部。

表6　京津冀创新网络板块分布

| 板块 | 城市 | 板块类型 |
|------|------|----------|
| 板块Ⅰ | 北京　天津 | 双向溢出板块 |
| 板块Ⅱ | 石家庄　唐山 | 经纪人板块 |
| 板块Ⅲ | 秦皇岛　廊坊　承德　沧州　张家口 | 净受益板块 |
| 板块Ⅳ | 邢台　保定　邯郸　衡水 | 净受益板块 |

进一步利用块模型分析 4 个板块在创新网络中的位置和角色，结果如表 7 所示。2019~2021 年，京津冀创新网络空间关联板块溢出效应变化很小，接下来以 2021 年为例对板块溢出效应进行分析。2021 年板块 I 的溢出关系数有 24 个，其中板块内部 2 个，板块外部 22 个；接收关系 24 个，其中板块内部 2 个，板块外部 22 个；期望内部关系比例为 8.33%，实际内部比例关系为 9.09%。该板块的主要特征为对外溢出关系数与接收关系数都比较多，且板块内部关系数较多，因此板块 I 为双向溢出板块。板块 II 的溢出关系数有 20 个，均属于板块外部的关系；接受其他板块发出的关系有 13 个，也均来自板块外部；期望内部关系比例为 8.33%，实际内部关系比例为 0。该板块既溢出也接收外部关系，但其内部关系相对较少，在网络中发挥中介和桥梁作用，根据前文定义，称其为经纪人板块。板块 III 的溢出关系数 13 个，接收关系数 18 个，期望内部关系比例为 33.33%，实际内部关系比例为 0。板块 IV 的溢出关系 17 个，接收关系 21 个，期望内部关系比例为 25%，实际内部关系比例为 41.67%。板块 III 和板块 IV 接收外部关系较多，溢出外部关系较少，因此，板块 III 和板块 IV 均为净受益板块，它们的创新能力较弱，主要接收来自创新能力较强地区的创新溢出。

表 7    2019~2021 年京津冀创新网络空间关联板块溢出效应

| 年份 | 板块 | 溢出关系数(个) | | 接收关系数(个) | | 期望内部关系比例(%) | 实际内部关系比例(%) |
|---|---|---|---|---|---|---|---|
| | | 板块内 | 板块外 | 板块内 | 板块外 | | |
| 2019 | 板块 I | 2 | 22 | 2 | 22 | 8.33 | 9.09 |
| | 板块 II | 0 | 21 | 0 | 14 | 8.33 | 0.00 |
| | 板块 III | 0 | 16 | 0 | 20 | 33.33 | 0.00 |
| | 板块 IV | 5 | 12 | 5 | 15 | 25.00 | 41.67 |
| 2020 | 板块 I | 2 | 22 | 2 | 22 | 8.33 | 9.09 |
| | 板块 II | 0 | 21 | 0 | 13 | 8.33 | 0.00 |
| | 板块 III | 0 | 15 | 0 | 19 | 33.33 | 0.00 |
| | 板块 IV | 5 | 12 | 5 | 16 | 25.00 | 41.67 |

续表

| 年份 | 板块 | 溢出关系数(个) | | 接收关系数(个) | | 期望内部关系比例(%) | 实际内部关系比例(%) |
|---|---|---|---|---|---|---|---|
| | | 板块内 | 板块外 | 板块内 | 板块外 | | |
| 2021 | 板块Ⅰ | 2 | 22 | 2 | 22 | 8.33 | 9.09 |
| | 板块Ⅱ | 0 | 20 | 0 | 13 | 8.33 | 0.00 |
| | 板块Ⅲ | 0 | 13 | 0 | 18 | 33.33 | 0.00 |
| | 板块Ⅳ | 5 | 12 | 5 | 16 | 25.00 | 41.67 |

为了考察板块之间创新的关联性,计算出各板块的密度矩阵,并将板块网络密度大于整体网络密度的情形赋值为1,将板块网络密度小于整体网络密度的情形赋值为0,从而将密度矩阵转化为象矩阵,如表8所示。板块Ⅰ自身内部存在着创新关联,还接收板块Ⅱ、板块Ⅲ、板块Ⅳ的溢出,并且对板块Ⅱ、板块Ⅲ、板块Ⅳ产生溢出效应,说明北京、天津既对河北各地级市产生创新溢出,也会接收来自河北各地级市的创新溢出;板块Ⅱ包括石家庄、唐山两个地区,自身创新关联较弱,但也会接收板块Ⅰ、板块Ⅲ、板块Ⅳ的溢出并且对板块Ⅰ、板块Ⅲ、板块Ⅳ产生溢出效应。板块Ⅲ、板块Ⅳ与板块Ⅰ、板块Ⅱ的创新关联性较高,既接收这两个板块的溢出也产生对这两个板块的溢出。板块Ⅲ、板块Ⅳ之间没有产生创新关联,板块Ⅲ内部没有产生创新关联,板块Ⅳ内部有一定创新关联。

**表8 2019~2021年京津冀创新网络空间关联板块密度矩阵和象矩阵**

| 年份 | 板块 | 密度矩阵 | | | | 象矩阵 | | | |
|---|---|---|---|---|---|---|---|---|---|
| | | 板块Ⅰ | 板块Ⅱ | 板块Ⅲ | 板块Ⅳ | 板块Ⅰ | 板块Ⅱ | 板块Ⅲ | 板块Ⅳ |
| 2019 | 板块Ⅰ | 1 | 1 | 1 | 1 | 1 | 1 | 1 | 1 |
| | 板块Ⅱ | 1 | 0 | 1 | 0.875 | 1 | 0 | 1 | 1 |
| | 板块Ⅲ | 1 | 0.6 | 0 | 0 | 1 | 1 | 0 | 0 |
| | 板块Ⅳ | 1 | 0.5 | 0 | 0.417 | 1 | 1 | 0 | 0 |
| 2020 | 板块Ⅲ | 1 | 1 | 1 | 1 | 1 | 1 | 1 | 1 |
| | 板块Ⅱ | 1 | 0 | 0.9 | 1 | 1 | 0 | 1 | 1 |
| | 板块Ⅲ | 1 | 0.5 | 0 | 0 | 1 | 1 | 0 | 0 |
| | 板块Ⅳ | 1 | 0.5 | 0 | 0.417 | 1 | 1 | 0 | 0 |

| 年份 | 板块 | 密度矩阵 | | | | 象矩阵 | | | |
|---|---|---|---|---|---|---|---|---|---|
| | | 板块Ⅰ | 板块Ⅱ | 板块Ⅲ | 板块Ⅳ | 板块Ⅰ | 板块Ⅱ | 板块Ⅲ | 板块Ⅳ |
| 2021 | 板块Ⅰ | 1 | 1 | 1 | 1 | 1 | 1 | 1 | 1 |
| | 板块Ⅱ | 1 | 0 | 0.8 | 1 | 1 | 0 | 1 | 1 |
| | 板块Ⅲ | 1 | 0.5 | 0 | 0 | 1 | 1 | 0 | 0 |
| | 板块Ⅳ | 1 | 0.5 | 0 | 0.417 | 1 | 1 | 0 | 0 |

# 五 数字经济驱动创新网络发展路径的组态分析

## （一）研究方法

数字经济是一个比较复杂且宽泛的概念，其推动区域创新的过程具有复杂、动态、多变的特点，是多种因素共同推动的结果。常规实证方法通常仅仅考察数字经济加权综合指标对区域创新的影响，难以细致探究其中的作用机制，不能系统地检验不同变量间的交互效应及其与结果变量的关系。fsQCA 方法是一种超越定量与定性的新方法，不仅克服了定性分析样本数量少、外部推广度低的缺点，又克服了定量分析无法深入案例解释案例独特性的缺点，而且在探求复杂的因果关系方面凸显出巨大的优势。

本报告将数字经济分为数字基础设施、数字规模水平、数字应用水平和数字研发环境四个维度，通过组态分析考察数字经济对京津冀创新网络的影响，以便更好地解释数字经济对城市创新网络的影响路径，为政策制定提供更有针对性的理论依据。

## （二）变量选取与数据来源

本报告选取京津冀 13 个城市 2021 年的相关数据进行组态分析，结果变量包括网络中心度的三个方面：点度中心度、中介中心度和接近中心度。条件变量设置为数字基础设施$X_1$、数字规模水平$X_2$、数字应用水平$X_3$和数字研发环境$X_4$。其中，数字基础设施是数字技术发展和数字经济运行的基础和保障，是提高数据传输效率的关键，因而对创新网络具有一定的影响。数字规模水平反映了数字产业的发展规模，数字经济发展规模越大，促进创新要素流动与共享、推动创新网络发展的能力就越强。数字应用水平体现数字技术如何助推其他产业的发展，数字经济的广泛应用可以为产业转型发展赋能，更好地助推创新网络发展。数字研发环境是数字创新的环境保障，体现了创新网络的潜力。

相关指标的选取参考赵涛等[17]、苏振等[18]的研究，同时考虑到数据的可获得性，选用互联网宽带接入端口来衡量数字基础设施，选用电信业务总量和数字从业人员衡量数字规模水平，选用移动电话普及率和数字普惠金融指数来衡量数字应用水平，选用财政科技支出和大专以上学历人数来衡量数字研发环境。

考虑到北京和天津的部分指标与河北各地市差距过大导致标准差过大，本报告采用变异系数法（Coefficient of Variation）来确定条件变量各二级指标权重，最终加权得到条件变量的一级指标，以便更客观地反映指标数据的变化信息。数字经济相关数据来源于《中国统计年鉴》、《中国城市统计年鉴》、《河北统计年鉴》、《中国第三产业统计年鉴》和北京大学数字普惠金融指数等，变量设置及指标选取具体情况见表9。

表9 变量设置及指标选取

| 变量分类 | 变量名称 | 衡量指标 |
| --- | --- | --- |
| 结果变量 | 点度中心度 | 城市创新网络个体网络特征 |
| | 中介中心度 | |
| | 接近中心度 | |
| 条件变量 | 数字基础设施 | 互联网宽带接入端口（万个） |
| | 数字规模水平 | 电信业务总量（亿元） |
| | | 数字从业人员（万人） |
| | 数字应用水平 | 移动电话普及率（部/百人） |
| | | 数字普惠金融指数 |

| 变量分类 | 变量名称 | 衡量指标 |
|---|---|---|
| 条件变量 | 数字研发环境 | 财政科技支出(亿元) |
| | | 大专以上学历人数(万人) |

## （三）组态研究

### 1. 数据校准

在进行模糊集定型比较分析前，需对结果变量和条件变量数据进行校准。本报告参考相关研究，结合数据特征，采取直接校准法，将原始数据进行标准化后，将95%分位数、50%分位数和5%分位数分别作为完全隶属、交叉点和不完全隶属的校准锚点对标准化后数据进行校准，具体校准结果如表10所示。

**表 10    各时段条件变量的校准锚点**

| 变量类别 | 变量 | 完全隶属 | 交叉点 | 不完全隶属 |
|---|---|---|---|---|
| 结果变量 | 点度中心度 | 1 | 0.2222 | 0.0667 |
| | 中介中心度 | 1 | 0.0165 | 0.0064 |
| | 接近中心度 | 1 | 0.1404 | 0.0400 |
| 条件变量 | 数字基础设施 | 0.7716 | 0.1398 | 0.0083 |
| | 数字规模水平 | 0.5106 | 0.0326 | 0.0027 |
| | 数字应用水平 | 0.7025 | 0.1023 | 0.0120 |
| | 数字研发环境 | 0.5719 | 0.0129 | 0.0009 |

### 2. 单个变量的必要性分析

首先，需要检验单个条件变量是不是创新网络发展水平的必要条件。相较于模糊集定型比较分析方法只能判断出某一条件变量是不是结果变量的必要条件，利用R语言的NCA分析可以得到代表了产生特定结果所需的必要条件的最低水平的效应量[19]。效应量的取值范围为0~1，如果所得效应量大于0.1且P值显著，则该条件变量是必要条件。只有进行了必要条件检测，才能在模糊集真值表程序分析之前将其剔除。在分析效应量时通常使用上限回归（Ceiling Regression，CR）及上限包络分析（Ceiling Envelopment，CE）两种方法生成对应函数，得到其效应量。表11是利用NCA分析得到的2021年各条件变量CR和CE两种方法的结果。

表11　NCA方法必要条件分析结果

| 条件变量 | 方法 | 点度中心度 | | 中介中心度 | | 接近中心度 | |
|---|---|---|---|---|---|---|---|
| | | 效应量 | P值 | 效应量 | P值 | 效应量 | P值 |
| 数字基础设施 | CR | 0.172 | 0.003 | 0.215 | 0.001 | 0.205 | 0.001 |
| | CE | 0.191 | 0.000 | 0.242 | 0.000 | 0.245 | 0.000 |
| 数字规模水平 | CR | 0.052 | 0.002 | 0.065 | 0.000 | 0.062 | 0.000 |
| | CE | 0.051 | 0.000 | 0.067 | 0.000 | 0.068 | 0.000 |
| 数字应用水平 | CR | 0.144 | 0.003 | 0.191 | 0.000 | 0.174 | 0.001 |
| | CE | 0.175 | 0.000 | 0.234 | 0.000 | 0.221 | 0.000 |
| 数字研发环境 | CR | 0.070 | 0.005 | 0.087 | 0.002 | 0.083 | 0.003 |
| | CE | 0.063 | 0.000 | 0.072 | 0.000 | 0.086 | 0.000 |

注：效应量大于0.1，$P<0.01$。

数字基础设施和数字应用水平达到了点度中心度、中介中心度和接近中心度必要条件的要求，说明数字基础设施和数字应用水平是某一水平上结果变量的必要条件。但以上必要条件的效应量均较低，说明以上条件对结果变量的约束效果较低。

进一步，利用R语言通过NCA方法计算出瓶颈水平分析结果，瓶颈水平指想要达到结果最大观测范围的某一水平，前因条件在最大观测范围内需要满足的水平值[20]。表12是点度中心度、中介中心度和接近中心度瓶颈水平的分析结果。以接近中心为例，要达到30%的接近中心度，需要4.8%的数字基础设施、1.2%的数字规模水平和4.7%的数字应用水平，数字研发环境不存在该水平上的瓶颈效应；要达到50%的点度中心度，需要13.2%的数字基础设施、2%的数字规模水平、10.8%的数字应用水平和3.5%的数字研发环境。

表 12　NCA 瓶颈水平分析结果

| 瓶颈水平（%） | 点度中心度 | | | | 中介中心度 | | | | 接近中心度 | | | |
|---|---|---|---|---|---|---|---|---|---|---|---|---|
| | $X_1$ | $X_2$ | $X_3$ | $X_4$ | $X_1$ | $X_2$ | $X_3$ | $X_4$ | $X_1$ | $X_2$ | $X_3$ | $X_4$ |
| 0 | NN | NN | NN | NN | NN | NN | NN | NN | NN | NN | NN | NN |
| 10 | NN | 0.3 | NN | NN | NN | NN | 0.3 | NN | NN | NN | NN | NN |
| 20 | NN | 0.7 | NN | NN | 3.1 | 0.8 | 4.9 | NN | NN | NN | NN | NN |
| 30 | NN | 1.2 | NN | NN | 9.0 | 2.6 | 9.6 | 1.2 | 4.8 | 1.2 | 4.7 | NN |
| 40 | 5.7 | 1.6 | 4.4 | NN | 14.9 | 4.4 | 14.2 | 4.4 | 11.7 | 3.4 | 10.3 | 2.8 |
| 50 | 13.2 | 2.0 | 10.8 | 3.5 | 20.9 | 6.3 | 18.9 | 7.6 | 18.6 | 5.6 | 16.0 | 6.4 |
| 60 | 20.8 | 2.5 | 17.3 | 7.5 | 26.8 | 8.1 | 23.5 | 10.8 | 25.5 | 7.7 | 21.7 | 10.1 |
| 70 | 28.3 | 2.9 | 23.7 | 11.6 | 32.8 | 9.9 | 28.2 | 14.0 | 32.4 | 9.9 | 27.4 | 13.7 |
| 80 | 35.9 | 3.4 | 30.1 | 15.7 | 38.7 | 11.8 | 32.8 | 17.2 | 39.3 | 12.1 | 33.1 | 17.3 |
| 90 | 43.4 | 3.8 | 36.5 | 19.7 | 44.6 | 13.6 | 37.5 | 20.3 | 46.2 | 14.2 | 38.8 | 20.9 |
| 100 | 51.0 | 4.3 | 43.0 | 23.8 | 50.6 | 15.4 | 42.2 | 23.5 | 53.1 | 16.4 | 44.5 | 24.6 |

同时，为了保证结果的稳健型，利用 fsQCA 再次进行单个变量的必要性检验，本报告也分析了单变量缺少的情况（～表示缺少该条件变量）。条件变量的一致性水平如果高于 0.9，则代表该条件变量是结果变量的必要条件，fsQCA 必要性分析结果见表 13。

单一的条件变量均不是影响高网络中心性和低网络中心性的必要条件。因为 NCA 中的必要条件是指在 $X$ 较低的水平上 $X$ 对 $Y$ 是必要的，即较低水平的数字基础设施和数字应用水平对结果变量来说是必要的；而 QCA 中必要条件是指满足某种隶属度的必要条件。因此，NCA 和 QCA 必要条件分析的结果并不矛盾。综上可以得出结论：某一程度的数字基础设施和数字应用水平是影响个体网络特征的必要条件（NCA 结果），但较高的数字基础设施、数字规模水平、数字应用水平和数字研发环境并不是影响网络中心度的必要条件（fsQCA 结果）。综上所述，可以认为各条件变量不能单独作为网络中心性各结果变量的必要条件，但变量之间能否联动对城市创新网络中心性产生影响仍需进一步考察。因此，在构建真值表时，上述条件变量全部保留。接下来，本报告对其进行充分性分析以探索其中的复杂因果关系。

表 13　fsQCA 必要性分析结果

| 条件变量 | 点度中心度 | | 中介中心度 | | 接近中心度 | |
|---|---|---|---|---|---|---|
| | 一致性 | 覆盖率 | 一致性 | 覆盖率 | 一致性 | 覆盖率 |
| 数字基础设施 | 0.73 | 0.84 | 0.62 | 0.87 | 0.74 | 0.84 |
| ~数字基础设施 | 0.51 | 0.43 | 0.61 | 0.63 | 0.51 | 0.42 |
| 数字规模水平 | 0.70 | 0.83 | 0.62 | 0.90 | 0.71 | 0.83 |
| ~数字规模水平 | 0.57 | 0.47 | 0.66 | 0.67 | 0.57 | 0.47 |
| 数字应用水平 | 0.72 | 0.71 | 0.75 | 0.91 | 0.73 | 0.71 |
| ~数字应用水平 | 0.52 | 0.50 | 0.59 | 0.69 | 0.53 | 0.50 |
| 数字研发环境 | 0.69 | 0.77 | 0.66 | 0.91 | 0.70 | 0.77 |
| ~数字研发环境 | 0.55 | 0.47 | 0.64 | 0.68 | 0.56 | 0.47 |

### 3. 条件组态的充分性分析

鉴于京津冀创新网络发展极不均衡，本报告既考察了产生高网络中心性的组态路径（即产生点度中心度$Y_1$、中介中心度$Y_2$和接近中心度$Y_3$的组态路径），还同时考察了低网络中心性的组态路径（即~$Y_1$、~$Y_2$和~$Y_3$的组态路径）。首先，构建真值表，真值表设置了影响城市创新网络的四个前因条件，考虑到案例数量有限，将高网络中心性一致性阈值设为 0.8，低网络中心性一致性阈值设为 0.7，频数阈值均设为 1。进一步进行标准分析，得到简约解、中间解和复杂解，借鉴 Ragin[21] 对 QCA 分析结果的呈现形式（大叉代表核心条件缺失，小叉代表辅助条件缺失，大圈代表核心条件存在，小圈代表辅助条件存在），对组态路径进行客观显示。各组态路径见表 14，各组态案例城市见表 15。

表 14　条件组态的充分性分析

| 条件变量 | 点度中心度 | | | 中介中心度 | | | 接近中心度 | | |
|---|---|---|---|---|---|---|---|---|---|
| | $Y_1$ | | ~$Y_1$ | $Y_2$ | | ~$Y_2$ | $Y_3$ | | ~$Y_3$ |
| 组态 | 组态 1 | 组态 2 | 组态 3 | 组态 4 | 组态 5 | 组态 6 | 组态 7 | 组态 8 | 组态 9 |
| 数字基础设施 | ● | ⊗ | ⊗ | ● | ⊗ | ⊗ | ● | ⊗ | ⊗ |
| 数字规模水平 | ● | ⊗ | ⊗ | ● | ⊗ | ⊗ | ● | ⊗ | ⊗ |

**续表**

| 条件变量 | 点度中心度 | | | 中介中心度 | | | 接近中心度 | | |
|---|---|---|---|---|---|---|---|---|---|
| | $Y_1$ | | $\sim Y_1$ | $Y_2$ | | $\sim Y_2$ | $Y_3$ | $\sim Y_3$ | |
| 组态 | 组态1 | 组态2 | 组态3 | 组态4 | 组态5 | 组态6 | 组态7 | 组态8 | 组态9 |
| 数字应用水平 | | | • | ● | | • | ● | | • |
| 数字研发环境 | • | ⊗ | | • | ⊗ | | • | ⊗ | |
| 原始覆盖率 | 0.6583 | 0.7748 | 0.4679 | 0.5412 | 0.7658 | 0.4971 | 0.5723 | 0.7791 | 0.4721 |
| 唯一覆盖率 | 0.6583 | 0.3220 | 0.0151 | 0.5412 | 0.2845 | 0.0157 | 0.5723 | 0.3218 | 0.0149 |
| 一致性 | 0.8656 | 0.7664 | 0.8081 | 0.8831 | 0.7338 | 0.8314 | 0.8855 | 0.7859 | 0.8314 |
| 总体覆盖率 | 0.6583 | 0.7898 | | 0.5412 | 0.7815 | | 0.5723 | 0.7940 | |
| 总体一致性 | 0.8656 | 0.7699 | | 0.8831 | 0.7378 | | 0.8855 | 0.7891 | |

注：⊗代表核心条件缺失，⊗代表辅助条件缺失，●代表核心条件存在，•代表辅助条件存在。

**表15　各组态路径典型城市**

| 结果变量 | | 组态路径 | 城市 |
|---|---|---|---|
| 点度中心度 | 高点度中心度组态城市 | 组态1 | 北京 天津 石家庄 唐山 保定 |
| | 低点度中心度组态城市 | 组态2 | 秦皇岛 邢台 张家口 承德 沧州 衡水 |
| | | 组态3 | 廊坊 |
| 中介中心度 | 高中介中心度组态城市 | 组态4 | 北京 天津 石家庄 唐山 |
| | 低中介中心度组态城市 | 组态5 | 秦皇岛 邢台 张家口 承德 沧州 衡水 |
| | | 组态6 | 廊坊 |
| 接近中心度 | 高接近中心度组态城市 | 组态7 | 北京 天津 石家庄 唐山 保定 |
| | 低接近中心度组态城市 | 组态8 | 秦皇岛 邢台 张家口 承德 衡水 |
| | | 组态9 | 廊坊 |

（1）点度中心度组态分析

分别将高点度中心度和低点度中心度作为结果变量对各条件变量进行组态分析，分别存在组态1、组态2、组态3共3条组态路径。

高点度中心度的组态1覆盖了65.83%的样本城市，总体一致性为0.8656。组态1中数字基础设施和数字规模水平在影响点度中心度的路径中核心存在，数字研发环境边缘存在，三者协同对创新网络的点度中心度产生影响，将其命名为"数字建设"驱动型，属于这一路径的城市有北京、天津、石家庄、唐山和保定。低点度中心度的两条路径共覆盖了 78.98%的样本，一致性为 0.7699。组态 2 中数字基础设施和数字规模水平核心缺失，数字研发环境边缘缺失，两条路径表明数字基础设施和数字规模水平较低是导致低点度中心度的核心条件，属于组态 2 的城市有秦皇岛、邢台、张家口、承德、沧州和衡水。组态 3 中数字基础设施和数字规模水平核心缺失，即使数字应用水平边缘存在，其点度中心度也处于较低水平。组态 3 的唯一覆盖率偏低，仅有廊坊属于该组态。

这表明数字基础设施、数字规模水平在提升城市在创新网络中的影响力和重要性方面发挥着至关重要的作用，二者的相互结合有利于提升城市在创新网络中的核心位置，增强区域整体的空间关联和空间溢出效应。同理，二者的缺失会导致城市个体创新点度中心度较低，在创新网络中处于边缘位置。

（2）中介中心度组态分析

对高中介中心度和低中介中心度进行组态分析，共得到 3 条组态路径。高中介中心度存在 1 条组态路径，总体覆盖率为 54.12%，一致性为 0.8831。组态 4 中，数字基础设施、数字规模水平和数字应用水平核心存在，数字研发环境边缘存在，四个条件变量共同促成了高中介中心度，将其命名为"数字建设—数字创新"驱动型。处于组态 4 路径的城市有北京、天津、石家庄、唐山，这些城市不仅在地理上位于中心位置，在创新空间关联网络中也处于核心地位，发挥着桥梁的作用，对其他城市的控制能力较强。低中介中心度存在 2 条路径，两条路径的覆盖率为 78.15%，一致性为 0.7378。组态 5 中数字基础设施和数字规模水平条件变量核心缺失，数字研发环境边缘缺失，三者缺失引致了低中介中心度。处于组态 5 的城市有秦皇岛、邢台、张家口、承德、沧州和衡水。组态 6 中数字基础设施和数字规模水平条件变量核心缺失，即使数字应用水平边缘存在也难以改变低中介中心度。处于组态 6 的城市有廊坊，说明数字基础设施和数字规模水平条件变量对城市创新中介中心度的影响远高于数字应用水平。

总体来看，数字基础设施、数字规模水平、数字应用水平、数字研发环境共同对创新网络中介中心度产生影响，其中，数字基础设施、数字规模水平是提升网络节点中介中心度的核心条件，也恰是这两个条件的缺失导致了低中介中心度，即便数字应用水平存在也未能改变低中介中心度的状态。

（3）接近中心度组态分析

组态 7 为高接近中心度的路径，其覆盖了 57.23% 的样本城市，一致性为 0.8855。组态 7 中数字基础设施、数字规模水平和数字应用水平在提高城市接近中心度中为核心存在变量，而数字研发环境边缘存在，说明 4 个条件变量均在促成高接近中心度结果变量上发挥着作用，将其命名为"数字建设—数字创新"驱动型。处于组态 7 的城市有北京、天津、石家庄、唐山和保定，这些城市的数字基础设施较为完善，数字经济规模较大，数字应用广泛，创新要素流动更多，能够更多地与其他城市产生联系，进而获取更多的资源，在创新关联网络中扮演中心行动者角色。低接近中心度的组态 8 中数字基础设施和数字规模水平核心缺失，数字研发环境边缘缺失，处于该组态的城市有秦皇岛、邢台、张家口、承德和衡水。组态 9 中数字基础设施和数字规模水平核心缺失，数字应用水平边缘存在，典型城市为廊坊。两条路径的总体覆盖率达 79.4%，一致性为 0.7891。

接近中心度结果与中介中心度结果基本一致，即数字基础设施、数字规模水平、数字应用水平、数字研发环境共同对创新网络的接近中心度产生影响，数字基础设施、数字规模水平是核心影响因素，低接近中心度的案例城市恰是因为核心因素的缺失而在创新网络中更加被动，属于边缘行动者。

（4）结果的进一步讨论

综合以上结果可以看出，北京、天津、石家庄、唐山的组态路径高度一致，这些地区在创新网络中位于核心位置，对创新网络中要素和资源的控制能力更强，在整个创新网络中发挥着关键的作用，接下来进一步对引致高中心度的条件组态进行深入解读。

① "数字建设"驱动京津冀创新网络核心城市的发展。数字基础设施和数字规模水平构成驱动京津冀创新网络核心城市发展的基础资源，在提升

核心城市影响力方面发挥着关键作用。数字基础设施建设促进了地区之间的创新要素流动；数字规模水平的提升一方面为创新开拓了市场，另一方面降低了创新成本。数字研发环境并不是创新网络中心性的核心条件，此处考虑研发具有一定的时滞性，如果从更长的时间线考察，数字研发环境的重要性可能进一步凸显。

②"数字建设—数字创新"驱动京津冀创新网络中介者和行动者的发展。这一组态表明京津冀创新网络中的中介者和行动者注重数字经济的全面发展，在完善数字基础设施、提升数字规模水平的同时，提升数字经济的应用水平、营造良好的数字研发环境，有助于在京津冀创新网络中提升中介作用、更快速地与其他地区产生连接。在复杂的创新网络中，数字建设是促进本地区与其他地区的创新关联以及控制创新网络要素、资源能力的基本条件，数字创新则为区域间的创新关联和要素控制进一步赋能。

4. 稳健型检验

在完成全面的分析之后，为检验研究的稳健型，本报告采用两种方法进行一致性检验。首先，更换了一致性阈值。对于引致高网络中心性的组态，将一致性阈值从 0.75 调整为 0.8，所得组态路径不变。对于低网络中心性的路径，将一致性阈值从 0.7 变化为 0.8，组态路径基本一致。因此，可认为上述分析结果具有稳健性。其次，替换了变量的衡量指标，将数字基础设施衡量指标换为互联网用户数，将电信业务总量替换为电信业务收入，将移动电话普及率更换为移动电话用户数再次进行分析，所得组态路径不变。因此，本研究结论稳健。

# 六　结论与建议

## （一）主要结论

本报告以北京、天津两市及河北 11 个地级市为研究对象，运用熵值法、社会网络分析法综合测度京津冀创新网络，并将数字经济进行分解，采用模糊集定性比较分析法揭示数字基础设施、数字规模水平、数字应用水平、数字研发环境影响创新网络的复杂路径，得出以下结论。

（1）京津冀创新网络的关联性越发紧密，但内部发展极不均衡。北京、天津处于网络的核心位置，石家庄、唐山处于网络的次核心地位，秦皇岛、邯郸、邢台、保定、张家口、承德、沧州、廊坊、衡水处于网络的边缘位置。京津之间及其与河北各地区之间的创新关联较为紧密，但是，河北各地区之间几乎没有产生创新关联。

（2）数字经济的任一单维度条件均不能单独提升创新网络的中心性，需要不同维度组合的方式协同发挥效应，数字基础设施和数字规模水平条件变量在影响京津冀个体创新网络中心性三个方面均核心存在。

（3）引致创新网络三个中心度的组态路径有所不同，本报告得到2条引致创新网络中心度提升的驱动路径：以数字基础设施、数字规模水平为核心条件，以数字研发环境为边缘条件的"数字建设"驱动点度中心度提升；以数字基础设施、数字规模水平、数字应用水平为核心条件，以数字研发环境为边缘条件的"数字建设—数字创新"驱动中介中心度、接近中心度提升。

## （二）对策建议

（1）依托北京、天津，提升石家庄、唐山，强化创新网络。北京、天津作为京津冀创新的核心，应在提升自身创新实力的同时，扩大创新的溢出效应，稳步加强与河北各地区的创新关联；石家庄、唐山应充分发挥区位、产业、基础等自身优势，分别引领冀中南、冀东地区的创新发展，构建"核心—次核心—边缘"联动创新模式，强化京津冀创新网络。

（2）提升河北内部各地的创新关联性，完善创新网络。搭建河北区域协同创新共享平台，提升各地区的合作意愿和合作积极性，最大限度地减少信息围墙，增强创新资源共享，构建知识资源高效、自由流动的网络体系，充分利用网络带来的机会窗口加强彼此间的联系，整合区域间丰富的优质资源，增强河北整体的协同创新能力。

（3）数字建设提速增质，更好地支撑创新网络发展。一是以云计算、大数据、物联网等新一代信息技术为支撑，大力推进京津冀信息基础设施优化和功能服务专业化，提升基础信息服务水平和普遍服务能力。二是扩大数字经济的规模，全面推进城市数字化转型、智慧化发展，加快发展以数据要素为关键创新要素的数字经济，大力拓展数字经济在京津冀创新网络中的广度并提升深度，用数字化赋能创新网络的发展。

（4）从整体视角关注数字经济对创新网络的影响。数字基础设施、数字规模水平、数字应用水平、数字研发环境联动匹配模式的存在表明了创新网络中心性提升的复杂机制。各地区可根据自身条件，参考高网络中心性地区，运用组态思维联动匹配数字基础设施、数字规模水平、数字应用水平、数字研发环境四个条件，因地制宜地规划各地区的数字经济发展政策，形成差异化的京津冀创新网络数字化提升路径。

## 参考文献

［1］苏屹、曹铮：《京津冀区域协同创新网络演化及影响因素研究》，《科研管理》2023 年第 3 期。

［2］胡悦、马静、李雪燕：《京津冀城市群创新网络结构演化及驱动机制研究》，《科技进步与对策》2020 年第 13 期。

［3］吕拉昌、孟国力、黄茹、孙飞翔：《城市群创新网络的空间演化与组织——以京津冀城市群为例》，《地域研究与开发》2019 年第 1 期。

［4］邢华、张常明：《浮现中的城市群创新网络：京津冀城市间专利合作与城市群演进》，《地域研究与开发》2018 年第 4 期。

［5］周国富、林一鸣：《数字经济、制度环境与区域创新效率》，《现代经济探讨》2023 年第 11 期。

［6］苏屹、支鹏飞、郭秀芳：《区域数字经济规模测算及其对区域创新的影响》，《科研管理》2023 年第 9 期。

［7］白俊红、陈新：《数字经济、空间溢出效应与区域创新效率》，《研究与发展管理》2022 年第 6 期。

［8］孙晋云、白俊红、王钺：《数字经济如何重塑我国区域创新格局？——基于研

发要素流动的视角》,《统计研究》2023 年第 8 期。

[9] 鲍鹏程、朱付彪:《数字经济对区域创新影响的实证检验》,《统计与决策》2023 年第 16 期。

[10] 梁琦、肖素萍、李梦欣:《数字经济发展、空间外溢与区域创新质量提升——兼论市场化的门槛效应》,《上海经济研究》2021 年第 9 期。

[11] 潘春苗、母爱英、翟文:《中国三大城市群协同创新网络结构与空间特征——基于京津冀、长三角城市群和粤港澳大湾区的对比分析》,《经济体制改革》2022 年第 2 期。

[12] 蒙大斌、张诚、李宁:《空间交易成本对创新网络空间拓扑的影响研究——以京津冀医药产业为例》,《软科学》2019 年第 11 期。

[13] 陈治、张少华:《数字经济、空间溢出与区域创新能力提升——基于中国 274 座城市数据的异质性研究》,《管理学刊》2023 年第 1 期。

[14] 王智新、梁翠,赵景峰等:《科技投入效率、产学合作研发与全要素碳排放绩效》,《中国人口·资源与环境》2013 年第 7 期。

[15] White, H. C., Boorman, S. A., Breiger, R. L.: "Social structure from multiple networks. I. Blockmodels of roles and positions", *American Journal of Sociology*, 1976, 81 (4): 730-780.

[16] Burt, R. S.: "Positions in networks", *Social Forces*, 1976, 55 (1): 93-122.

[17] 赵涛、张智、梁上坤:《数字经济、创业活跃度与高质量发展——来自中国城市的经验证据》,《管理世界》2020 年第 10 期。

[18] 苏振、郑应宏、郭峦:《数字经济对旅游业碳排放效率的影响及门槛效应》,《中国人口·资源与环境》2023 年第 8 期。

[19] 李友东、闫晨丽、赵云辉等:《互利共赢,还是独善其身?双碳目标下绿色智慧城市建设的组态分析》,《系统管理学报》2023 年 10 月 12 日。

[20] 杜运周、刘秋辰、程建青:《什么样的营商环境生态产生城市高创业活跃度?——基于制度组态的分析》,《管理世界》2020 年第 9 期。

[21] Ragin, C. C, "Set relations in social research: Evaluating their consistency and coverage", *Political Analysis*, 2006, 14 (3): 291-310.

# B.3
# 数字经济对京津冀城市群包容性
# 绿色增长的影响[*]

李　峰　张帅斌[**]

**摘　要：** 2022 年，习近平总书记强调，发展数字经济意义重大，是把握
新一轮科技革命和产业变革新机遇的战略选择。数字经济健康发
展，有利于推动构建新发展格局，有利于推动建设现代化经济体
系，有利于推动构筑国家竞争新优势。京津冀城市群是国家创新
驱动经济增长新引擎、生态修复环境改善示范区，也是我国区域
整体协同发展的重要空间载体。因此，本报告分析数字经济对京
津冀城市群包容性绿色增长的影响。首先，报告分析了京津冀城
市群数字经济发展现状，发现在数字产业化方面，京津冀城市群
数字基础设施不断完善，尤其信息通信产业有着巨大的发展潜
力。在产业数字化方面，京津冀城市群服务业数字化转型持续活
跃，且电子商务的带动作用逐渐凸显。在数字化治理方面，京津
冀通过政府服务平台的搭建，加快了数字政府向一体化政务服务
转变进程。在数据价值化方面，京津冀城市群加快实现要素数据
商业化，数据要素的交易活跃度持续攀升。其次，报告分析数字
经济对京津冀城市群包容性绿色增长的影响效应。报告从京津冀
城市群经济增长、社会公平、民生福利、绿色生产消费和生态环
境保护五个层面构建京津冀包容性绿色增长指标体系，利用

---

[*] 本报告是河北省社科一般项目"创新地理视域下雄安新区构建创新型城市的机制与路径研
究"（HB22YJ006）的研究成果。

[**] 李峰，博士，河北工业大学经济管理学院副教授、硕士生导师，研究方向为数字经济与京津
冀协同发展；张帅斌，河北工业大学经济管理学院硕士研究生，研究方向为区域经济学。

2012~2021年京津冀城市群13个地级市面板数据进行实证检验。结果表明，数字经济能够显著促进京津冀城市群的包容性绿色增长水平的提升，且经过稳健性检验后仍然成立；数字经济通过影响京津冀城市群的绿色金融发展的和科技发展，推动京津冀城市群包容性绿色增长；数字经济对于京津冀城市群包容性绿色增长的影响具有空间溢出效应，数字经济的跨区域互动影响会在促进本地区包容性绿色增长水平提高的同时带动周边地区包容性绿色增长水平的提升。最后，报告提出，加强数字基础设施建设，增强劳动者网络应用能力，通过区域间协调互动机制缩小区域差距，在提高城乡居民金融素质的同时，拓宽数字金融的应用范围，通过数字经济实现精准扶贫，最终实现共同富裕。

**关键词：** 数字经济　包容性绿色增长　京津冀城市群　中介效应模型　空间计量模型

# 一　引言

我国自改革开放以来，国内生产总值从1978年的3678.7亿元上升到2021年的114.4万亿元，GDP年均增速达9.26%①，但是高污染、高排放、高耗能的增长方式也带来了许多社会与环境问题，自然资源枯竭、生态环境恶化、贫富差距等问题逐渐成为制约国家进一步发展的棘手问题。近年来尽管经济规模整体保持正向增长，但是整体增速放缓，由于经济发展方式的包容性不足和绿色化缺失，反映在较高基尼系数水平上的收入差距问题凸显，国际贫富差距的警戒线居高不下；同时，粗放式的发展导致环境污染成本增加，2021年全国因环境污染造成的经济损失达5118亿元，占当年GDP的

---

① 《中国统计年鉴（2022）》。

3.05%，且由于部门局限和技术限制，该值远小于实际资源环境成本①。因此，如何调整经济发展方式成为当务之急。2012 年"里约+20"峰会首次提出包容性绿色增长，融合了绿色增长和包容性增长两大发展理念的新名词备受关注。2016 年 3 月，联合国发布了新的可持续发展目标，引发了众多国家和地区开始采纳以包容性绿色增长为核心的发展战略，这标志着全球对可持续增长方式的需求日益增加。在此背景下，中国政府在"十二五"规划中提出走"包容协调性绿色增长"之路的愿景，尤其是在资源丰富地区，包容性绿色增长方式将帮助解决社会不平等和环境恶化等问题。包容性绿色增长为我国解决经济社会可持续发展问题提供了契机和方向。

城市群是支撑全国经济增长、促进区域协调发展的重要载体。2015 年 4 月，《京津冀协同发展规划纲要》提出，国家正式发布发展规划，率先提出构建以首都为核心的世界级城市群。京津冀城市群自改革开放以来，无论是在理论研究、政策探索还是实际培育与发展层面，都起到了先验性示范作用，京津冀城市群的战略定位一方面是要成为全国创新驱动经济增长的新引擎，另一方面是要成为环境改善示范区，其特殊的战略定位契合包容性绿色增长的理念。关于城市群包容性绿色增长的研究不仅可以进一步丰富我国城市群发展理论成就，为其他非城市群发展提供行动指南，同时也可以更好地推动我国实现高质量发展。

作为我国经济发展中最为活跃的领域，数字经济与经济社会各领域融合的广度不断拓展、深度不断提升。2022 年 12 月，习近平总书记在中央经济工作会议上强调要大力发展数字经济。根据中国信息通信研究院最新发布的《中国数字经济发展研究报告（2023 年）》，截至 2022 年，我国数字经济规模已达 50.2 万亿元，同比名义增长率超过 10%，连续 11 年超过同期名义 GDP 增长率。此外，2022 年数字经济在国内生产总值（GDP）中以 41.5% 的占比逼平第二产业，数字经济的增长表现出合理的数量增长趋势，被认为是推动经济高质量发展的重要依托。数字经济凭借自身特性，与实体经济深

---

① 《中国绿色国民经济核算研究报告（2021）》。

度融合，赋能传统产业转型升级，催生新产业、新业态、新模式。数字经济在一定程度上可以满足我国包容性绿色增长的需要，以京津冀城市群为参照样本，讨论数字经济对中国城市群包容性绿色增长的影响，不仅可为更好地实现京津冀一体化提供理论支撑，而且对于破解我国当前资源匮乏、环境污染、社会包容等问题有着现实意义。

## 二　文献综述

作为信息时代国家竞争优势的主要推动力，数字经济已引起学界的广泛关注，数字经济相关理论成果不断丰富。通过梳理发现，过往有关数字经济的研究主要集中在两个方面，一是数字经济规模的测算，二是数字经济的经济效应。

国内外机构和学者在数字经济规模的测算上采取了不同的方法。在国际范围内，美国经济分析局（BEA）已经明确定义了数字经济的范围，并采用供给使用表的方法对美国数字经济的增加值和总产出等规模进行了详尽的研究和测算[1]。Knickrehm 等也对数字经济增加值及其对 GDP 的贡献进行了测算[2]。在国内，康铁祥最早使用 Machlup-Porat 方法测度了中国数字经济规模[3]，刘军等从信息化发展、互联网发展和数字交易发展三个维度构建了中国分省份数字经济评价指标体系[4]。由于在测算范围和测算方法上并不存在统一的规范，所以测算结果存在一定的差异。中国信息通信研究院首次通过具体数据测算了我国数字经济发展效率水平，为推动数字经济发展提供更多参考[5]。

通过梳理数字经济的经济效应相关文献发现，当前的文献多从宏观和微观层面对数字经济的经济效应进行探究。在宏观层面，数字经济对经济高质量发展[6]、产业转型[7]、区域创新能力[8]、包容性增长[9]均有着积极的影响；在微观层面，多以企业为参考对象，数字经济通过促进企业专业化分工提高了企业全要素生产率[10]，且企业的数字化对企业绩效[11]、企业创新[12]、企业组织结构[13]等均有不同程度的影响。

数字经济发展带来效率不断提升的同时，环境问题、公平问题等也越来越引起社会关注。包容性绿色增长作为一种规范性价值判断，与其相关的研究得到国内外学术界的高度关注。对于包容性绿色增长，现有定义较为宏观，并未形成明确的范围，比较有代表性的如世界银行认为包容性绿色增长是可持续发展，国际货币基金组织认为包容性绿色增长是在经济增长的同时消除贫困和环境损害以实现可持续发展的模式，有学者认为包容性绿色增长要平衡增长、绿色和包容性之间的关系[14][15][16]，也有学者认为包容性绿色增长是一种同时提高当代人和后代人福利的增长方式[17]，是确保所有人机会均等的增长，有助于扩大获得机会、能力和安全的规模与范围也是包容性绿色增长的题中应有之义[18]。随着研究的深入，作为追求经济增长、社会公平、成果共享、资源节约和生态环境良好的可持续发展方式，包容性绿色增长同样也是实现经济、社会和环境三大系统相辅相成的重要途径。

除了对包容性绿色增长的理论内涵进行界定，学者们也对其评价指标体系进行了构建并加以测度。由于包容性绿色增长是经济、社会和环境的有机结合，学术上多构建多维度、多指标的评价体系。联合国环境规划署就如何评估包容性绿色经济提出了初步的测评方法，提出了包含与包容性绿色增长相关的贫困问题、环境问题和繁荣共享问题的13个变量的多维指标，并在后续进一步拓展对绿色经济指标的使用，作为评估绿色经济政策的方式[19]。在此基础上，郑长德从三个方面（收入效应、社会效应、环境效应）衡量了我国区域间的包容性绿色经济发展指数[20]；吴武林等在将包容性绿色增长的内涵概括为经济、社会、民生、资源、环境五个方面后，通过拓展包容性绿色增长的内涵，整合包容性绿色增长的外延，构建了包容性绿色增长的指标体系，涵盖经济发展、绿色生产和消费、社会机会公平、生态环境保护四个关键维度，并以此为基础测算了我国省域范围的包容性绿色增长指数[21]。后续的研究文献在构建包容性绿色增长指标体系方面，多受到此方法的启发和借鉴[22][23][24]。

在包容性绿色增长评价体系的测度上，根据已有文献，学者们采用了不同的测度方法。Albagoury 等[17]和杨雪星[25]采用熵值法进行测度，两者分别采用主观赋权法和客观赋权法确定权重，但是，前者测度主观随意性较大，后者则通用性较差，计算较为烦琐。谷魁英等[24]借鉴中国市场化指数的编制，运用定基极差熵值法对标准化的数据进行权重赋值和综合指数计算,此种方法克服了熵值法处理截面数据的弊端。除熵值法外,王宇昕等[26]使用空间探索性分析方法,实证检验了长江经济带和中国的包容性绿色增长之间的空间正相关关系。近年来,一些学者已经从投入产出的角度对包容性绿色增长的效率进行了评估,李政大等[27]运用 DEA 生产前沿分解模型,描述了绿色包容性增长的水平和效果,绘制了绿色包容性增长的现实图景,并对其影响因素进行了深入剖析。赵林等[28]通过考虑非期望产出的 Super-SBM 模型测度 2000~2016 年中国省际绿色包容性增长效率,并运用面板 Tobit 模型识别了其影响因素。Sun 等[29]使用 DDF-SBM 模型测算了中国 285 个城市的包容性绿色增长水平。

通过梳理现有的文献可知,关于包容性绿色增长的研究还可以在以下方面拓展:一是指标体系的精准度有一定的欠缺,且指标存在内生关联性;二是鲜有研究数字经济对包容性绿色增长影响的文献;三是当前研究多着眼于全国或者省级层面,而对于省内不同市之间的影响没有进行探究。因此,本报告将国内外具有代表性的包容性绿色增长相关指标体系进行对比分析,通过拓展相关概念的外延,制定符合当前经济运行实际的包容性绿色增长的评价框架,实证检验数字经济对城市群包容性绿色增长的影响,同时着眼于京津冀城市群内部 13 个城市之间的经济关联,通过构建空间计量模型,进一步分析各城市之间的影响,以此为京津冀未来发展提出一个新的参考方向,以更好地实现经济高质量发展的目标。

## 三 京津冀数字经济发展现状

算力的基础在于数字经济发展。京津冀是我国数字经济发展高地,2022年北京数字经济产值占地区生产总值的 41.6%,天津高技术制造业产值占规模以上工业增加值的 14.2%,河北高新技术产业增加值占规模以上工业增加值的 20.6%①。在中国信息通信研究院公布的 2022 年数字经济城市发展百强排

① 《北京市 2022 年国民经济和社会发展统计公报》《2022 年天津市国民经济和社会发展统计公报》《河北省 2022 年国民经济和社会发展统计公报》。

名中，除北京、天津外，河北的石家庄、唐山、廊坊、保定、沧州、邯郸均跻身数字经济城市发展百强榜。京津冀作为中国区域经济增长极，在共建全国数字化转型枢纽节点上应充分发挥优势、有所作为。根据中国信息通信研究院发布的《中国数字经济发展研究报告（2023年）》，数字经济作为21世纪的新经济形态，可以细分为数字产业化、产业数字化、数字化治理与数据价值化四个维度。下文将从四个方面对京津冀数字经济发展现状进行深入剖析。

## （一）京津冀地区的数字产业化

### 1. 数字基础设施不断完善

数字基础设施是数据要素的重要载体，是数字经济发展的基石，在促进区域转型升级方面发挥重要作用。本报告以京津冀地区互联网宽带接入用户数和移动电话基站为指标进行分析。

从图1可知，河北省互联网宽带接入用户数远高于京津两地，其中天津市互联网宽带接入用户数最少。2012~2021年，北京市互联网宽带接入用户数从473.7万户增长至806.3万户，大约增长了70%；天津市互联网宽带接入用户数从204.8万户增长至584.5万户，大约增长了1.85倍；河北省互联网宽带接入用户数从963.9万户增长至2796.9万户，大约增长了1.9倍。就整体发展趋势而言，京津冀地区的互联网宽带接入用户数呈上升趋势，天津市与河北省的互联网宽带接入用户数增长幅度基本持平，均大于北京市互联网宽带接入用户数增长幅度。与互联网宽带接入用户数的发展趋势类似，京津冀地区的移动电话基站数量整体也呈现上升的趋势。截至2021年，北京市建设移动电话基站27.0万个，天津市建设移动电话基站12.9万个，河北省建设移动电话基站44.7万个，其中2018~2019年京津冀三地的移动电话基站均有明显增加，特别是天津市移动电话基站增长幅度达到了50.75%。近年来，互联网宽带接入用户数和移动电话基站数量大量增加，表明京津冀地区数字基础设施不断完善，数字产业化的发展基础不断夯实。

### 2. 信息通信产业极具发展潜力

根据《中国数字经济发展研究报告（2023年）》，信息通信产业服务部

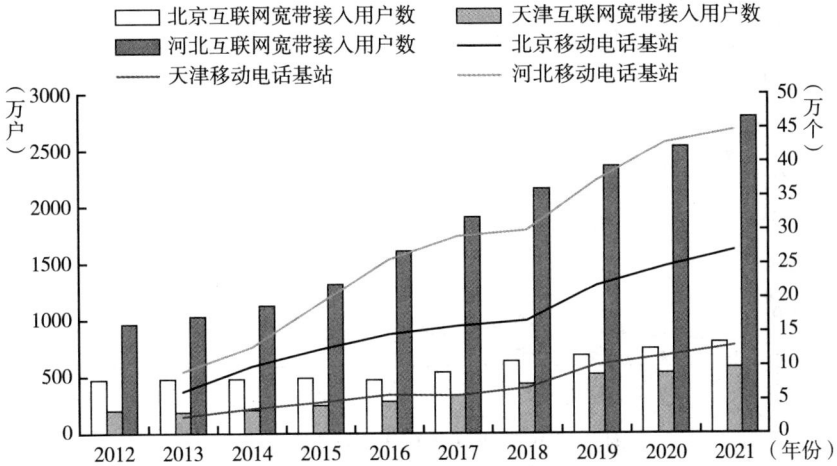

**图1　2012~2021年京津冀数字基础设施建设**

资料来源：2013~2022年《中国统计年鉴》。

分在数字产业化中的主导地位更加巩固，软件产业和互联网行业在其中的占比小幅提升，电信业和电子信息制造业占比小幅回落。本报告以软件业务收入和电信业务总量为指标进行分析。

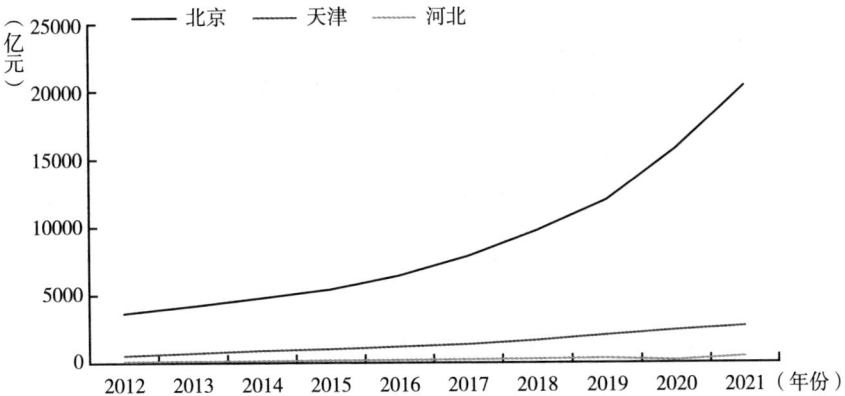

**图2　2012~2021年京津冀软件业务收入**

资料来源：2013~2022年《中国统计年鉴》。

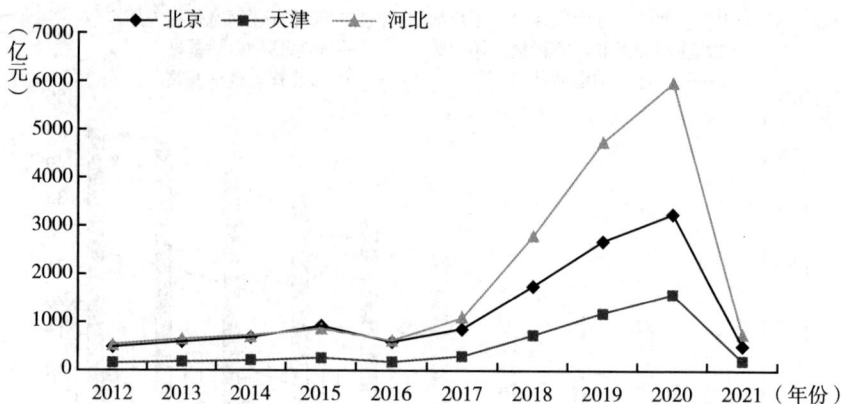

**图3　2012~2021年京津冀电信业务总量**

资料来源：2013~2022年《中国统计年鉴》。

从图2可知，2021年，北京市软件业务收入为20382.1亿元，是2012年的5.55倍；天津市软件业务收入为2658.36亿元，是2012年的4.80倍；河北省软件业务收入为442.96亿元，是2012年的3.48倍。就总体趋势而言，京津冀地区软件业务收入总体呈现上升趋势，增幅逐渐增大，京津冀地区的软件业务收入差距逐年增加，北京市软件业务收入远高于津冀两地，这主要源于北京基础设施先进、人才汇集，软件业更发达。从图3可知，2012~2015年电信业务总量平稳上升，2016年和2021年京津冀三地电信业务总量均有所减少，其余年份均保持上升，并且2016年以后上升幅度增加。分地区来看，河北省电信业务总量除了在2015年略低于北京市电信业务总量以外，其余年份均高于京津两地，并且在2020年差距达到最大值，天津市的电信业务总量常年保持最低。总体而言，电信业稳中向好，软件业保持较快增长，津冀两地的数字产业化极具发展潜力。

## （二）京津冀地区的产业数字化

服务业数字化转型持续活跃，电子商务迈向高质量发展新阶段。京津冀地区服务业数字化转型持续活跃，电子商务成为把握数字经济发展态势的重要抓手。电子商务交易可以分为电子商务销售和电子商务采购，本报告以开展电子商务销售的企业数和企业电子商务销售额为指标进行分析。

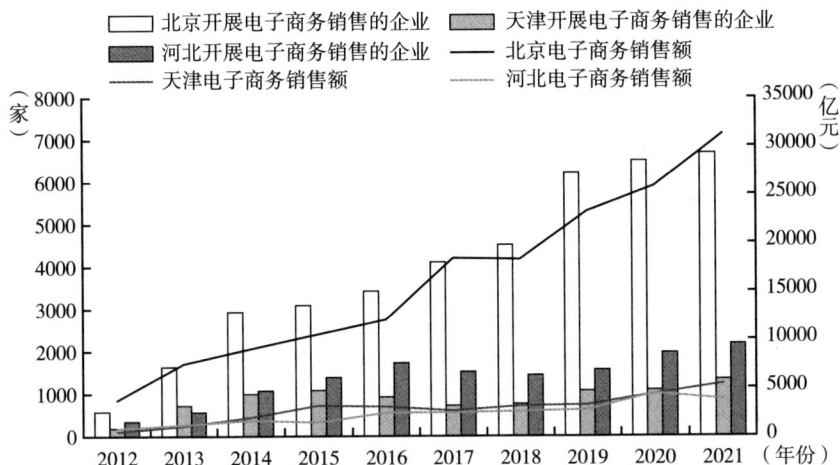

**图4 2012~2021年京津冀开展电子商务销售的企业和电子商务销售额**

资料来源：2013~2022年《中国第三产业统计年鉴》。

从图4可知，2012~2021年，北京开展有电子商务销售的企业从582家增加至6685家，大约增加了10.49倍；天津市开展电子商务销售的企业从190家增加至1341家，大约增加了6.06倍；河北省开展电子商务销售的企业从348家增加至2177家，大约增加了5.26倍。其中，北京市开展电子商务销售的企业逐年递增，2019年增长率达到最大后平缓增加，天津市开展电子商务销售的企业数量自2016年起经过两年下降之后呈现平稳上升趋势，河北省开展电子商务销售的企业数量自2017年起经过两年下降之后呈现平稳上升趋势，津冀两地的电子商务发展水平基本持平，远低于北京市电子商务发展水平。京津冀地区的电子商务销售额与其开展电子商务销售企业具有类似的发展趋势，总体呈现上升趋势，北京市电子商务销售额远高于津冀两地，天津市电子商务销售额除了在2013年和2022年略低于河北省以外，其余年份均高于河北省。电子商务在转变经济发展方式、推动经济转型升级中发挥着重要作用。总的来说，津冀两地的产业数字化水平远不及北京，产业数字化发展空间巨大。

### （三）京津冀地区的数字化治理①

数字化治理是数字经济的一大组成部分，数字治理在未来会成为信息社会下的主流，信息社会与数字治理相融合进程中的一个主要成果就是数字政府的加速建设。数字政府功能正在向一体化政务服务转变，京津冀政府服务平台的搭建，有效加强了数字政府建设，推进了数字化治理进程。

**1. 北京市电子政务建设情况**

2018 年，北京市政府集中发布办事指南 28 万余项，指南要素 52 个；推出个人服务 48 项，企业服务 52 项；建成全市统一身份认证体系，完成 25 个部门 72 个互联网系统与市网上政务服务大厅的单点登录对接，市、区两级政务服务事项平均网上可办率在 90% 以上。2019 年，为优化市政府门户网站的在线智能搜索平台，推出场景化主题搜索服务，提炼高频搜索场景 100 余个，通过语义转换识别技术"读懂"群众通俗语言，搜索量突破百万次。2020 年，市政府门户网站及各区、各部门网站全部完成改版上线，实现政府信息"一网通查"。2021 年，实现全市政府网站和政务新媒体季度检查全覆盖。政府公报出刊 48 期，纸质公报发放 8.5 万余份，电子公报积极拓展政务微博、微信公众平台等获取渠道，阅读量达 767 万人次。2022 年，各单位发布 270 个订阅栏目、283 项常见查询服务，为持续提升国际版网站建设运营水平，上线政策工具箱、"两区"政策一键达小工具，优化"消费在北京""北京新冠疫情"专题，统筹政府网站集约融合发展和功能提质升级。

**2. 天津市电子政务建设情况**

"天津政务一网通"平台自 2018 年 8 月 10 日正式上线运行以来，归集 240 余万条政务数据信息，网站总访问量突破 752 万次，累计注册用户 52.6

---

① 本节中，北京市电子政务建设情况数据来源于《2022年北京市政府信息公开工作年度报告》《2021年北京市政府信息公开工作年度报告》《2020年北京市政府信息公开工作年度报告》《2019年北京市政府信息公开工作年度报告》《2018年北京市政府信息公开工作年度报告》，天津市电子政务建设情况数据来源于《天津市2022年政府信息公开工作年度报告》，河北省电子政务建设情况数据来源《河北省司法厅2019年政府信息公开工作年度报告》。

万个，便民服务专线扩容至可满足 560 个用户同时在线使用。2019 年，"天津政务网"微信公众号发布各类信息 195 条，阅读量 675124 次，发布政务微博 843 条，"粉丝"数量达到 31.3 万人。2020 年，"天津政务网"微信公众号共发布各类信息 3078 条，阅读量 78065 次，发布政务微博 853 条，"粉丝"数量达到 32.8 万人。2021 年，"市长信箱""政民零距离"等栏目共收到留言 32436 条。截至 2022 年底，全市在线运行政府网站 87 个，登记备案政务新媒体 1788 个。"市长信箱""政民零距离"等栏目共收到留言 73045 条，"我为政府网站找错"栏目收到留言 275 条。

3. 河北省电子政务建设情况

河北政务服务大厅自 2019 年 7 月 16 日正式启动运行，省直 35 个部门集中进驻。截至 2019 年底，1279 项省级事项、7542 项市级事项网上可办，省、市、县三级事项网上可办率达到 90%，位居全国前列。"河北省人民政府"微信公众号、新浪微博正式上线运行。开发应用"冀时办"App，上线应用 746 项，1290 余项省级政务服务事项实现指尖办理，"一机在手、服务无忧"。2020 年，全面完成市级以上政府门户网站 IPv6 升级改造工作，建成以"河北省人民政府"微博、微信为龙头的省、市、县三级政务新媒体矩阵，积极做强省政府微博、微信。"河北省人民政府"微博、微信共编发各类信息 6000 多条，省政务服务管理办公室上线"冀时办"2.0 版，提供各类便民应用 1978 项。2021 年，全面推行政府网站集约化改革，全面完成县级以上政府门户网站 IPv6 升级改造工作。2022 年，依托政务新媒体管理平台，对全省账号实现常态化监测管理。

### （四）京津冀地区的数据价值化

数据价值化迎来新一轮建设热潮。数据价值化直接驱动传统产业向数字化、网络化、智能化方向转型升级，数据要素价值化的本质是数据要素商业化，数字交易所和数据确权是核心。大数据交易所作为数据流通与交易市场，上市公司数量可以在一定程度上反映数据要素的交易活跃度，进而衡量地区的数字价值化水平。本报告以在上海数据交易所和深圳数据交易所上市公司数为指标进行分析。

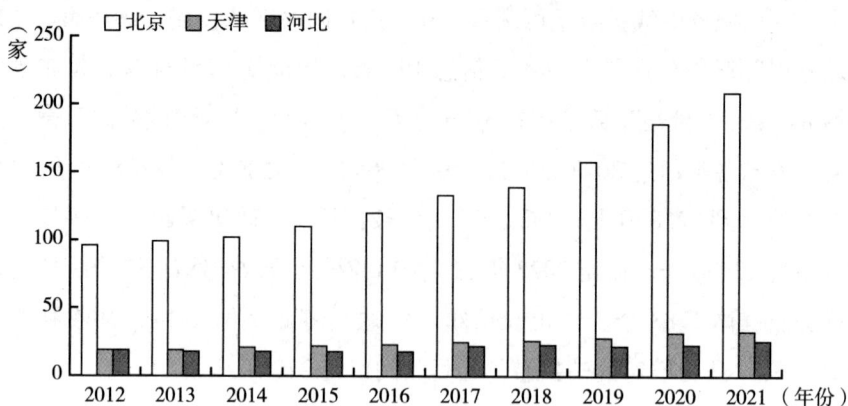

**图5 2012~2021年京津冀在上海数据交易所上市公司数**

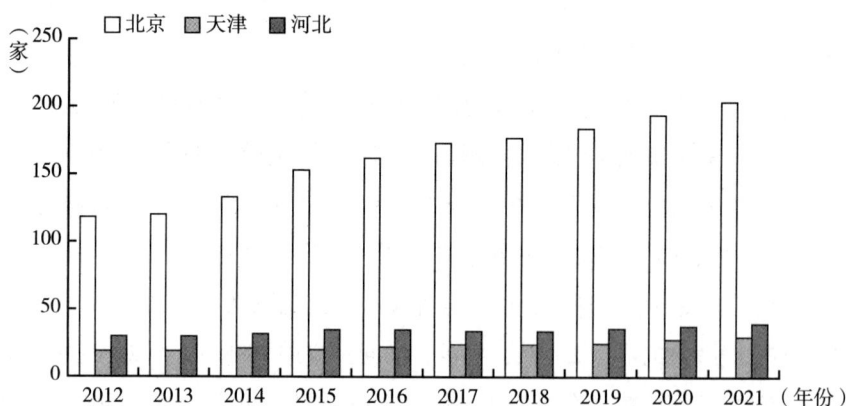

**图6 2012~2021年京津冀在深圳数据交易所上市公司数**

资料来源：2013~2022年《中国第三产业统计年鉴》。

从图5和图6可知，北京市在上海数据交易所上市公司数量远高于津冀两地，津冀两地差距较小。京津冀地区在上海数据交易所上市公司数量总体呈现增长趋势，2012~2021年，北京市在上海、深圳数据交易所上市公司数量增长共计199家，增长率约为92.99%；天津市增长共计25家，增长率约为65.79%；河北省增长共计17家，增长率约为34.69%。其中，2018年以后增长幅度较之前有所增加。可以看出，北京市数据价值化水平高于津冀两地。

## 四 数字经济推动京津冀包容性绿色增长的机制分析

### （一）直接效应分析

包容性绿色增长是以经济增长、社会公平福利普惠、资源高效和环境保护为基本诉求的概念体系。本报告将包容性绿色增长水平分为经济发展水平、社会机会公平程度、绿色生产消费水平和生态环境保护力度四个方面，数字经济能够以跨时空信息交互与共享的优势特征为经济发展、社会机会公平、绿色生产消费和生态环境保护带来积极作用。

数字经济促进信息交互能力效率的提升，从市场视角来看，这一提升不仅减少了信息不完全，也对产品匹配与交易优化产生了积极影响，依靠数字技术构建交互平台，实现对碎片化需求信息与供给信息的整合，不仅降低了地理壁垒，同时缩减了交通成本，极大地减少了企业和用户的搜寻成本，使需求和供给被充分调动，提高了社会的资源配置效率，进而提高地区经济运转效率，实现城市绿色发展。从监管的角度来看，数字技术的发展促进了行业信息的公开，扩大了环境监督的渠道，由政府主导监管向政府、社会和公民的三元监管模式转变，传统监管模式的改变大大提升了环境监督的力度，而民众的参与则增加了企业的"漂绿"成本，从而加快了企业的绿色化转型。

数字经济本身所具有的共享性体现在数字经济催生的数字平台上。一方面，通过共享经济吸纳社会闲置资源，从而充分利用资源的闲置时间，降低社会整体资源消耗，进而实现更加环保的经济增长。闲置资源使用的增加，意味更多的灵活就业岗位，通过降低就业壁垒实现就业的包容性。另一方面，数字平台为不同社会群体提供了平等的参与机会，打破了传统产业门槛，提高了创新主体获取信息和知识的便利度，不仅促进了主体间的信息交流互换，而且能够加强各单位的创新合作，产生"1+1>2"的功效，促进了社会的包容性增长。

因此，提出假设 H1：数字经济发展能够提升包容性绿色增长的效果。

### （二）中介效应分析

数字经济也被称为"智能经济"，是一种依托互联网和大数据的新兴经济形态，通过数据技术、信息技术不断融合重构传统经济，从而促进传统产业转型升级。数字经济自身所具有的数字化、网络化和创新驱动的特点同样也推动了科技的快速发展和广泛应用，在企业层面，大数据、人工智能、物联网等数字经济催生出的新平台使得企业可以更迅速地从市场中获得反馈，不断优化创新，加速技术进步。在科研层面，数字经济所具有的强大算力为科研提供了更多的数据和计算资源，不仅加速了各个领域的科学发现，也提高了科研合作的效率，促进了跨国界、跨学科的交流，实现了跨界创新。在人力资本层面，数字经济对人才培养提出了更高的要求，增加了对高素质技术人才的需求，推动了教育体系的调整，增加了高素质人才储备。

科技进步是实现城市绿色化转型的重要依托。从降碳视角来看，科技投入水平和城市科技进步存在着显著的正相关关系，城市绿色基础设施建设的进一步推进，可以优化城市资源配置，降低资源投入的无谓损失，从而减少城市碳排放。从治理视角来看，科技投入能够加速城市污染治理水平的提升，科技进步所催生的更先进的环境检测手段可以更加准确地测定污染情况，及早发现问题，进而助力绿色化转型。从经济增长视角来看，科技为城市创新创业生态系统的构建提供了支持，促进新兴产业的发展，为城市经济增长注入新的动力。从包容性角度来看，居民可以利用在线教育平台和数字化培训工具提升自身素质，更好地适应城市发展的需求，通过移动应用和社交媒体平台提高社会参与度，提升城市治理的透明度与包容性。

因此，提出假设 H2a：数字经济发展能够通过提高科学技术投入水平提升包容性绿色增长的效果。

数字金融是数字经济时代的金融形态，依靠数字经济所具有的强大的数据处理能力，绿色金融在收集、管理和分析绿色数据方面实现质的飞跃，其进一步提升信息的透明度和准确性，使得投资者和金融机构可以更好地评估环保项目的风险和收益，从而做出更明智的投资决策。同时，基于区块链技术的绿色证券可以实现绿色资产的数字化，提高绿色金融的流动性和透明度。数字经济催生的各种数字平台和在线市场，促进了绿色金融领域的交流和合作。例如，绿色债券市场、碳交易平台等，为环保项目提供了融资渠道，促进了绿色经济的发展。

作为数字经济高质量发展的重要动能，数字金融通过信息流、技术流来加速资金流、产业流的流动，激发了各类市场主体的活力，更高效地为生产、分配、流通、消费各个环节配置资源，推动实现供给与需求之间更高水平的动态平衡，从而改变我国的经济周期和增长方式[30]。绿色金融比传统金融更加重视产业发展的生态影响，在相关环保法规确定的范围内，依照可持续发展原则，引导社会闲置资本流入绿色产业，"两高一剩"类型的传统产业迫于生存压力会进行绿色化转型，城市的绿色转型提升了整体的居住质量，尤其是改善了弱势社群的环境和生活条件，绿色金融的发展催生的新的绿色产业创造了更多的就业岗位。与此同时，绿色金融机构推出符合风险投资者需求的绿色金融产品，通过风险分散机制来促进资本的可持续利用，同时公众也可以通过投资绿色项目参与环保事业，从多方面提升了城市的包容性。

因此，提出假设 H2b：数字经济发展能够通过促进绿色金融发展提升包容性绿色增长的效果。

## （三）空间溢出效应分析

数字经济的空间溢出效应同样不能忽视。地理学第一定律表明，生产要素的流动和集聚并非相互独立，会受到其他地区的影响，距离越近关联性越强。数据的低扩散成本和高扩散速度使其受地理空间的限制较小，其网络性与互联互通性同样能够弱化距离影响，加快信息交换速度。在技术的扩散和创新传播方面，当一个地区成功开发出某种绿色技术或解决方案时，随着数字经济的发展，这些技术创新或者当地有利的政策可以在其他地区复制和应用，加速绿色技术在区域内的普及，进一步推动区域间的包容性绿色增长。人才流动不仅带来了知识和创新，还带来了绿色理念和实践经验，数字经济发展的深入会促使人才流动更加便利，跨区域合作也得到加强，推动了绿色产业合作和技术交流，进一步促进了包容性绿色增长。

因此，提出假设 H3：包容性绿色增长具有空间相关性，数字经济能够对其产生空间溢出效应。

# 五　研究设计

## （一）变量说明

本报告模型所涉及的经济和人口数据均来源于国家统计局官方网站，以及京津冀城市群内各城市的统计年鉴和公报，相关能源和环境数据来自《中国能源统计年鉴》《中国工业统计年鉴》《中国农业年鉴》《中国第三产业统计年鉴》，也借鉴了北京大学发布的数字普惠金融指数，并对部分缺失值采用插值法、类推法进行补充。

### 1.解释变量

数字经济发展水平（$Degi$）是本报告的解释变量，精确测度数字经济的发展水平对于全面、客观地了解数字经济发展的不足和地区差异具有积极作用。目前测度数字经济的方法主要包括直接法和对比法。就直接法而言，比较有代表性的包括美国经济分析局、澳大利亚统计局和中国信息通信研究院从数字产业化、产业数字化、数字化治理和数据价值化方面对数字经济规模进行的测算。测算多在省域范围内，在市域范围内因缺失大量的数据而无法通过直接法进行测算。就对比法而言，比较有代表性的包括欧盟数字经济与社会指数、中国信息通信研究院的数字经济指数、赛迪顾问的中国数字经济指数等。由于数字经济的虚拟性和渗透性，其往往难以具体量化，而数字经济对包容性绿色增长的影响具有多维综合特性，仅通过数字经济部门的产值增长难以全面评估一个地区数字经济发展的整体水平，因此本报告从数字基

础设施、数字产业化、产业数字化三个方面构建数字经济发展水平指标体系
对数字经济进行测度（见表 1）。

**表 1　京津冀数字经济评价指标体系**

| 一级指标 | 二级指标 | 三级指标 |
| --- | --- | --- |
| 数字基础设施 | 基础设施 | 固定宽带用户接入数 |
| | | 移动电话用户数 |
| 数字产业化 | 电子信息相关软硬件产业 | 电信业务总量 |
| | 数字产业从业人员 | 计算机服务和软件业就业人数占比 |
| 产业数字化 | 互联网金融 | 数字普惠金融指数 |
| | 邮政快递 | 全年快递业务量 |

数字基础设施是数字经济发展的基础条件，本报告选取固定宽带用户接
入数和移动电话用户数作为该维度的代表性指标。数字产业化，即信息通信
产业，所涵盖的除了电子信息相关软硬件产业，还包含从事相关产业的人
员，本报告选取电信业务总量与计算机服务和软件业就业人数占比作为该维
度的代表性指标。产业数字化，指传统产业应用数字技术所带来的产出增加
和效率提升部分，更加明显地体现在互联网金融以及邮政快递两个方面，故
选取北京大学编制的数字普惠金融指数和全年快递业务量作为该维度的代表
性指标。

2. 被解释变量

包容性绿色增长水平（*IG*）是本报告的被解释变量。由于包容性绿色
增长属于一种规范性的价值判断，因此国内外学界对于包容性绿色增长的理
论内涵并没有形成统一的定义，本报告从经济发展、社会机会公平、绿色生
产消费和生态环境保护四个角度衡量京津冀主要城市群的包容性绿色增长水
平。在经济发展上，将人均 GDP 和城乡居民人均可支配收入作为二级指标；
在社会机会公平上，着眼于就业、教育、医疗和社保四个方面；在绿色生产
消费上，包括工业用电量和污水处理率 2 个指标；在生态环境保护上，将空
气质量优良天数比率作为指标（见表 2）。

表 2　京津冀主要城市包容性绿色增长水平评价指标体系

| 一级指标 | 二级指标 |
| --- | --- |
| 经济发展 | 人均 GDP |
| | 城镇居民人均可支配收入 |
| | 农村居民人均可支配收入 |
| 社会机会公平 | 城镇登记失业率 |
| | 教育经费 |
| | 医疗卫生机构数 |
| | 参加城乡居民基本医疗保险人数 |
| 绿色生产消费 | 工业用电量 |
| | 污水处理率 |
| 生态环境保护 | 空气质量优良天数比率 |

3. 中介变量

为进一步探讨数字经济影响包容性绿色增长的机制，本报告引入科技投入水平和绿色金融发展水平两个中介变量。

（1）科技投入水平（*Tloe*）。科技投入水平是指城市在科技领域的资金、资源和人力投入程度，而绿色金融涉及城市资金流向环保、可持续发展等领域，会对绿色金融和城市包容性增长之间的关系产生影响。本报告采用京津冀各个城市各年科技支出占财政支出的比例作为科技投入水平中介变量的评价指标。

（2）绿色金融发展水平（*GFin*）。绿色金融旨在提高资源利用率和环境治理水平，向绿色环保领域提供相配套的金融服务，引导资源从高污染和高能耗产业向清洁产业部门转移。在中国，当前绿色金融领域的主要金融手段涉及绿色信贷、绿色证券、绿色保险、绿色投资、绿色基金以及派生的绿色权益等方面。本报告选择绿色金融发展水平为中介变量，在指数测定上，由于城市层面数据资料的限制，选取京津冀 13 个城市除六大高耗能工业产业外利息总支出占比来衡量绿色金融水平。

4. 控制变量

（1）经济发展水平（*lnGDP*）。城市的综合发展状况可以从其地区经济发展水平中得到反映。城市的经济发展水平越高,通常意味着物质基础越好,不仅能够为城市的升级和转型提供丰富的资本条件,还有助于资源和人才等禀赋的聚集,进一步激发城市的绿色创新创业。本报告将京津冀城市群内主要城市的地区生产总值作为控制变量的评估指标,以 2012 年为基准年份进行平减处理,并对结果进行对数化处理以缩减统计误差。

(2)创新创业指数(*lnIIT*)。创新创业指数是以企业为核心,立足人、资本和技术的创业三角形,全面系统地评估各地区创新创业成效、特质和可挖掘潜力的指标。该指数有助于准确评估各地区的创新创业水平,为创业者、投资人以及地方政府的行为提供指导,在满足利益相关者自身需求的同时可以间接提升地区的创新创业水平,实现个人和社会的双赢。本报告参考北京大学企业大数据研究中心的指标体系,对京津冀 13 个城市的创新创业指数进行计算。

(3)对外开放水平(*Open*)。在对外开放过程中,外资企业往往能够通过投入资金、技术等,对某地区的创新能力产生影响。本报告以按经营单位所在地为区分,通过货物进出口总额与 GDP 的比值衡量地区的对外开放水平。

综上,变量的描述性统计见表 3。

**表 3　变量的描述性统计**

| | 变量 | 样本数 | 均值 | 标准差 | 最小值 | 最大值 |
|---|---|---|---|---|---|---|
| 被解释变量 | 包容性绿色增长水平 | 130 | 0.267 | 0.150 | 0.067 | 0.821 |
| 解释变量 | 数字经济发展水平 | 130 | 0.140 | 0.174 | 0.014 | 0.854 |
| 中介变量 | 科技投入水平 | 130 | 0.015 | 0.014 | 0.003 | 0.065 |
| | 绿色金融发展水平 | 130 | 0.298 | 0.116 | 0.046 | 0.658 |
| 控制变量 | 经济发展水平 | 130 | 8.155 | 0.928 | 6.918 | 10.603 |
| | 创新创业指数 | 130 | 4.497 | 0.103 | 4.081 | 4.605 |
| | 对外开放水平 | 130 | 0.216 | 0.258 | 0.008 | 1.441 |

## (二)测度方法

本报告主要运用熵值法来客观分配相关指标的权重,从而得出所需要的京津冀城市群的数字经济发展水平和包容性绿色增长水平。

$$X_{it} = \frac{X_{it} - \min(X_i)}{\max(X_i) - \min(X_i)} \tag{1}$$

其次，计算第 $t$ 年指标 $i$ 所占比重，计算公式如下：

$$\omega_{ij} = \frac{X_{it}}{\sum\limits_{t=1}^{m} X_{it}} \tag{2}$$

其中，$m$ 为考察年度。在此基础上，计算指标的信息熵 $e_i$，计算公式为：

$$e_i = \frac{-1}{\ln m} \sum\limits_{t=1}^{m} \omega_{it} \times \ln \omega_{it} \tag{3}$$

计算信息熵的冗余度：

$$d_i = 1 - e_i \tag{4}$$

指标 $i$ 的权重为：

$$W_i = \frac{d_i}{\sum\limits_{t=1}^{m} d_i} \tag{5}$$

（三）测度结果

1. 数字经济发展水平的测度与结果

根据前文所选取的指标体系和测度方法，得出了京津冀城市群主要的13个城市2012~2021年的数字经济发展水平。结果如表4所示，碍于篇幅有限，仅展示3年的测度结果。结果显示，京津冀城市群内主要城市的数字经济发展水平在选取区间内均呈现上升趋势。通过观察，得分超过0.1的城市在参考区间内增加了7个，表明城市数字经济发展的平均水平在不断提高。在城市内部，选取区间内排名变动较小，其中北京、天津和石家庄的数字经济发展水平较高，冀南地区的数字经济发展水平增速较明显，冀北地区的数字经济发展水平仍然有着较大的发展空间。以 2021 年为例，排名第一的北京和排名第二的石家庄相差 0.47 分，而与排名最后的秦皇岛相差接近 0.79 分，说明在京津冀内部城市间数字经济发展水平差距依然较大。

2. 包容性绿色增长水平的测度与结果

同理，表 5 显示了京津冀城市群 13 个主要城市包容性绿色增长水平的综合测度结果，碍于篇幅有限，同样仅展示 3 年的测度结果。结果表明，京津冀主要城市群内城市的包容性绿色增长水平均有所提升，从区域差异角度来看，北京、天津和唐山排名变化不大，依然处于前三名，排名靠后的城市虽然包容性绿色增长水平有所提升，但是排名第一的北京得分是排名靠后的承德的近 4 倍，并且河北省内除了唐山以外各个城市的测度结果处于较低水平，京津冀城市群内城市间的差异较为显著。

**表 4  2012~2021 年京津冀主要城市数字经济发展水平综合测度结果**

| 2012 年 | | | 2017 年 | | | 2021 年 | | |
|---|---|---|---|---|---|---|---|---|
| 排名 | 城市 | 得分 | 排名 | 城市 | 得分 | 排名 | 城市 | 得分 |
| 1 | 北京 | 0.4060 | 1 | 北京 | 0.7404 | 1 | 北京 | 0.8544 |
| 2 | 天津 | 0.1083 | 2 | 天津 | 0.2384 | 2 | 石家庄 | 0.3828 |
| 3 | 石家庄 | 0.0694 | 3 | 石家庄 | 0.1803 | 3 | 天津 | 0.3625 |
| 4 | 保定 | 0.0592 | 4 | 廊坊 | 0.1323 | 4 | 保定 | 0.2486 |
| 5 | 唐山 | 0.0433 | 5 | 保定 | 0.1307 | 5 | 廊坊 | 0.1577 |
| 6 | 邯郸 | 0.0351 | 6 | 唐山 | 0.0899 | 6 | 沧州 | 0.1441 |
| 7 | 沧州 | 0.0290 | 7 | 沧州 | 0.0806 | 7 | 邢台 | 0.1325 |
| 8 | 廊坊 | 0.0273 | 8 | 邯郸 | 0.0798 | 8 | 邯郸 | 0.1214 |
| 9 | 邢台 | 0.0227 | 9 | 邢台 | 0.0704 | 9 | 唐山 | 0.1190 |
| 10 | 张家口 | 0.0212 | 10 | 衡水 | 0.0583 | 10 | 衡水 | 0.0954 |
| 11 | 秦皇岛 | 0.0169 | 11 | 张家口 | 0.0555 | 11 | 张家口 | 0.0947 |
| 12 | 衡水 | 0.0158 | 12 | 秦皇岛 | 0.0537 | 12 | 承德 | 0.0718 |
| 13 | 承德 | 0.0143 | 13 | 承德 | 0.0505 | 13 | 秦皇岛 | 0.0679 |

表5 2012~2021年京津冀主要城市包容性绿色增长水平综合测度结果

| 2012 年 | | | 2017 年 | | | 2021 年 | | |
|---|---|---|---|---|---|---|---|---|
| 排名 | 城市 | 得分 | 排名 | 城市 | 得分 | 排名 | 城市 | 得分 |
| 1 | 北京 | 0.4222 | 1 | 北京 | 0.6100 | 1 | 北京 | 0.8211 |
| 2 | 天津 | 0.3868 | 2 | 天津 | 0.4923 | 2 | 天津 | 0.5685 |
| 3 | 唐山 | 0.2996 | 3 | 唐山 | 0.3905 | 3 | 唐山 | 0.5010 |
| 4 | 沧州 | 0.1836 | 4 | 石家庄 | 0.2732 | 4 | 石家庄 | 0.3717 |
| 5 | 邯郸 | 0.1711 | 5 | 保定 | 0.2671 | 5 | 保定 | 0.3552 |
| 6 | 保定 | 0.1688 | 6 | 邯郸 | 0.2610 | 6 | 邯郸 | 0.3505 |
| 7 | 石家庄 | 0.1606 | 7 | 沧州 | 0.2564 | 7 | 沧州 | 0.3286 |
| 8 | 廊坊 | 0.1217 | 8 | 廊坊 | 0.2171 | 8 | 廊坊 | 0.2902 |
| 9 | 邢台 | 0.1131 | 9 | 邢台 | 0.1984 | 9 | 邢台 | 0.2769 |
| 10 | 张家口 | 0.1117 | 10 | 秦皇岛 | 0.1680 | 10 | 承德 | 0.2221 |
| 11 | 秦皇岛 | 0.1060 | 11 | 张家口 | 0.1664 | 11 | 张家口 | 0.2200 |
| 12 | 承德 | 0.0822 | 12 | 承德 | 0.1629 | 12 | 秦皇岛 | 0.2150 |
| 13 | 衡水 | 0.0710 | 13 | 衡水 | 0.1488 | 13 | 衡水 | 0.2144 |

# 六 实证分析与结果

## （一）模型构建

### 1.基准回归模型

为探究京津冀城市群内数字经济发展对包容性绿色增长的影响机制，本报告构建如下面板模型：

$$IG_{it} = \beta_0 + \beta_1 Degi_{it} + \beta_2 X_{it} + u_i + \gamma_i + \varepsilon_{it} \qquad （6）$$

其中，$i$ 表示城市，$t$ 表示年份，$IG_{it}$ 表示城市 $i$ 在 $t$ 时期的包容性绿色增长水平，$Degi_{it}$ 表示城市 $i$ 在 $t$ 时期的数字经济发展水平，$u_i$ 为非观测的城市固定效应，$\gamma_i$ 为时间固定效应，$\varepsilon_{it}$ 为随机误差项。

### 2.中介效应模型

基于前文的理论分析，为检验数字经济对包容性绿色增长的影响机制，本报告构建如下中介效应模型：

$$Inter\_Var_{i,t} = \beta_0 + \varphi \, Degi_{it} + \eta \, X_{it} + u_i + \gamma_i + \varepsilon_{it} \tag{7}$$

$$IG_{i,t} = \beta_0 + \theta \, Degi_{it} + \delta Inter\_Var_{i,t} + \eta X_{it} + u_i + \gamma_i + \varepsilon_{it} \tag{8}$$

其中，$Inter\_Var_{i,t}$为中介变量，依次采用绿色金融发展水平（*GFin*）、科技投入水平（*Tloe*）两个变量进行替换。其他变量与前文一致。如果系数$\varphi$ 与$\delta$ 均显著，则中介效应假设成立。进一步，如果$\theta$也显著且符号与$\varphi \times \delta$一致，则进一步说明$Inter\_Var_{i,t}$的部分中介效应存在，贡献率为（$\varphi \times \delta$）／（$\varphi \times \delta + \theta$）。

### 3. 空间计量模型

考虑数字经济发展可能存在空间相关性，本报告构建空间计量模型，检验数字经济对区域包容性绿色增长的空间溢出效应，模型设定如下：

$$IG = \rho WIG + \varphi_1 Degi + \varphi_i X + \varepsilon_{it} \tag{9}$$

$$IG = \varphi_1 Degi + \varphi_i X + \delta W + \varepsilon_{it} \tag{10}$$

$$IG = \rho WIG + \varphi_1 Degi + \varphi_i X + \varphi_1 W \times IG + \varepsilon_{it} \tag{11}$$

其中，$\rho$、$\delta$、$\varphi_1$、$\varphi_i$表示空间相关系数；$W$表示空间权重矩阵，本报告采用地理邻接矩阵和反距离矩阵两种形式。

（1）地理邻接矩阵$W_1$。选取 Rook 邻接形式，$i$、$j$分别表示不同的城市，矩阵构建如下所示：

$$W_1 = \begin{cases} 1, & i,j \text{ 邻接} \\ 0, & i,j \text{ 不邻接} \end{cases} (i \neq j)$$

（2）反距离矩阵$W_2$。鉴于空间溢出效应会随距离的递增而衰减，$d_{ij}$表示两城市之间的直线距离，矩阵构建如下所示：

$$W_2 = \begin{cases} 1/\, d_{ij}^2, & (i \neq j) \\ 0, & (i = j) \end{cases}$$

## （二）基准回归结果分析

### 1. 基准回归模型

表6报告了基准回归模型的回归结果。其中，第（1）列仅考虑了解释

变量对被解释变量的影响，而去除了控制变量和固定效应的影响；第（2）列是在第（1）列的基础上加入了控制变量的估计结果；第（3）列则是在第（2）列的基础上控制了城市、年份固定效应的估计结果。结果显示，无论在何种情形下，数字经济发展水平的回归系数均在1%水平下显著为正，说明在京津冀地区数字经济发展水平确实有效地促进了地区包容性绿色增长，假设1得到验证。

表6  基准回归结果

| 变量 | （1） | （2） | （3） |
|---|---|---|---|
| *Degi* | 0. 9009 *** <br> （0. 0490） | 0. 4642 *** <br> （0. 0502） | 0. 5757 *** <br> （0. 0564） |
| ln*GDP* | | 0. 9668 *** <br> （0. 0128） | 0. 1990 *** <br> （0. 0250） |
| ln*IIT* | | 0. 1857 *** <br> （0. 0381） | 0. 5929 * <br> （0. 0352） |
| *Open* | | − 0. 89108 *** <br> （0. 2437） | 0. 4639 * <br> （0. 2692） |
| *Cons* | 0. 1410 *** <br> （0. 0226） | − 1. 4024 *** <br> （0. 1685） | − 1. 7133 *** <br> （0. 1705） |
| 控制变量 | 否 | 是 | 是 |
| 个体效应 | 否 | 否 | 是 |
| 时间效应 | 否 | 否 | 是 |
| 样本量 | 130 | 130 | 130 |
| 拟合优度 | 0. 7316 | 0. 8243 | 0. 8721 |

根据固定效应模型来分析控制变量的回归结果。经济发展水平在1%的水平下显著为正，说明当地的经济发展水平越高，越能够促进当地的包容性绿色增长。这可能是因为城市经济发展水平高，往往意味着城市在资源、技术、人才等方面具有更丰富的优势，除了更强大的绿色基础设施，还会有更完善的社会保障和福利体系，这对于实现包容性绿色增长的目标具有积极影响。创新创业指数对地区包容性绿色增长的影响在10%水平下显著为正，

说明地区创新创业水平的提升会在一定程度上促进当地的包容性绿色增长。创新创业水平的提升意味着地区具有更多的创新能力、创业机会和资源，创新创业为地区提供的新模式不仅会带动地区绿色产业的发展，同时也有助于推动环保、可持续发展以及社会包容性的目标实现。此外，创新创业具有合作与共享经济的属性，同样有助于共同解决城市环境问题，提升资源的有效利用率，实现包容性的可持续增长。对外开放水平也会促进地区包容性绿色增长水平的提升，但该作用在进行固定效应控制时显著水平有所下降。原因可能在于，尽管对外开放会带来更多的资源、技术、市场机会，从而促进绿色经济的发展，但是也会抑制本地企业竞争力，影响本地就业，从而加剧本地的不平等。同时，外部投资的增加可能会导致本地资源的过度开发和滥用，进而对本地环境造成进一步的破坏和污染，故对外开放水平提升反而会在一定程度上降低本地区包容性绿色增长水平的提升速度。

2. 稳健性检验

为了减少模型内解释变量和被解释变量之间可能存在的内生性问题，并去除时滞效应对统计结果的干扰，本报告将被解释变量以外的变量分别滞后1~3期，分析在滞后模型下数字经济对包容性绿色增长的影响（见表7）。

表 7　滞后效应检验

| 变量 | （1）滞后 1 期 | （2）滞后 2 期 | （3）滞后 3 期 |
|---|---|---|---|
| $Degi$ | 0.5919 *** <br> （0.0643） | 0.5416 *** <br> （0.0740） | 0.5240 *** <br> （0.0863） |
| $\ln GDP$ | 0.1990 *** <br> （0.0281） | 0.1644 *** <br> （0.0314） | 0.1669 *** <br> （0.3480） |
| $\ln IIT$ | 0.8139 ** <br> （0.3760） | 0.1273 *** <br> （0.0392） | 0.1328 *** <br> （0.3922） |
| $Open$ | 0.1344 <br> （0.2975） | -0.0696 ** <br> （0.2895） | -0.1053 *** <br> （0.0281） |
| $Cons$ | -1.7978 *** <br> （0.1907） | -1.6872 *** <br> （0.2180） | -1.7124 *** <br> （0.2389） |

| 变量 | (1)<br>滞后1期 | (2)<br>滞后2期 | (3)<br>滞后3期 |
|---|---|---|---|
| 个体效应 | 是 | 是 | 是 |
| 时间效应 | 是 | 是 | 是 |
| 样本量 | 130 | 130 | 130 |
| 拟合优度 | 0.8721 | 0.8507 | 0.8112 |

回归结果显示，在滞后模型下影响效应依然显著，滞后1~3期模型中 *Degi* 的系数符号为正，表明数字经济对京津冀地区包容性绿色增长具有促进作用，并不受到模型内生性的影响。回归系数随着滞后期数的增加不断缩减，表明数字经济的发展对包容性绿色增长的影响在短期更为显著。这可能是由于数字经济在创新、就业和效率提升等方面在短期更加显著，在短期，数字经济的应用可以带来大量的创新，技术开发、数字化营销和电子商务等领域也会创造大量就业机会，就业率的提升会缓解社会的不平等，促进包容性增长。同时，数字化生产和交易方式带来了更加高效的市场活动，在短期可以带来经济的迅速增长和财富分配，从而推动包容性绿色增长。在长期，数字经济的扩张也可能伴随着能源消耗的增加，并且从长期来看，数字鸿沟的现象可能会更加明显，这会进一步导致社会不平等，而数字经济的发展同样可能导致一些传统产业的萎缩，如果无法进行产业结构合理调整，从长期来看，可能会导致失业率的提升，因此数字经济对包容性绿色增长的短期影响会更大。

### 3. 异质性检验

不同地区的经济水平、资源禀赋和环境条件存在着或大或小的差距，这可能对本报告所探究的影响机制产生干扰。上文的实验结果证实了城市群内不同城市间在参考指标上存在差异，故接下来将所考察对象划分为京、津、冀三部分，采取多组回归，检验影响机制是否存在区域异质性，测度结果如表8所示。

表 8　数字经济影响京津冀包容性绿色增长的异质性检验

| 变量 | 北京 | 天津 | 河北 |
|---|---|---|---|
| $Degi$ | 0. 727<br>（0. 1757） | 0. 2529 ***<br>（0. 0367） | 0. 6811 ***<br>（0. 0741） |
| $\ln GDP$ | 0. 5540 ***<br>（0. 4300） | 0. 1706 ***<br>（0. 0348） | 0. 1631 ***<br>（0. 0279） |
| $\ln IIT$ | − 16. 4773<br>（13. 9082） | 4. 7901 ***<br>（0. 4433） | 0. 7717 **<br>（0. 3514） |
| $Open$ | 0. 0451<br>（0. 0451） | − 0. 3912 **<br>（0. 0420） | − 0. 0307<br>（0. 3619） |
| $Cons$ | 70. 7208<br>（70. 7208） | − 23. 4312 ***<br>（2. 0774） | − 1. 4599 ***<br>（0. 1766） |
| 个体效应 | 是 | 是 | 是 |
| 时间效应 | 是 | 是 | 是 |
| 样本量 | 10 | 10 | 110 |
| 拟合优度 | 0. 9961 | 0. 9912 | 0. 8622 |

如表 8 所示，在天津市和河北省，数字经济与包容性绿色增长存在着正相关关系，但该作用在北京市的研究样本中并不显著，说明数字经济对包容性绿色增长的影响在区域之间存在异质性。其原因可能在于三个方面，分别是发展阶段与经济结构、环境压力和政策导向、创新生态和人才引进。在发展阶段与经济结构方面，北京的高科技产业和创新环境相对成熟，数字技术的应用和创新在经济中的作用并不显著，而且北京面临更多的环境与社会问题，从而导致数字经济推动包容性绿色增长并不显著。相比之下，天津凭借其制造业基础和交通优势可以为数字经济提供更广阔的发展空间。而天津与河北的经济结构更多依赖于传统制造业和重工业，数字经济的发展水平和创新能力可能较低，在这种情况下，数字经济的发展在这两个地区具有较大的提升空间，在促使产业结构调整和转型升级方面可能具有重要意义，数字经济对包容性绿色增长的影响可能更加显著。在环境压力和政策导向方面，北京数字经济的发展可能需要更多关注环保和可持续性，绿色增长在北京具有较高的政策优先级，相较于北京而言，天津和河北两地政府在数字经济方面

113

可能更加重视经济增长和创新，对数字经济的支持可能更加明显，从而使数字经济在包容性绿色增长中的作用更加显著。在创新生态和人才引进方面，北京已经具备大量的高端人才和创新资源，高端人才的供过于求会造成人才资源的浪费，而在天津和河北，人才和创新资源缺口较大，政府在推动创新和人才引进方面逐渐加大投入，一些创新载体如科技园区和创新中心落成，更加切实的人才引进政策对高端人才和创新资源产生了强大的吸引力，由此带来的数字经济发展在这两个地区具有更大的改变能力，从而对包容性绿色增长的影响较北京可能更为显著。

### （三）中介效应估计结果分析

本报告以绿色金融发展水平、科技投入水平为中介变量，通过逐步回归法进行中介效应检验，$GFin$ 作为绿色金融发展水平的代理变量，$Tloe$ 作为科技投入水平的代理变量，控制变量不变，结果如表9所示。

表 9　中介效应估计结果

| 变量 | 基准模型 | 绿色金融发展水平 | | 科技投入水平 | |
| --- | --- | --- | --- | --- | --- |
| | （1） | （2） | （3） | （4） | （5） |
| | $IG$ | $GFin$ | $IG$ | $Tloe$ | $IG$ |
| $Degi$ | 0.5756 *** | 0.3743 *** | 0.4255 *** | 0.0245 *** | 0.8370 *** |
| | （0.5643） | （0.0493） | （0.0652） | （0.0531） | （0.0504） |
| $GFin$ | | | 0.4010 *** | | |
| | | | （0.1011） | | |
| $Tloe$ | | | | | 2.274 *** |
| | | | | | （0.7897） |
| $Cons$ | −1.7132 *** | −0.7609 *** | −1.408 *** | 0.1149 *** | 0.1159 *** |
| | （0.1705） | （0.1490） | （0.1779） | （0.0019） | （0.0209） |
| 控制变量 | 是 | 是 | 是 | 是 | 是 |
| 个体固定 | 是 | 是 | 是 | 是 | 是 |
| 时间固定 | 是 | 是 | 是 | 是 | 是 |
| 样本数量 | 130 | 130 | 130 | 130 | 130 |
| 拟合优度 | 0.8721 | 0.7319 | 0.8878 | 0.8616 | 0.7622 |

逐步回归结果显示，绿色金融发展水平、科技投入水平对包容性绿色增长的影响均显著为正，加入中介变量后，第（3）列 Degi 与 GFin 的系数显著为正，表明绿色金融发展水平对包容性绿色增长产生了部分中介效应，且结合估计系数可以求得这一效应对总效应的贡献率约为 26%，假说 H2b 得到验证。具体来说，数字技术在金融领域的应用为绿色金融创新提供了机会，通过大数据分析和人工智能，可以实现更加透明的绿色资产溯源和交易，数字经济本身所具备的超越地理距离的快速传播特性拓宽了金融市场的范围，可通过简化流程降低绿色金融项目的融资成本和时间，吸引更多的企业参与绿色经济领域，加速城市的绿色增长进程，让更多人能够从环保项目中受益，从而实现了经济、社会和环境的多重获益。

同样，加入中介变量后，第（5）列 Degi 与 Tloe 的系数显著为正，表明科技投入加速了绿色技术创新，让更多人能够分享绿色技术带来的益处，加速了城市绿色增长和包容性发展的进程，且结合估计系数可以求得这一效应对总效应的贡献率约为 7%，假说 H2a 得到验证。具体来说，数字经济是科技创新的重要引擎之一，而科技投入在数字经济中也具有关键作用，它不仅提升了生产力和效率，还为绿色技术创新提供了更广阔的发展空间。借助数字经济搭建的数字化检测平台，绿色技术的实施可以更加精准和有效，通过数据分析和控制系统，城市在环境资源管理、能源高效利用、废物减少和污染控制等方面将收获更大的成效，从而实现绿色增长。通过数字技术，城市可以提供数字化医疗、数字化教育和数字化社会保障等更普惠的公共服务，扩大绿色技术带来的受益范围，更好地提升城市的社会包容性。

### （四）空间溢出效应估计结果分析

首先，采用 LM 检验判断计量模型中是否可以纳入空间滞后项或者空间自相关误差项。其次，通过 LR 检验判定 SDM 是否可以退化成 SAR 和 SEM。最后，采用 Hausman 检验判断采用固定效应模型还是随机模型。具体结果如表 10 所示，结果显示，在地理邻接矩阵下，空间误差模型的 LM 检验和 Robust LM 检验均在 1% 的水平上显著，空间滞后模型的 LM 检验在 5% 的水平上显著，Robust LM 检验在 10%的水平上显著。其中一个 LR 统计量通过了 5%显著性检验，说明 SDM 可以退化为 SAR 模型。Hausman 检验在 1%的显著性水平下拒绝随机效应的原假设，将固定效应模型作为实现模型。在反距离矩阵下，空间误差模型和空间滞后模型的 LM 检验和 Robust LM 检验均在 1%的水平上显著。其中一个 LR 统计量通过了 1%显著性检验，说明 SDM 可以退化为 SAR 模型。Hausman 检验拒绝随机效应的原假设。综上，固定效应空间面板滞后模型更适合本报告的研究。

为了验证结果的稳定性，将个体固定、时间固定以及双向固定的结果进行对比，结果如表 11 所示。

**表 10    空间溢出效应估计结果**

| 模型 | 检验 | 地理邻接矩阵 | | 反距离矩阵 | |
|---|---|---|---|---|---|
| | | 统计量 | P 值 | 统计量 | P 值 |
| 空间误差模型 | LM 检验 | 42.681 | 0.000 | 71.916 | 0.000 |
| | Robust LM 检验 | 37.242 | 0.000 | 47.596 | 0.000 |
| 空间滞后模型 | LM 检验 | 6.272 | 0.012 | 37.956 | 0.000 |
| | Robust LM 检验 | 0.833 | 0.061 | 13.636 | 0.000 |
| LR-SDM-SAR | | 2.55 | 0.6358 | 5.13 | 0.2746 |
| LR-SDM-SEM | | 10.38 | 0.0345 | 16.72 | 0.0022 |
| Hausman | | 33.82 | 0.000 | 33.82 | 0.000 |

在地理邻接矩阵、反距离矩阵中，时间固定模型中的空间滞后系数均不显著，双向固定模型中的空间滞后系数为负，与上文的理论分析不符，而个体固定效应的空间滞后系数为正且在 1%的水平上显著，因此，选择个体固定效应进行经济解释。从整体上看，数字经济发展水平、经济发展水平与包容性绿色增长正相关，且均通过了 1%的显著性检验，经济发展水平对包容性绿色增长有正向推动作用，GDP 每提高 1 个百分点，京津冀地区包容性绿色增长水平就提高约 0.3 个百分点。其原因可以从技术溢出、产业协同、政策协调和人才流动方面来进行解释。在技术溢出方面，经济发展水平较高的地区通常在技术创新和产业发展方面具有优势，这些技术和经验可能会向相邻地区传播，从而促进整个

区域的包容性绿色增长。北京作为国家级创新中心，其先进的绿色技术和绿色创新可能会为天津和河北提供借鉴和学习的机会，从而推动这些地区的包容性绿色增长。在产业协同方面，经济发展水平较高的地区在产业结构和产业链方面可能更加完善，这为区域之间的产业协同和分工合作创造了条件，这种合作可能涵盖了绿色产业和绿色供应链，不同地区可以通过互补优势共同推动包容性绿色增长。在政策协调方面，经济发展水平较高的地区通常更有能力制定和实施严格的环保标准和政策，这些标准和政策的升级会影响整个区域，促使周边地区加强环保意识和实践，从而推动了城市的包容性绿色增长。在人才流动方面，经济发展水平较高的地区通常吸引了更多的人才，这些人才可能在绿色领域具有专业知识和经验。随着人才的流动，绿色理念和绿色文化也会传播到其他地区，促使这些地区在包容性绿色增长方面取得更好的表现。

表 11　空间面板固定效应模型回归结果（SAR）

| 变量 | 地理邻接矩阵 | | | 反距离矩阵 | | |
| --- | --- | --- | --- | --- | --- | --- |
| | 个体固定 | 时间固定 | 双向固定 | 个体固定 | 时间固定 | 双向固定 |
| $Degi$ | 0.3834 *** | 0.0955 *** | 0.3296 *** | 0.3192 *** | 0.0962 *** | 0.2716 *** |
| | (0.0547) | (0.0311) | (0.0448) | (0.0499) | (0.0313) | (0.0399) |
| $GDP$ | 0.1446 *** | 0.1439 *** | 0.1234 *** | 0.1219 *** | 0.1449 *** | 0.1039 *** |
| | (0.0218) | (0.0057) | (0.1776) | (0.0201) | (0.0060) | (0.0160) |
| $IIT$ | −0.0335 | −0.2682 *** | −0.0207 | −0.6662 ** | 0.2691 *** | −0.0178 |
| | (0.0321) | (0.0470) | (0.0296) | (0.0293) | (0.0470) | (0.0262) |
| $Open$ | −0.0114 | 0.0191 | −0.0083 | −0.0276 | 0.0179 | −0.0115 |
| | (0.0235) | (0.0179) | (0.1984) | (0.0212) | (0.0182) | (0.0174) |
| $R^2$ | 0.9061 | 0.8413 | 0.9075 | 0.9442 | 0.8441 | 0.9137 |
| 空间滞后系数 | 0.3820 *** | 0.0306 | −0.5615 *** | 0.5313 *** | −0.0772 | −1.7897 *** |
| | (0.060) | (0.0396) | (0.0981) | (0.05860) | (0.1021) | (0.2588) |
| $Log-L$ | 322.3425 | 282.7427 | 370.5781 | 335.4713 | 282.6972 | 374.4458 |

## （五）结论

本报告分析了数字经济推动京津冀城市群包容性绿色增长的理论逻辑以

及作用机制，并构建了数字经济和包容性绿色增长的评价指标体系，采用熵值法测算了 2012~2021 年京津冀数字经济发展水平和包容性绿色增长水平，通过中介效应模型和空间滞后模型对数字经济影响京津冀城市群包容性绿色增长的机制进行了实证检验，得出以下结论。

（1）数字经济明显促进了城市的包容性绿色增长。在数字经济的推动下，绿色创新加速，绿色产业得到拓展，为破解城市环境污染与资源匮乏问题提供更为多样化的解决方案，从而为城市创造了更多可持续增长的机会。同时，数字经济为人才流动、信息传播和资源分配创造了更广阔的平台，促进了城市间的合作，就业率的提高又会进一步降低社会的不平等，从而实现城市包容性绿色增长水平的提升。

（2）数字经济通过提升绿色金融和科技投入水平推动了城市的包容性绿色增长。通过数字技术，绿色金融得以更好地满足可持续项目的融资需求，促进了绿色产业的发展。同时，数字经济的兴起也加速了科技投入，推动了创新和绿色技术的应用，为城市绿色增长提供了技术支持。这两者的双重影响使得城市能够实现更加环保、包容和可持续的发展路径，为未来创造了更有活力、更具包容性的绿色城市。

（3）数字经济对城市包容性绿色增长的推动作用具有明显的正向空间溢出效应。先进的数字技术在一个城市的应用不仅影响本地经济，还通过技术传播、产业联动等方式，积极影响周边地区。绿色创新、数字金融、科技合作等方面的发展往往会蔓延到相邻城市，推动其在包容性绿色增长方面取得更好的表现，这种空间溢出效应使得数字经济成为区域间共同追求可持续发展目标的重要动力，促进了绿色增长的共享与共赢。

## 七　数字经济发展促进京津冀包容性绿色增长的建议

第一，转变发展理念，重视数字经济对包容性绿色增长的影响，加快推进京津冀发展理念由数量向质量有序转变。

数字经济作为中国经济新动能中的重要一环，对推动区域经济增长、促进经济结构转型和实现区域经济绿色发展发挥着决定性作用。然而，数字经济需要通过融合区域原有产业结构等途径来实现对城市经济绿色发展的影响，而这种影响需要很长一段时间才会显现出来，这就需要政府在制定发展规划时具备一定的预判能力和前瞻性思维。一方面，要正确看待数字经济的投资回报周期并清楚地认识到数字经济早期投资巨大、投资周期长等特征，应重视政策持续性，依托稳定一致的长远发展规划为各地区数字经济发展提供一个健康稳定的环境，确保数字经济可持续发展，厘清数字经济的融合辅助特性，综合考虑各地区实际发展情况与产业经济发展需求等因素，合理规划各地区数字经济发展侧重点，形成错落有致的发展态势和因地制宜的发展理念。另一方面，现阶段京津冀包容性绿色增长水平还整体偏低，需要转变过度侧重 GDP 总量增长的发展理念，尽力去弥补当前在社会包容、民生福利和绿色可持续领域的建设水平相对较低的短板。以本报告设计的新时代下京津冀包容性绿色增长的评价指标体系为基础，建立和完善科学、合理的长效宏观调控机制，以数字经济的发展助力京津冀发展由量向质的转变。

第二，加强顶层设计，制定京津冀包容性绿色增长的综合提升政策，助力京津冀包容性绿色增长。

专项政策与更高的行政级别均能够显著增强区域数字经济发展对包容性绿色增长的效应。为了更好地发挥数字经济的"绿色"职能，必须充分发挥其政策红利与城市行政级别的拓展效应。一方面，应该对数字经济给予重视，针对各个区域的数字经济发展状况出台相符的政策，并设置合理的包容性绿色增长的政绩评价指标，在一定程度上发挥各区域和部门的主观能动性，使其能够在推进包容性绿色增长的过程中有所遵循和主动作为。另一方面，赋予基层政府一定的自主权，使其能够根据自身发展情况因地制宜，对各区域发展的差异给予充分重视，不同城市在包容性绿色增长的各指标上具有不同的特征，即使是北京、天津等包容性绿色增长水平整体相对较高的城市，在某些三级指标测评中的表现也较差，对于不同城市而言，急需重视并有针对性地补齐各自在包容性绿色增长中的短板，根据不同地区的实际情况，对区域内的数字经济发展战略进行规划，使其更好地实现与地方传统产业的深度融合，从而更好地助力城市产业提质增效，在促进城市经济绿色转型发展的同时发挥应有的作用。与此同时，为防范一家独大、围标串标等问题，可以将竞争机制引入某些重点网络研发领域，并对各个生产环节中的企业进行合理引导，使其能够在各生产环节提升互联网应用水平，从而实现节能减排的智能化和高效性，全面提高包容性绿色增长水平。

第三，缩小区域差距，以数字经济驱动经济持续增长与产业结构调整，推动京津冀包容性绿色增长的协同优化。

作为第四次科技革命的产物，数字经济为新一轮的经济发展注入了新的动能，成为新一轮经济发展的关键，把握住数字经济发展的这个浪潮，就有可能借助"数字红利"来实现经济的可持续发展。政府应该在体制和政策上给予一定支持，同时也要加大对欠发达地区的数字经济基础设施的投资力度，使落后地区能够迎头赶上，防止进一步拉大"数字鸿沟"，切勿盲目跟风，要防止网络基础设施重复建设、惰性投入以及利用率低而导致的各种效率损失问题。同时，由于京津冀包容性绿色增长的综合水平在不同城市不同，市域间的差异比较显著，其中，北京和天津的包容性绿色增长处于领跑位置，但河北省内半数以上城市还处于相对落后水平，这不利于京津冀城市群的长期稳定发展。因此，在大力提升市域包容性绿色增长水平的同时，还需要建立区域间的协调互动机制，通过推进经济、社会和生态环境方面建设成果的空间溢出，欠发达地区要积极地与那些发展势头良好的区域进行联系，并在此基础上，以协作等形式吸取先发地区的发展经验，从而达到后发赶超的目的，加快数字经济发展步伐，助力地区经济绿色发展。同时，加快促进资源要素在各区域间的流通，实现以点带面、以面带轴，以增加城乡居民收入为重点，推动城、乡、县、市之间的资源合理流动，削弱资源流动壁垒，引导北京和天津的资金、技术、人才等要素向河北各地区流动，以缩小地区间差异。

第四，增进社会公平，以数字经济促进京津冀的包容性增长，推进京津冀的全民共同富裕。

加强数字基础设施建设，打通乡村数字化基建"最后一公里"，让"尾部群体"享受到便捷的数字化服务。一方面，持续优化乡村网络的发展环境，促进乡村地区的网络资源倾斜，降低乡村宽带资费门槛，使互联网宽带的有效覆盖范围达到最大，从而在网络硬件层面缩小城乡"数字鸿沟"。通过电视、媒体等各种线上渠道，对网络教育进行广泛的宣传，并鼓励低技能劳动者参加网络技术培训，增强网络应用能力。与此同时，积极推动互联网技术与农业领域的融合，从而提升农业生产力。另一方面，在"互联网+"创业过程中，应适度降低准入门槛，合理精简行政审批手续，并通过普惠性的政策措施有针对性地给予网络创业者相应的支持。在现有的教育或培训体系中，加入有关的网络知识与技能培训，以持续增加网络人才，健全就业保障体系。提高城乡居民的金融素质，扩大数字金融在教育、医疗、消费等民生方面的应用，在做大蛋糕的同时，通过数字经济实现精准扶贫，进一步分好蛋糕，从而加快全民共同富裕的实现。

## 参考文献

［1］Barefoot, K., Curtis, D., Jolliff, W., et al., *Defining and Measuring the Digital Economy*, US Department of Commerce Bureau of Economic Analysis, Washington, D. C., 2018.

［2］Knickrehm, M., Berthon, B., and Daugherty, P., "Digital disruption: The growth multiplier", *Accenture Strategy* 2016, 1.

［3］康铁祥：《中国数字经济规模测算研究》，《当代财经》2008 年第 3 期。

［4］刘军、杨渊鋆、张三峰：《中国数字经济测度与驱动因素研究》，《上海经济研究》2020 年第 6 期。

［5］中国信息通信研究院：《中国数字经济发展研究报告（2023 年）》，2023。

［6］赵涛、张智、梁上坤：《数字经济、创业活跃度与高质量发展——来自中国城市的经验证据》，《管理世界》2020 年第 10 期。

［7］焦勇：《数字经济赋能制造业转型：从价值重塑到价值创造》，《经济学家》2020 年第 6 期。

［8］温珺、阎志军、程愚：《数字经济与区域创新能力的提升》，《经济问题探索》2019 年第 11 期。

［9］张勋、万广华、张佳佳：《数字经济、普惠金融与包容性增长》，《经济研究》2019 年第 8 期。

［10］袁淳、肖土盛、耿春晓、盛誉：《数字化转型与企业分工：专业化还是纵向一体化》，《中国工业经济》2021 年第 9 期。

［11］王永进、匡霞、邵文波：《信息化、企业柔性与产能利用率》，《世界经济》2017 年第 1 期。

［12］黄群慧、余泳泽、张松林：《互联网发展与制造业生产率提升：内在机制与中国经验》，《中国工业经济》2019 年第 8 期。

［13］刘政、姚雨秀、张国胜、匡慧姝：《企业数字化、专用知识与组织授权》，《中国工业经济》2020 年第 9 期。

［14］Fay, M., *Inclusive Green Growth：The Pathway to Sustainable Development*, Washington：World Bank Publications, 2012.

［15］Griffith-Jones, S., Ocampo, J. A., *Mobilising Investment for Inclusive Green Growth in Low-Income Countries*, International Policy Centre for Inclusive Growth, 2013.

［16］Bouma, J., Berkhout, E., *Inclusive Green Growth*, PBL Netherlands Environmental Assessment Agency, PBL Publication, 2015.

［17］Albagoury, S., *Inclusive Green Growth in Africa：Ethiopia Case Study*, University Library of Munich, Germany, 2016.

［18］Dhingra, R., Dean, L., and Block, A. U., *Inclusive Green Growth：A Key to Unlock Multi-Dimensional Problems*, New Delhi：Vivekananda Law School, 2015.

［19］Bassi, A., Sheng, F., *Measuring Progress towards an Inclusive Green Economy*, Nairobi：United Nations Environment Programme（UNEP）, 2012.

［20］郑长德：《基于包容性绿色发展视域的集中连片特困民族地区减贫政策研究》，《中南民族大学学报》（人文社会科学版）2016 年第 1 期。

［21］吴武林、周小亮：《中国包容性绿色增长绩效评价体系的构建及应用》，《中国管理科学》2019 年第 9 期。

［22］贾建琦、赵林、高晓彤、曹乃刚：《环渤海地区包容性绿色增长效率的空间关联网络结构及其影响因素》，《地理与地理信息科学》2021 年第 5 期。

［23］王德青、李雪梅、刘宵、朱建平、王许：《中国包容性绿色增长的连续动态测度及其时空差异分解》，《系统工程》2022 年第 3 期。

［24］谷魁英、孙慧：《中国城市包容性绿色增长指数测度与分析》，《统计与决策》2022 年第 8 期。

［25］杨雪星：《包容性绿色经济增长指数构建与实证研究——基于 G20 国家数据》，《福建论坛》（人文社会科学版）2014 年第 6 期。

［26］王宇昕、余兴厚、黄玲：《长江经济带市域包容性绿色增长的空间格局分布与演变特征》，《技术经济》2019 年第 6 期。

［27］ 李政大、刘坤：《中国绿色包容性发展图谱及影响机制分析》，《西安交通大学学报》（社会科学版）2018 年第 1 期。

［28］ 赵林、吴殿廷、金芮合、王倩：《中国省际绿色包容性效率的时空演变特征及其影响因素》，《应用生态学报》2019 年第 9 期。

［29］ Sun, Yuhuan, et al., "Measuring China's regional inclusive green growth", *Science of the total environment*, 713, 2020, 136367.

［30］ 王遥、潘冬阳、张笑：《绿色金融对中国经济发展的贡献研究》，《经济社会体制比较》2016 年第 6 期。

# B.4
# 数字经济对京津冀城市经济
# 韧性影响研究[*]

邢会　白雪　曹晓静　霍晓谦[**]

**摘　要：** 在中国式现代化进程中，加快数字经济发展、增强城市经济韧性是实现区域经济持续高质量发展的重要议题。本报告从抵抗与恢复力、适应与调节力、创新与转型力3个维度选取21个指标构建城市经济韧性综合评价体系，采用熵值法，以2011~2021年数据为样本，对京津冀三地经济韧性进行测度与对比分析，并实证探究数字经济对京津冀城市经济韧性的影响机制。结果表明：京津冀数字经济发展稳中向好，但依然存在数字鸿沟、前沿数字技术成果较少等问题；京津冀三地城市经济韧性稳定增强，但三地差距较大，河北在抵抗与恢复力、适应与调节力维度发展较快，在创新与转型力维度上与京津两地的差距亟须进一步缩小；数字经济为城市经济韧性的建设提供了新的动力引擎。为了促进京津冀城市经济韧性建设，应持续释放数字经济发展红利，缩小数字鸿沟，并进一步提升京津冀地区的尖端技术创新能力。

**关键词：** 城市经济韧性　数字经济　京津冀　熵值法

---

[*] 本报告是国家社会科学基金项目"开放式创新驱动制造业转型升级机理研究"（18BJY027）和河北省教育厅人文社会科学研究重大课题攻关项目"河北省城市减污降碳协同增效机制与实现路径研究"（ZD202407）的研究成果。

[**] 邢会，博士，河北工业大学经济管理学院教授、博士生导师，研究方向为产业转型与区域经济发展；白雪，河北工业大学经济管理学院硕士研究生；曹晓静，河北工业大学经济管理学院硕士研究生；霍晓谦，河北工业大学经济管理学院博士研究生。

# 一 引言

当今世界正经历百年未有之大变局，国际上公共卫生危机、全球气候变化、自然灾害、地缘冲突、金融与产业链博弈等一系列风险频发，世界进入动荡变革期。我国正处于实现中华民族伟大复兴的关键时期，面对当前中国经济所面临的风险与挑战，习近平总书记在 2020 年经济社会领域专家座谈会上指出，我国"经济长期向好，市场空间广阔，发展韧性强大"。同年，我国正式将"建设宜居、创新、智慧、绿色、人文、韧性城市"写入"十四五"规划纲要。可以看出，从"韧性"视角研究城市经济系统如何在复杂冲击中谋求稳定、高质量的发展至关重要，对我国增强经济抵抗力、快速恢复经济、以中国式现代化全面推进中华民族伟大复兴具有重要的现实意义。

数字经济发展在城市应对公共卫生危机和经济危机等外部冲击以及塑造经济韧性方面起着至关重要的作用[1]。"十四五"规划和 2035 年远景目标纲要明确提出要加快数字化发展，建设数字中国，打造数字经济新优势，加快数字社会建设步伐。党的二十大报告指出要加快建设网络强国、数字中国。数字经济赋能传统产业，催生新产业，为经济发展提供了新动能，为城市优化经济结构、转变增长动力、塑造经济韧性提供了有力保障，但同时也面临着数字鸿沟、发展失衡等问题。因此，如何进一步推进数字经济发展，以数字经济增强城市经济韧性亟待进一步研究。

城市经济韧性建设离不开区域层面的支撑，京津冀协同发展作为重要的国家战略，取得了显著的成效，京津冀发展差距逐渐缩小，经济协同态势良好。2023 年，随着京津冀联合办的成立，北京市、天津市、河北省三地由原来的协同协作提升到联合融合，互相联系更紧密、沟通合作更顺畅，京津冀协同发展不断迈上新台阶，同时也面临新挑战。

为了进一步增强京津冀经济韧性并促进京津冀协同发展，对京津冀城市经济韧性水平进行科学测度与综合评价显得尤为重要和紧迫，必须构建科学、全面的经济韧性评价体系，综合评价京津冀各城市经济韧性发展差异及其原因，才能精准施策、分域作为，推动京津冀协同发展。基于此，本报告基于 2011~2021 年北京、天津、河北三地的 21 个经济发展指标，构建经济韧性评价体系，对京津冀三地经济韧性水平进行科学测度与综合对比分析，并进一步基于京津冀数字经济发展现状，探究数字经济对京津冀城市经济韧性的影响，以期为推动京津冀经济韧性建设提供意见参考和政策建议。

## 二　文献综述

韧性（resilience）一词起源于拉丁文"resilire"，用来表示系统或个体经历冲击或扰动后能够恢复回弹的能力[2]。韧性最早应用于物理和工程学科，20 世纪 70 年代被 Holling 定义为工程韧性[3]，后又被 Holling 引入生态学[4]。演化韧性的概念提出后，城市经济韧性便成为研究热点。现有文献对城市经济韧性的测度主要通过核心变量法和指标体系法两种方法，学者们根据各自研究所需选择不同的方法。现有文献关于城市经济韧性影响因素的研究较多，Boschma 和 Martin 等认为产业结构是影响区域韧性的重要因素[5~6]。Martínez 等和徐圆等的研究表明人力资本和创新能力会增强区域韧性[7~8]。此外，技术网络结构、制度政策、人力资本教育水平、区域开放程度等也会影响城市经济韧性[9~11]。综上可知，关于城市经济韧性的研究较为丰富，但仍有研究空间，如数字经济发展对城市经济韧性的影响机制。

数字经济（digital economy）一词最早出现在 Tapscott 于 1996 年出版的《数字经济》一书中[12]。目前，被广泛认可的是 2016 年发布的《G20 数字经济发展与合作倡议》中提出的数字经济概念，即数字经济是推动提升经济运行效率和优化经济结构的经济活动[13]。现有文献对数字经济的研究颇为丰富，但关于数字经济对城市经济系统应对冲击的经济韧性影响的研究亟待进一步拓展。

在数字经济迅速发展的背景下，已有部分学者对数字经济与城市经济韧性的关系进行了初步探索。陈丛波和叶阿忠构建半参数全局向量自回归模型和面板空间杜宾模型进行分析后提出，数字经济对区域经济韧性具有显著的正向作用，并通过空间溢出和提升城市创新能力间接强化了城市经济韧性[14]。朱金鹤和孙红雪认为数字经济通过激发新人才资源发展潜力、调动新经济部门发展动力、激发创新产业发展活力来提升城市经济韧性[15]。

数字经济的兴起促进了经济全球化，更为世界经济发展创造了有利条件。数字经济在逆势中实现规模与结构双重突破，成为促进经济发展的新引擎，但同时也存在数字鸿沟、发展不平衡等问题，引起了很多学者的高度关注。因此，在数字经济发展的背景下，应该进一步将数字经济因素纳入对城市经济韧性的测度和影响机制研究中。

## 三 京津冀数字经济发展现状分析

京津冀三地的数字经济发展有着清晰的目标，在数字基础设施建设、数字经济产业发展、数字经济发展环境等方面稳步前进，呈现以北京为引领和主导、以天津为桥梁和纽带、河北协同夯实数字经济产业基础的态势。京津冀数字经济发展各方面表现突出，前景良好，但仍存在发展不平衡、部分地区发展模式单一化、前沿数字技术创新成果较少等问题。

### （一）数字基础设施建设

京津冀数字基础设施建设呈良好的发展态势，2011～2021年，北京市、天津市和河北省的长途光缆线路长度总体呈上升趋势。具体来看，因河北省行政面积较大，长途光缆线路长度上始终领先，但其长途光缆线路密度较京津两市明显落后。天津市虽然在长途光缆线路长度上不如北京市，仅在2020年赶超了北京，但在长途光缆线路密度方面，天津市在2011～2021年始终高于北京市，并且保持快速增长，差距在逐渐拉大（见图1）。

### （二）数字经济产业发展规模

从高技术企业数来看，2015年以前，始终是北京领先，天津次之，河

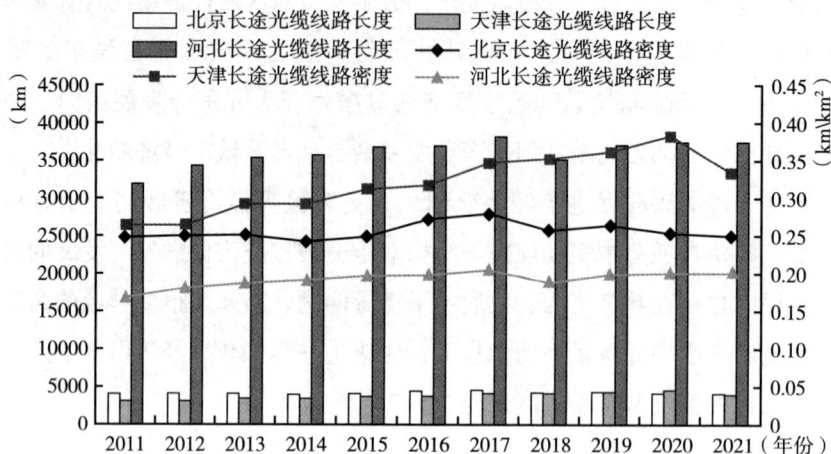

**图1　2011～2021年京津冀长途光缆线路情况**

注：长途光缆线路密度＝长途光缆线路长度/地区行政面积。

资料来源：长途光缆线路长度数据来源于《中国统计年鉴》，各地区行政面积数据来源于《中国城市统计年鉴》。

北最低。但随后河北省高技术企业数快速增长，在2015年赶超天津，与北京的差距也在缩小。在高新技术企业研发机构数方面，河北省也是快速增长，从2011年的78家飙升到2021年的382家，并分别于2014年和2019年赶超天津市和北京市（见图2）。

### （三）数字经济发展环境

在数字经济发展环境方面，北京市始终处于领先地位，并且以较快的速度持续改善，天津市和河北省则改善较缓慢且有略微恶化的趋势。具体来看，2011～2021年，就R&D经费内部支出而言，北京市远远高于天津市和河北省且持续增长，天津市呈先增长后下降再增长的趋势，而河北省低于天津市且缓慢增长，于2018年、2019年和2021年有所下降。就专利申请数而言，2011～2021年，北京市依然远高于其他两省市，河北省缓慢增长，于2019年赶超天津后又呈下降趋势（见图3）。

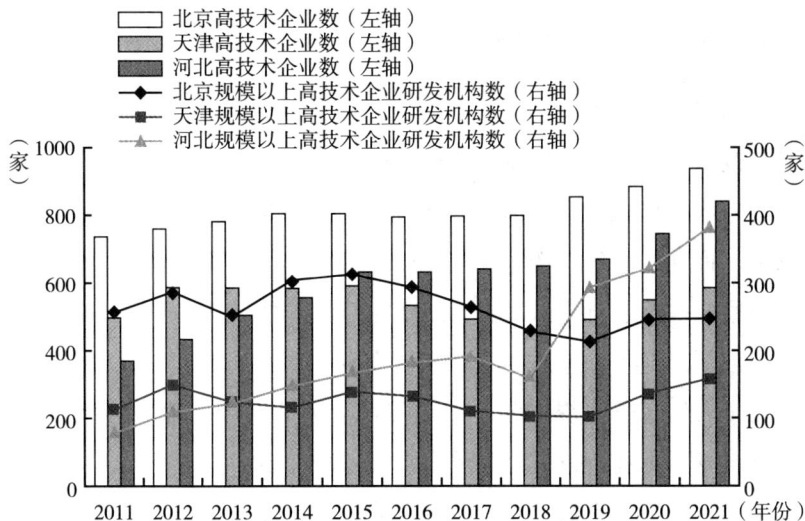

**图 2  2011~2021 年京津冀高技术企业发展情况**

资料来源：《中国高技术产业统计年鉴》。

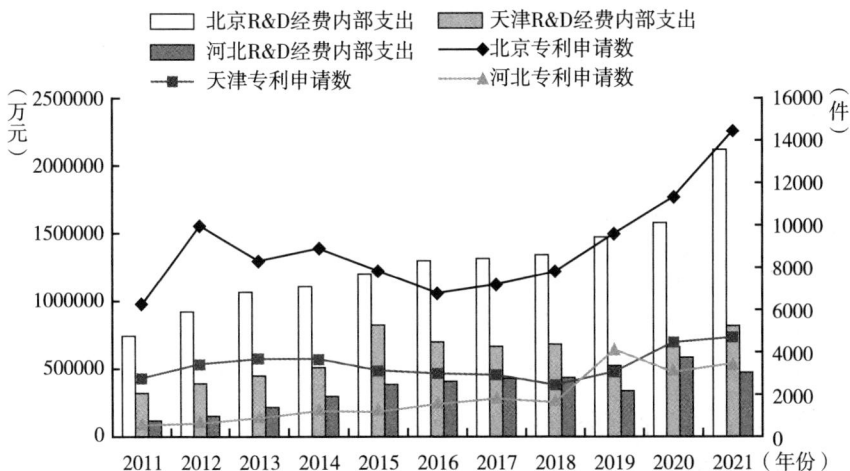

**图 3  2011~2021 年京津冀 R&D 经费内部支出和成果情况**

资料来源：《中国高技术产业统计年鉴》。

### （四）数字经济发展成果与问题

京津冀城市深入贯彻党中央、国务院关于加快数字中国建设的战略部署，坚持改革创新、协同发展，持续推进数字经济深入发展。北京市以建设全球数字经济标杆城市为目标，推动数字专区开发与建设，不断提升数字化治理水平，推动战略新兴产业合理布局，持续捍卫首都数字安全防线。天津市不断在集成电路、自主软件、人工智能等关键数字技术上攻坚克难，实现信息技术创新产业生态体系的全产业链布局，在促进创新技术开放的同时，为数据与个人信息安全提供强有力的保障。河北省顺应数字经济发展大趋势，结合自身实际和特色，全面运用数字思维与数字技术推动经济发展与治理水平提升，加速培育数字化产业，推动数字化转型，数字经济发展取得了积极成效[16]。

京津冀城市数字经济发展建设中依然存在一些问题亟待解决。首先，在数字经济不断加速发展的过程中，地区间数字经济发展水平差距存在进一步拉大的风险，三地需进一步加强沟通与协调，进一步构建互通融合、协同互促的良好发展环境。其次，部分地区发展思路不够清晰，照搬先进地区的数字化建设成功经验和模式，无法全面发挥自身的比较优势，要进一步根据各地比较优势发展地区特色数字产业，制定符合本地实际的发展策略，构建京津冀地区协调统一又各具特色的发展格局[16]。最后，在前沿数字技术发展方面，尖端创新成果较少。北京作为数字经济发展的高地，虽然拥有大量的知名校企，但是CPU、芯片等核心前沿技术的发展水平与国际尖端水平还是有很大差距。天津以数字制造为主，但其数字制造依然处于产业链和价值链的中端和低端，工业制成品在国际市场上竞争力不足。河北在数字经济产业发展中技术链条仍不健全，缺乏原创性技术突破。京津冀地区需进一步加强核心尖端技术的研究，提高自主研发与创新能力[17]。

# 四　京津冀城市经济韧性评价与分析

## （一）京津冀城市经济韧性评价体系

要增强京津冀城市经济韧性，需结合国内整体发展状况和其他地区经济韧性塑造经验，基于城市经济韧性的丰富内涵和现有研究成果，构建综合评价体系。

### 1. 构建原则

（1）客观性原则

在设立综合评价体系时要遵循客观性原则，选择相对成熟、认可度较高的指标，尽量剔除主观因素对结果的影响，增强结果的准确性。

（2）系统性原则

在构建经济韧性综合评价体系时需要明确，一个完整的评价体系是由相互独立而又相互联系的指标构成，因此在选取挖掘各个指标时，要考虑到其相对独立性和相互联系性。

（3）科学性原则

在对京津冀城市经济韧性综合评价体系进行构建时，一方面要借鉴和参考现有的评价体系，另一方面要结合京津冀城市经济韧性水平发展现状，反映其发展的内涵特征，并以此为基础构建评价体系，提升指标构建的可信度。

（4）可操作性原则

在指标构建过程中，还需考虑数据的可得性和真实性。考虑到城市经济韧性内涵丰富、范围广泛，可能存在个别数据无法获取的问题。为此，应选取易获取、认可度高的数据，增强结果的可操作性。

（5）综合性原则

城市经济韧性包含抵抗与恢复力、适应与调节力、创新与转型力多方面维度，相应的，需构建较为全面系统的综合指标体系。

## 2. 体系设计

城市经济韧性是指城市经济系统通过对产业、制度、技术等结构进行调整，降低冲击影响，维持系统的发展以及进一步更新系统结构的能力。在已有的城市经济韧性相关研究中，对于如何测度城市经济韧性尚未形成统一结论，大体分为核心变量法和指标体系法。

核心变量法主要分析某一个或几个核心变量在冲击后的反应，用以确定城市的经济韧性。最常见的核心变量有地区的就业量和GDP，不同学者会根据研究的侧重点而选择不同的核心变量。就业量作为核心变量的优势在于其周期性波动比经济产出更明显[6]。但是，短期内技术、产业和技能禀赋的构成与变化直接与产出增长相关，而不是就业市场[18]。此外，也可以运用进出口总额、社会消费品销售总额等指标从对外开放、消费等维度对区域抵抗力进行测度[19]。

指标体系法主要是用不同维度的经济系统发展指标来构建综合指标体系，以期更加综合全面地衡量城市经济韧性。Briguglio等首次提出了区域经济韧性指标体系的分析框架，包括宏观经济发展、微观经济效率、政府治理和社会进步4个主要方面[20]。此后，学者根据研究内容不断地对经济韧性的指标体系进行调整。一些学者以核心变量法为基础对测度指标进行补充，除了将GDP、失业人数和工业增加值作为生产方面的测度指标外，进一步增加社会消费品零售总额来测度消费方面的韧性，并纳入出口作为外向联系的测度指标[21]。另一些学者以Martin提出的经济韧性的4个维度为基础构建指标体系，由于抵抗力与恢复力有较强相关性，数据上难以区分，故将区域经济韧性分为抵抗与恢复力、适应与调节力、创新与转型力3个维度构建综合指标体系。此外，考虑到网络技术的发展可能会降低风险的不可预见性，因此，需要进一步增加识别与预防能力，从抵抗与恢复力、适应与调节力、创新与转型力、识别与预防力4个维度构建综合评价体系[22~24]。

基于以上考虑，本报告从抵抗与恢复力、适应与调节力、创新与转型力3个维度选取了21个指标，构建了京津冀城市经济韧性评价体系，如表1所示。

表 1　京津冀城市经济韧性评价体系

| 一级指标 | 二级指标 | 三级指标 | 测度方式 |
|---|---|---|---|
| 抵抗与恢复力 | 经济发展稳定性 | 经济发展现状 | GDP |
| | | 经济发展速度 | GDP 增长率 |
| | | 居民储蓄水平 | 城乡居民储蓄余额 |
| | 风险脆弱性 | 城镇失业率 | 城镇居民失业率 |
| | 社会保障 | 失业保险覆盖率 | 失业保险参保人数/常住人口 |
| | | 医疗机构床位数 | 医疗机构床位数/常住人口 |
| | 市场开放性 | 外贸依存度 | 货物进出口总额/地区生产总值 |
| | 产业基础 | 工业企业资产负债率 | 规模以上工业企业总负债/总资产 |
| | 产业结构 | 三产结构集中化指数 | 第一、二、三产业增加值占 GDP 比重的平方和 |
| 适应与调节力 | 市场潜力 | 人均消费能力 | 社会消费品零售总额/常住人口 |
| | | 人口增长 | 人口自然增长率 |
| | | 居民收入水平 | 城镇居民可支配收入 |
| | 地方财政支撑 | 地方财政支出占比 | 地方财政一般预算内支出/GDP |
| | | 财政自给率 | 地方财政一般预算内收入/地方从财政一般预算内支出 |
| | 基础设施建设 | 人均道路面积 | 人均道路面积 |
| | 金融发展质量 | 金融机构存贷款余额之比 | 年末金融机构存款余额/年末金融机构贷款余额 |
| 创新与转型力 | 创新投入 | 科学技术支出 | 地方财政科技支出 |
| | 创新产出 | 专利授权数 | 专利申请授权量 |
| | 教育水平 | 教育事业支出 | 地方财政教育支出 |
| | | 高校在校大学生数 | 普通高等学校在校学生数 |
| | 转型能力 | 产业结构高级化 | (第一产业增加值占 GDP 比重+第二产业增加值占 GDP 比重×2+第三产业增加值占 GDP 比重×3)/100 |

3. 指标说明

城市经济韧性的抵抗与恢复力主要是指经济系统在抵抗外部冲击并恢复经济发展水平的能力。本报告从经济发展稳定性、风险脆弱性、社会保障、市场开放性、产业基础和产业结构几个方面进行衡量，选取 GDP、GDP 增长率、城乡居民储蓄余额、城镇居民失业率等指标进行测度。

城市经济韧性的适应与调节力主要是指经济系统为应对外部冲击，减小冲击影响，对系统本身进行适应性调节并重新定位的能力。本报告从市场潜力、地方财政支撑、基础设施建设、金融发展质量几个方面进行衡量，选取社会消费品零售总额/常住人口、人口自然增长率、城镇居民可支配收入、地方财政一般预算内支出/GDP 等指标进行测度。

城市经济韧性的创新与转型力主要是指经济系统通过创新转型寻找新的发展路径以应对冲击的能力。本报告从创新投入、创新产出、教育水平和转型能力几个方面进行衡量，选取地方财政科技支出、专利申请授权量、地方财政教育支出等指标进行测度。

### （二）京津冀城市经济韧性发展现状分析

#### 1. 数据遴选与方法选择

根据指标体系构建需要，本报告使用的数据除数字普惠金融指数来自北京大学数字金融研究中心和蚂蚁金服集团外[25]，其余所有数据均来源于《中国城市统计年鉴》、《北京统计年鉴》、《天津统计年鉴》、《河北经济年鉴》、《中国统计年鉴》、《中国城乡建设统计年鉴》、EPS 数据库以及国家统计局相关数据，对于部分缺失值，采用线性插值法进行补齐。

在评价体系实证分析中，评价方法选择尤为重要，其中权重系数是各评价体系的关键，确定指标权重的常见方法有主观赋权法与客观赋权法两类。主观赋权法用得较多的包括德尔菲法（专家打分法）、层次分析法（AHP）、模糊评价法（FCE）3 种。客观赋权法包括变异系数法、层次分析法、熵值法等。因为主观赋权法主观色彩强烈，很多学者选择客观赋权法或者主、客观赋权法相结合的方法进行经济韧性指标权重的确定，在很大程度上避免了人为因素的干扰。

熵值法能够有效排除主观因素干扰，根据数据特征进行赋权，对数据本身无过多特殊要求，评价值能够反映评价对象本身的发展水平，在一定程度上能避免主观赋值因素的缺陷，因而在经济韧性综合指标评价中熵值法应用最为广泛。

由于数据指标之间单位、数量存在较大差异，具有不可比性，因此需要对数据进行无量纲化处理，使异质指标同质化，根据指标性质差异，分别做如下转换。

正向指标：

$$Q_{ij} = \frac{X_{ij} - \min(X_{ij})}{\max(X_{ij}) - \min(X_{ij})}$$

负向指标：

$$Q_{ij} = \frac{\max(X_{ij}) - X_{ij}}{\max(X_{ij}) - \min(X_{ij})}$$

为保证信息熵结果的有效性，在对指标进行无量纲化处理的基础上，对各个数值增加 0.00001，得到处理后的 $Q_{ij}$，随后确定各项指标所占比重 $P_{ij}$：

$$P_{ij} = \frac{Q_{ij}}{\sum_{i=1}^{n} Q_{ij}}$$

信息熵用来表示样本数据的无序性，计算信息熵值 $E_j$：

$$E_j = -\frac{1}{\ln n} \sum_{i=1}^{n} (P_{ij} \ln P_{ij})$$

某项指标的熵值冗余度取决于该指标信息熵 $E_{ij}$ 与 1 之间的插值，它的值直接影响权重大小。熵值冗余度越大，对评价的重要性就越大，权重也就越大，据此计算指标 j 的熵值冗余度 $G_j$：

$$G_j = 1 - E_j$$

计算第 j 项指标的权重 $W_j$：

$$W_j = G_j / \sum_{j=1}^{n} G_j$$

加权求得指标综合评价值 $H_i$：

$$H_i = \sum_{i=1}^{n} W_j P_{ij}$$

## 2. 综合结果分析

根据熵值法测算原理得到 2011~2021 年京津冀三地多维度的城市经济韧性综合评价结果，如表 2 所示。

表 2　2011~2021 年京津冀城市经济韧性综合评价结果

| 地区 | 2011 年 | 2012 年 | 2013 年 | 2014 年 | 2015 年 | 2016 年 | 2017 年 | 2018 年 | 2019 年 | 2020 年 | 2021 年 |
|---|---|---|---|---|---|---|---|---|---|---|---|
| 北京 | 0.688013 | 0.719165 | 0.730951 | 0.745904 | 0.740926 | 0.75531 | 0.764239 | 0.787866 | 0.804988 | 0.802079 | 0.832398 |
| 天津 | 0.554859 | 0.565544 | 0.584089 | 0.59229 | 0.601322 | 0.604016 | 0.591619 | 0.5975 | 0.611512 | 0.611561 | 0.631359 |
| 河北 | 0.240358 | 0.294821 | 0.356597 | 0.382019 | 0.412029 | 0.425855 | 0.462155 | 0.564926 | 0.629331 | 0.656123 | 0.704718 |

如图 4 所示，从京津冀三地城市经济韧性综合水平来看，北京占有绝对优势，经济韧性水平远高于天津与河北。北京凭借首都的区位优势，拥有更多政治、文化、科技和人才等资源，为北京的经济发展提供了有力保障，为城市经济系统增强应对冲击的韧性奠定了坚实基础。

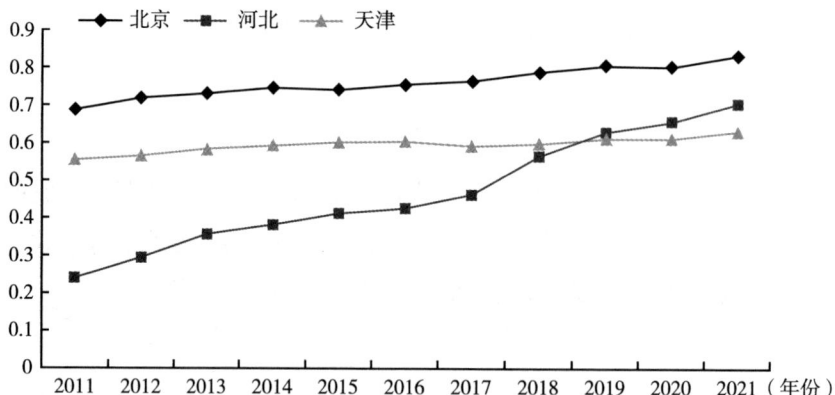

图 4　2011~2021 年京津冀城市经济韧性综合评价结果

从京津冀三地城市经济韧性综合水平的发展趋势来看，京津冀三地总体呈稳定增长趋势。对比来看，河北的城市经济韧性水平增速较快，河北城市经济韧性于 2011~2017 年稳定增长，而 2017~2021 年增速明显加快，于 2019 年赶超天津且逐步缩小与北京的差距。随着京津冀一体化的不断深入，北京非首都功能疏解有序推进，河北依托区位优势、产业基础和市场要素，精准承接京津产业的转移，实现了城市经济韧性快速增强。

3.分维度结果分析

本报告进一步从抵抗与恢复力、适应与调节力、创新与转型力3个维度分析京津冀三地的城市经济韧性水平，以期进一步探究京津冀三地城市经济韧性建设的优势与短板，为进一步的城市经济韧性建设提供理论基础。

首先，从京津冀城市经济韧性的抵抗与恢复力维度来看，2011~2021年，北京依然优势显著，处于领先地位；天津的抵抗与恢复力较为平稳；河北抵抗与恢复力较弱，但增速最快，于2019年远超天津并逐步缩小与北京的差距（见表3、图5）。可以看出，虽然北京和天津两市依然拥有较强的区位优势，但随着京津冀一体化的逐步深入，河北不断承接京津产业，增加了就业岗位，优化了产业结构，增强了经济发展稳定性，实现了抵抗与恢复力的快速提升，与京津两市的差距逐步缩小并于2019年赶超天津。

表3　2011~2021年京津冀抵抗与恢复力评价结果

| 地区 | 2011年 | 2012年 | 2013年 | 2014年 | 2015年 | 2016年 | 2017年 | 2018年 | 2019年 | 2020年 | 2021年 |
|---|---|---|---|---|---|---|---|---|---|---|---|
| 北京 | 0.662611 | 0.707241 | 0.716429 | 0.717383 | 0.71257 | 0.728465 | 0.742796 | 0.773193 | 0.790469 | 0.785474 | 0.831608 |
| 天津 | 0.504972 | 0.508754 | 0.5089 | 0.511405 | 0.51567 | 0.519109 | 0.515185 | 0.526151 | 0.526571 | 0.545584 | 0.579779 |
| 河北 | 0.236799 | 0.285038 | 0.322492 | 0.350982 | 0.374225 | 0.379882 | 0.420341 | 0.488077 | 0.637243 | 0.635150 | 0.739551 |

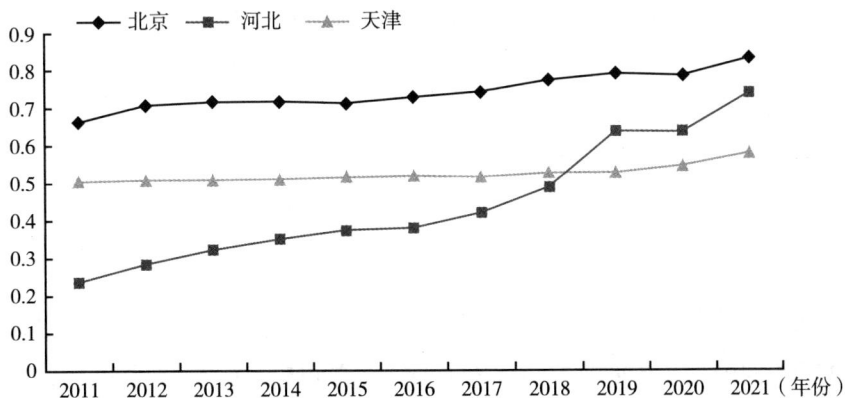

图5　2011~2021年京津冀城市经济韧性抵抗与恢复力评价结果

其次，从京津冀城市经济韧性适应与调节力维度来看，2011~2021 年北京适应与调节力总体呈上升趋势，而天津近几年则呈下降趋势。虽然河北适应与调节力较为落后，但其提升速度较快，于 2019 年赶超天津，与北京的差距也呈缩小趋势（见表 4、图 6）。

表 4　2011~2021 年京津冀适应与调节力维度评价结果

| 地区 | 2011 年 | 2012 年 | 2013 年 | 2014 年 | 2015 年 | 2016 年 | 2017 年 | 2018 年 | 2019 年 | 2020 年 | 2021 年 |
|---|---|---|---|---|---|---|---|---|---|---|---|
| 北京 | 0.593478 | 0.608305 | 0.621142 | 0.659887 | 0.635981 | 0.654889 | 0.647158 | 0.666009 | 0.684294 | 0.680464 | 0.701684 |
| 天津 | 0.563373 | 0.571166 | 0.615932 | 0.626837 | 0.636812 | 0.627161 | 0.590803 | 0.587714 | 0.623203 | 0.581213 | 0.59627 |
| 河北 | 0.238598 | 0.297880 | 0.392083 | 0.416314 | 0.448100 | 0.470473 | 0.502080 | 0.593752 | 0.627137 | 0.606288 | 0.680270 |

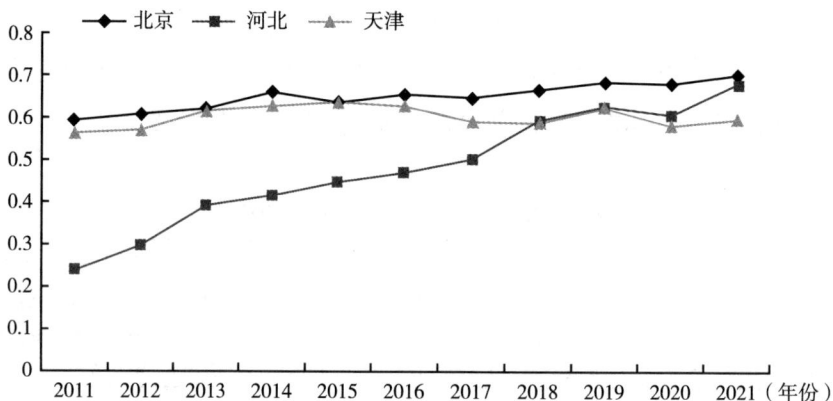

图 6　2011~2021 年京津冀城市经济韧性适应与调节力评价结果

最后，从京津冀城市经济韧性创新与转型力维度来看，2011~2021 年，北京与天津的创新与转型力总体均呈上升趋势。天津大力开展技术创新与产业转型，实现创新与转型力的稳定提升，但其教育水平、产业结构、创新投入与北京依然有一定差距。河北的创新与转型力明显落后于京津两市，虽然近几年增速较快，但由于河北存在人才流失严重、创新支出不足、成果转化率不高等问题，其在创新与转型力上与京津两市的差距依然存在（见表 5、图 7）。

表5 2011~2021年京津冀创新与转型力维度评价结果

| 地区 | 2011 年 | 2012 年 | 2013 年 | 2014 年 | 2015 年 | 2016 年 | 2017 年 | 2018 年 | 2019 年 | 2020 年 | 2021 年 |
|------|---------|---------|---------|---------|---------|---------|---------|---------|---------|---------|---------|
| 北京 | 0.863558 | 0.882252 | 0.898979 | 0.91858 | 0.936179 | 0.941455 | 0.957664 | 0.970876 | 0.986221 | 0.989425 | 0.992919 |
| 天津 | 0.663974 | 0.694700 | 0.725478 | 0.744035 | 0.763341 | 0.779230 | 0.775623 | 0.780211 | 0.800705 | 0.806365 | 0.797443 |
| 河北 | 0.265208 | 0.326638 | 0.352838 | 0.369358 | 0.422949 | 0.435652 | 0.4741 | 0.592734 | 0.6023 | 0.522856 | 0.654057 |

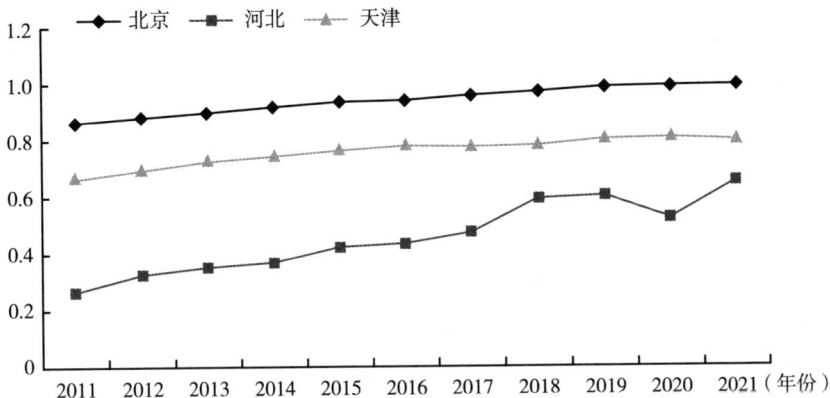

图7 2011~2021年京津冀城市经济韧性创新与转型力评价结果

# 五 数字经济对京津冀城市经济韧性影响分析

## （一）数字经济对城市经济韧性影响理论分析

经济韧性是一种适应性的动态演化过程，当经济发展面临外界冲击时，经济韧性表现为对冲击的抵抗与恢复力；当冲击持续时，经济韧性表现为对环境改变的适应与调节力；当冲击结束后，经济韧性表现为促进经济发展的创新与转型力。数字经济的发展促进各地区紧密联系，引发了经济连锁效应。可见，数字经济时代的来临使得数字经济能够强化经济韧性，通过何种机制强化经济韧性的研究就显得尤为重要。结合已有文献分析，本报告提出，数字经济在抵抗与恢复力、适应与调节力、创新与转型力维度对城市经济韧性的影响可以具体分为以下几个方面。

首先，在抵抗与恢复力维度，数字经济可以通过"护城河效应"和增强冲击预警两方面增强城市经济系统应对冲击的抵抗力，也可以通过产业结构优化来增强城市经济应对冲击后的恢复力。其一，数字产业具有技术密集性、高渗透性、先导性等基本特征，在面对冲击时，与其他产业相比受到外部冲击的影响较小，可以为城市经济系统应对冲击提供缓冲作用，起到了"护城河"的作用[1]。其二，信息通信技术提升了信息传播速度和信息处理能力，降低了信息搜索成本，可以增强冲击预警，加快城市经济系统应对冲击的反应速度，从而增强城市经济韧性[14,26~27]。其三，数字产业与传统产业的相互渗透促进了产业结构的优化调整，优化了经济运行方式，提升了经济系统的恢复能力[1,28]。

其次，在适应与调节力维度，数字经济可以通过促进生产要素流动来提升经济系统的适应与自我调节的能力。数字经济的发展催生出互联网经济和大数据平台等一系列衍生经济工具，增进了各经济主体之间的联系，解决了各经济主体在交易过程中的跨时空交易成本和要素失衡等问题，促进了生产要素的充分利用，提升了经济运行效率，为建设城市经济韧性的适应与调节力奠定了坚实基础[29]。

最后，在创新与转型力维度，数字经济依托创新技术，推动产业结构转型升级和技术突破，提升城市经济的创新与转型力，找到新的发展路径。其一，数字经济具有技术密集性、知识密集性的特征，数字经济的发展不断推动信息技术渗透到各个产业的各个部门，促使战略新兴产业替代传统产业，促进产业结构高级化与合理化[30]，进一步推动产业结构转型升级，提升城市经济系统的转型能力。其二，数字产业部门以数字化和智能化技术为主导，吸收新技术的效率较高，并通过知识溢出传播到邻近地区和其他关联企业，推动一般性创新和突破性创新，提升城市创新能力，实现技术突破，推动城市经济系统有效地找到新的发展路径[1,27,29]。

基于以上理论分析，本报告提出假设，数字经济发展水平高的城市经济韧性也相对较强，并且数字经济在抵抗与恢复力、适应与调节力、创新与转型力3个维度对城市经济韧性起到正向促进作用。

### （二）数字经济对京津冀城市经济韧性影响的实证分析

#### 1. 变量说明

（1）城市经济韧性

城市经济韧性主要包含抵抗与恢复力、适应与调节力、创新与转型力3个维度，本报告从以上3个维度选取了21个指标来衡量城市经济韧性。

（2）核心解释变量

本报告从互联网发展和数字普惠金融两方面构建数字经济的测度指标体系。其中，互联网发展的指标包括每百人互联网宽带接入用户数、计算机服务和软件业从业人员占城镇从业人员比重、人均电信业务量、每百人移动电话用户数、人均邮政业务量。数字普惠金融方面运用数字普惠金融指数进行测度。数字普惠金融指数由北京大学数字金融研究中心和蚂蚁金服集团共同编制[25]。

（3）控制变量

为了更加全面地分析数字经济发展对城市经济韧性的影响，还需要设定对城市经济韧性可能产生影响的控制变量。具体分析如下：人口集聚（Agg）用城市常住人口数与行政面积之比表示，其中常住人口由地区生产总值比地区人均生产总值得到；外商直接投资（Fdi）用当年实际使用外资占城市生产总值的比重表示；创业活力（Entre）用城镇私营个体从业人员数占城市人口的比重表示；期初经济发展水平（Pgdp）用2010年基期平减后的实际地区生产总值表示。

（4）数据来源

本报告以京津冀地区13个地级及以上城市为研究对象，研究时段为2011~2021年，使用的数据除数字普惠金融指数来自北京大学数字金融研究中心和蚂蚁金服集团外[25]，其余均来源于《中国城市统计年鉴》、《北京统计年鉴》、《天津统计年鉴》、《河北经济年鉴》、《中国统计年鉴》、《中国城乡建设统计年鉴》、EPS 数据库以及国家统计局相关数据，对于部分缺失值，采用线性插值法进行补齐。

2. 模型设定

为考察数字经济发展对城市经济韧性的促进作用，本报告建立如下回归模型：

$$Res_{it} = \alpha + \beta \, digital_{it} + \gamma \, control_{it} + u_i + \delta_t + \varepsilon_{it} \tag{1}$$

其中，$Res_{it}$ 表示 $i$ 地区在年份 $t$ 的经济韧性水平；$digital_{it}$ 表示 $i$ 地区在年份 $t$ 的数字经济发展水平；$control_{it}$ 为控制变量的集合。本报告将人口集聚、外商直接投资、创业活力和期初经济发展水平作为控制变量。$\mu_i$ 代表个体固定效应，$\delta_t$ 为时间固定效应，$\varepsilon_{it}$ 表示随机误差项。

3. 实证结果

为实证分析数字经济对京津冀城市经济韧性的影响机制，本报告采用双向固定效应模型进行回归分析，结果如表 6 所示。

表 6 数字经济对京津冀城市经济韧性影响的实证分析结果

| 变量 | (1) 城市经济韧性 | (2) 城市经济韧性 | (3) 城市经济韧性 | (4) 城市经济韧性 | (5) 城市经济韧性 |
|---|---|---|---|---|---|
| 数字经济发展水平 | 1.309 *** (0.0983) | 0.732 *** (0.0845) | 0.663 *** (0.0738) | 0.659 *** (0.0691) | 0.555 *** (0.0504) |
| 人口集聚 | | 2.634 *** (0.225) | 1.109 *** (0.299) | 1.139 *** (0.280) | −0.0231 (0.226) |
| 外商直接投资 | | | 0.0458 *** (0.00683) | 0.0368 *** (0.00672) | 0.0146 *** (0.00522) |
| 创业活力 | | | | 0.370 *** (0.0845) | 0.279 *** (0.0611) |
| 期初经济发展水平 | | | | | 0.100 *** (0.00905) |
| 常数项 | 0.277 *** (0.0300) | 0.143 *** (0.0239) | −0.255 *** (0.0628) | −0.186 *** (0.0608) | −1.562 *** (0.132) |

续表

| 变量 | (1)<br>城市经济韧性 | (2)<br>城市经济韧性 | (3)<br>城市经济韧性 | (4)<br>城市经济韧性 | (5)<br>城市经济韧性 |
|---|---|---|---|---|---|
| 个体固定效应 | 是 | 是 | 是 | 是 | 是 |
| 时间固定效应 | 是 | 是 | 是 | 是 | 是 |
| 样本量 | 143 | 143 | 143 | 143 | 143 |
| $R^2$ | 0.585 | 0.798 | 0.850 | 0.870 | 0.934 |

注: ***、**、*分别表示在1%、5%、10%的统计水平上显著;括号内为标准误。

数字经济发展水平的回归系数均在1%的显著性水平上为正,说明数字经济发展对京津冀城市经济韧性起到正向促进作用。在控制变量中,创业活力的系数在1%的水平上显著为正,说明在京津冀城市中,创业活力较强的城市具有较强的经济韧性。期初经济发展水平的系数在1%的水平上显著为正,说明期初经济发展水平高的城市具有较好的经济基础,可以增强其面对冲击时的经济韧性。外商直接投资的系数在1%的水平上显著为正,说明经济开放度较高、接受更多外商直接投资的城市经济韧性更强,但与前两者相比其系数较小,可以看出与其他因素相比,外商直接投资不是最主要的影响因素。

为进一步明晰数字经济对京津冀城市经济韧性的影响机制,本报告进一步将京津冀经济韧性进行分维度测度,并进一步实证分析数字经济对不同维度经济韧性的影响,结果如表7所示。数字经济对3个维度经济韧性的系数均在1%的水平上显著为正,说明数字经济的发展在3个维度上对京津冀的城市经济韧性起到促进作用。进一步,从系数的大小可以看出,数字经济在抵抗与恢复力维度的系数最大,说明数字经济对城市经济韧性的影响最主要体现在增强城市经济系统的抵抗与恢复力上,创新与转型力次之,适应与调节力维度的系数最小。

在控制变量中,创业活力在3个维度的影响系数均在1%的水平上显著为正,说明创业活力在3个维度上对城市经济韧性均起到正向促进作用,其中创新与转型力维度系数最大,说明创业活力对城市经济韧性的影响最主要体现在创新与转型力维度;期初经济发展水平在 3 个维度的影响系数均在 1%的水平上显著为正,说明期初经济发展水平在 3 个维度上对城市经济韧性均起到正向促进作用,其中抵抗与恢复力、创新与转型力系数较大,说明期初经济发展水平主要影响经济系统的抵抗与恢复力和创新与转型力;外商直接投资仅在适应与调节力、创新与转型力两个维度的影响系数在 1%的水平上显著为正,说明外商直接投资对城市经济韧性的影响仅表现在适应与调节力、创新与转型力两个维度,两个维度的系数均较小,其中适应与调节力维度稍大,说明外商直接投资对城市经济韧性的影响与其他因素相比较小,其主要表现在适应与调节力上。

表 7　数字经济对京津冀城市经济韧性的分维度实证分析结果

| 变量 | (1) 综合经济韧性 | (2) 抵抗与恢复力 | (3) 适应与调节力 | (4) 创新与转型力 |
|---|---|---|---|---|
| 数字经济发展水平 | 0.555 *** | 0.683 *** | 0.313 *** | 0.496 *** |
| | (0.0504) | (0.0576) | (0.0655) | (0.0637) |
| 人口集聚 | −0.0231 | −0.0347 | −0.992 *** | 1.199 *** |
| | (0.226) | (0.259) | (0.294) | (0.286) |
| 外商直接投资 | 0.0146 *** | 0.000417 | 0.0260 *** | 0.0196 *** |
| | (0.00522) | (0.00596) | (0.00678) | (0.00660) |
| 创业活力 | 0.279 *** | 0.237 *** | 0.257 *** | 0.374 *** |
| | (0.0611) | (0.0698) | (0.0794) | (0.0773) |
| 期初经济发展水平 | 0.100 *** | 0.102 *** | 0.0766 *** | 0.114 *** |
| | (0.00905) | (0.0103) | (0.0118) | (0.0115) |
| 常数项 | −1.562 *** | −1.406 *** | −1.252 *** | −1.950 *** |
| | (0.132) | (0.150) | (0.171) | (0.167) |
| 个体固定效应 | 是 | 是 | 是 | 是 |
| 时间固定效应 | 是 | 是 | 是 | 是 |
| 样本量 | 143 | 143 | 143 | 143 |
| $R^2$ | 0.934 | 0.909 | 0.817 | 0.946 |

注:*** 、 ** 、 * 分别表示在 1%、5%、10%的统计水平上显著;括号内为标准误。

# 六　政策启示

数字化的快速发展，为京津冀城市的经济韧性建设提供了新的动力引擎。本报告基于京津冀地区数字经济和城市经济韧性发展现状，从抵抗与恢复力、适应与调节力、创新与转型力3个维度实证分析了数字经济对城市经济韧性的促进作用与内在机制。第一，京津冀三地总体数字经济发展态势良好，但依然存在数字经济发展不平衡、部分地区发展模式单一化、前沿数字技术创新成果较少等问题，数字鸿沟问题依然存在。第二，京津冀三地城市经济韧性呈稳定增强趋势，尤其河北依托区位优势，经济韧性建设成果显著，在抵抗与恢复力、适应与调节力方面赶超天津。第三，数字经济为城市经济韧性建设提供了新的动力引擎。首先，数字经济可以通过"护城河效应"和增强冲击预警两方面增强城市经济系统应对冲击的抵抗力，也可以通过产业结构优化来增强城市经济应对冲击后的恢复力。其次，数字经济可以通过促进产业结构转型升级和提升区域创新能力来实现经济系统的转型，找到新的发展路径。最后，数字经济可以通过促进生产要素流动来提升经济系统的适应与自我调节的能力。基于以上结论，本报告提出以下政策建议。

## （一）发挥京津冀各地比较优势，持续释放数字经济发展红利

发挥京津冀各地比较优势，不断夯实数字经济发展基础，释放数字经济发展红利，增强京津冀城市经济韧性。河北数字产业发展水平较高，在京津冀协同发展中，河北要继续发挥本地优势，发展地区特色数字产业，不断促进数字产业发展，通过数字技术与实体经济的融合，提升生产效率，优化经济运行方式，增强城市经济韧性；北京和天津的数字经济研发成果较为丰富，在京津冀协同发展中应发挥引领作用，促进人才等资源流动，加强技术知识溢出，不断释放数字经济发展红利。

## （二）增强京津冀各地联合融合，缩小城市间的数字鸿沟

增强京津冀三地联合融合，密切协作，加强沟通，制定协调统一的数字经济发展规划，三地"握指成拳"，推动协同发展向纵深迈进，促进三地数字经济平衡发展，缩小数字鸿沟，共同增强城市经济韧性。政策制定要依据城市特色，也要围绕京津冀协同发展目标，加强区域层面整体布局，促进人才、资源在京津冀三地的平衡分布，三地要明确发展方向和任务，合理分工，良性互促，营造良好的数字经济发展环境，着力打造京津冀数字经济示范区。

## （三）加强京津冀各地研发合作，提升尖端技术创新能力

北京作为我国数字经济发展的高地，拥有较多的文化、科技、人才等资源，但在前沿技术上与国际顶尖水平依然有一定差距。京津冀地区应以北京为中心，进一步加强数字化核心技术的研发能力，依托北京的资源优势，汇聚北京数字经济龙头企业形成聚集效应，发挥津冀两地的区位优势，承接北京数字产业的同时，增强自身尖端技术与研发能力，构建一个协作互助、成果共创的数字化核心技术研发基地。

## 参考文献

［1］毛丰付、胡承晨、魏亚飞：《数字产业发展与城市经济韧性》，《财经科学》2022 年第 8 期。

［2］Martin, R., "Regional economic resilience, hysteresis and recessionary shocks", *Journal of Economic Geography*, 2012, 12（1）: 1-32.

［3］Holling, C. S., "Resilience and stability of ecological systems", *Annual Review of Ecology and Systematics*, 1973, 4（1）: 1-23.

［4］Holling, C. S., "Engineering resilience versus ecological resilience", *Engineering within Ecological Constraints*, 1996, 31: 32.

［5］Boschma, R., "Towards an evolutionary perspective on regional resilience",

*Regional Studies*, 2015, 49（5）：733-751.

［6］Martin, R., Sunley, P., Gardiner, B., "How regions react to recessions: Resilience and the role of economic structure", *Regional Studies*, 2016, 50（4）：561-585.

［7］Martínez, U. Y., García-Lautre, I., Iraizoz, B., "Why are some Spanish regions more resilient than others?" *Papers in Regional Science*, 2019, 98（6）：2211-2231.

［8］徐圆、邓胡艳：《多样化、创新能力与城市经济韧性》，《经济学动态》2020 年第 8 期。

［9］王素素、卢现祥、李磊：《中国经济韧性的南北差异及形成机理》，《南方经济》2022 年第 6 期。

［10］Tóth, G., Elekes, Z., Whittle, A., "Technology network structure conditions the economic resilience of regions", *Economic Geography*, 2022, 98（4）：355-378.

［11］Hu, X., Yang, C., "Institutional change and divergent economic resilience: Path development of two resource-depleted cities in China", *Urban Studies*, 2019, 56（16）：3466-3485.

［12］Tapscott, D., *The Digital Economy: Promise and Peril in the Age of Networked Intelligence*, New York: McGraw-Hill, 1996.

［13］陈晓东、杨晓霞：《数字经济发展对产业结构升级的影响——基于灰关联熵与耗散结构理论的研究》，《改革》2021 年第 3 期。

［14］陈丛波、叶阿忠：《数字经济、创新能力与区域经济韧性》，《统计与决策》2021 年第 17 期。

［15］朱金鹤、孙红雪：《数字经济是否提升了城市经济韧性?》，《现代经济探讨》2021 年第 10 期。

［16］中国信息通信研究院：《中国数字经济发展白皮书（2022 年）》，2022。

［17］张城恺、武霏霏、杨丽丽：《京津冀数字经济发展的现状与建议》，《科技智囊》2022 年第 11 期。

［18］Fusillo, F., Consoli, D., Quataro, F., "Resilience, skill endowment, and diversity: Evidence from US metropolitan areas", *Economic Geography*, 2022, 98（2）：170-196.

［19］Hu, X., Li, L., Dong, K., "What matters for regional economic resilience amid COVID - 19? Evidence from cities in Northeast China", *Cities*, 2022, 120：103440.

［20］Briguglio, L., Cordina, G., Farrugia, N., et al., "Economic vulnerability and resilience: Concepts and measurements", *Oxford Development Studies*, 2009, 37（3）：229-247.

［21］刘逸、纪捷韩、张一帆等：《粤港澳大湾区经济韧性的特征与空间差异研究》，

《地理研究》2020 年第 9 期。

［22］丁建军、王璋、柳艳红等：《中国连片特困区经济韧性测度及影响因素分析》，《地理科学进展》2020 年第 6 期。

［23］齐昕、张景帅、徐维祥：《浙江省县域经济韧性发展评价研究》，《浙江社会科学》2019 年第 5 期。

［24］谢会强、杨丹、张宽：《中国城市经济韧性的时空演化及网络结构研究》，《华东经济管理》2022 年第 11 期。

［25］郭峰、王靖一、王芳等：《测度中国数字普惠金融发展：指数编制与空间特征》，《经济学》（季刊）2020 年第 4 期。

［26］王静田、付晓东：《数字经济、产业结构与城市经济韧性》，《区域经济评论》2023 年第 2 期。

［27］卢若灿、杨治辉：《数字经济能否提升疫情时代城市韧性——基于城市群网络视角》，数据社会与数字经济暨“一带一路”合作国际学术会议，2022。

［28］刘家树、顾为都：《数字技术影响城市经济韧性的机制与效应——基于中国265 个城市的实证检验》，《江淮论坛》2023 年第 2 期。

［29］胡艳、陈雨琪、李彦：《数字经济对长三角地区城市经济韧性的影响研究》，《华东师范大学学报》（哲学社会科学版）2022 年第 1 期。

［30］潘爱民、吴游龙：《数字经济、空间效应与城市经济韧性——基于华东地区的经验证据》，《吉林工商学院学报》2022 年第 4 期。

# B.5
# 数字金融对京津冀协同创新
# 共同体建设的影响*

李媛媛 赵 进 张文霞 谷晓洁**

**摘 要:** 数字金融作为金融的新型业态,其特征能够突破时间和空间的限制,扩大金融服务覆盖面,提高金融服务质量,为协同创新共同体建设提供资金支持与服务。本报告基于2014~2021年京津冀地区的省级面板数据,通过构建协同创新分形维数来分析协同创新在数字金融影响京津冀区域创新过程中所起到的调节作用。研究结果表明,数字金融的发展能显著提高区域创新水平,并且协同创新会影响数字金融对区域创新所产生的作用效果,相较于北京市和天津市,河北省区域创新水平对数字金融的发展更为敏感。本报告的研究结论不仅在数字金融与京津冀协同创新共同体建设之间的关系研究方面具有重要的理论价值,也对我国制定可以有效推动共同体建设的相关政策,把京津冀打造成中国式现代化建设的先行区、示范区具有参考意义。

**关键词:** 京津冀 共同体 协同创新分形维数 数字金融

---

* 本报告是河北省软科学计划项目"基于多重网络效应的科技金融政策创新绩效研究"(21557685D)、国家社科基金项目"我国老年人决策行为异质性与金融欺诈风险预警及防控研究"(20CRK010)的研究成果。
** 李媛媛,河北工业大学经济管理学院教授、博士研究生导师,研究方向为区域金融、家庭金融等;赵进,河北工业大学经济管理学院硕士研究生;张文霞,河北工业大学经济管理学院硕士研究生;谷晓洁,河北工业大学经济管理学院硕士研究生。

# 一　引言

习近平总书记于 2014 年 2 月考察北京并发表重要讲话，强调京津冀协同发展是一个重大国家战略，京津冀协同发展根本要靠创新驱动，要形成京津冀协同创新共同体[1]；2015 年 4 月 30 日审议通过的《京津冀协同发展规划纲要》，提出"建设京津冀协同创新共同体"的目标，明确了推进创新驱动发展和协同创新共同体建设的指导方向；2023 年 7 月 20 日京津冀协同发展联合工作办公室在北京正式揭牌，其主要职责是落实协同平台共建，进一步推动创新资源共享等。这一系列举措均致力于推动京津冀协同发展迈向新台阶，着力为中国式现代化建设打造一个协同创新共同体发展的示范样板。

金融作为现代经济的核心，在创新活动、实体经济发展中一直发挥着重要作用。特别是随着云计算、大数据和人工智能技术的应用，全球经济步入数字化时代，网络空间的功能进一步拓展，实时在线且可交互的数据流和信息流使得多元创新主体能够进行跨区域、跨领域的协同创新[2]，数字金融正成为国家/区域经济高质量发展的重要驱动力。相较于传统金融，数字金融以数字技术为支撑，具有数字化、普惠性、高效性、创新性等特点，能够突破时间和空间的限制，摆脱传统金融存在"资源错配"的困境，扩大金融服务覆盖面，提高金融服务质量，为区域协同创新提供资金支持与服务。在京津冀协同创新共同体的建设中，数字金融到底发挥着怎样的作用？同时，京津冀各地区之间差距较大，协同发展程度不同，这是否会导致数字金融对区域协同创新的支持存在显著差异？这正是本报告力图解决的现实问题，也是本报告的实践价值。

# 二　文献综述

## （一）协同创新共同体

创新共同体是一种特定的创新组织模式，以推动创新能力发展的共同目标为基础，通过相互学习和开放共享积极开展创新交互与协同合作[3]-[4]。而协同创新实质上是不同创新主体之间的合作行为，是一种大跨度整合的创新组织模式，涉及不同创新主体之间的合作，需要多个活动、多个功能和多方贡献，并需要一系列的协调工作的支持，旨在实现重大科技创新[5]-[6]。在此基础上，有学者进一步关注协同创新共同体，并以特定区域为例，探究协同创新共同体实践模式与具体路径。赵超在研究中选择了粤港澳大湾区作为案例，将区块链技术运用到大湾区协同创新共同体的构建中，为大湾区各类型创新主体提供创新协同服务[7]。赵新峰、李水金、王鑫以雄安新区为例，从价值体系、协同体系、制度体系和数字治理四个方面入手，提出了建设雄安新区创新共同体的方法[8]。孙大明、夏海力、董琨从创新共同体协同研究视角构建了协同视阈下多主体参与的创新共同体博弈模型，探究了共同体内地区间竞合关系[9]。

### （二）协同创新的测度

关于协同创新测度的研究主要集中在指标选取和测度方法选择。一是在构建协同创新指标体系方面，学者们运用引力模型[10]、DEA-BCC 模型和 Malmquist 指数模型[11]、复合系统协同度模型[12]等，选取科研机构数、高新技术产值、研发投入、专利产出、人才数量等多个创新相关指标来构建该体系。二是针对知识创新合作网络特征的分析，学者们基于合著论文数据，采用了文献计量分析法、空间分析法[13]、复杂网络分析法[14]等方法。三是利用专利合作数据构建了城市群协同创新网络，并运用块模型分析、凝聚子群分析、知识复杂度测算[15]、论文合作发表[16]、专利计量[17]、社会网络分析法[18]、GIS 空间分析法[19]、ERGM 模型[20]对城市群创新网络特征及影响因素进行了研究。四是基于技术合同交易数据对区域协同创新演化、网络结构及空间分布特征进行了探讨[19]。

### （三）数字金融与区域协同创新

在数字金融与区域协同创新方面，目前相关的研究文献较少。现有研究主要关注数字金融对区域创新的影响，并探讨了一系列相关因素，包括数字金融的空间效应、门槛特征、对创新绩效的影响、促进区域创新的传导机制等。研究表明，数字金融发展的创新激励具有空间溢出效应，能够提高生产者间的协同效率[21]-[22]，但只有当数字金融发展到一定程度时，城市创新的边际收益才能显著增加，这说明数字金融对城市创新的影响存在明显的阈值特性，即存在门槛特征[23]。数字金融能有效提升区域内的技术创新水平，也能更加显著地提高创新质量，促进地区经济增长和高质量发展[24]-[26]。学者们从供需视角研究了促进区域创新的传导机制，认为数字金融可通过提高金融服务效率来缓解企业创新的融资约束问题。此外，学者们认为数字金融能够提高对消费需求的金融支持水平，促进消费市场的活跃，并对企业的供给侧创新起到积极的影响，满足其消费升级的需求，从而显著提高区域的创新水平。在具体研究中，学者们提出了不同的传导机制，但都强调数字金融对区域创新的重要作用[27]-[28]；还有研究说明数字金融发展可以优化金融资源在不同区域之间的配置，加快财富流动，同时也可以促进有效投资和创新能力提升，进一步推动区域的发展[29]。

综合现有研究成果来看，学者们主要从理论层面探讨了协同创新共同体的建设，并充分肯定了数字金融在区域创新中的积极作用。然而，数字金融对协同创新共同体建设方面的研究还相对较少，鉴于在京津冀协同创新共同体发展过程中，重在协同，要在创新，本报告主要做了以下工作：一是研究数字金融对京津冀协同创新水平的影响；二是基于协同视角将引力模型与分形理论相结合，构建协同创新的分形维数，进一步探究协同创新在数字金融影响京津冀地区区域创新过程中所起到的调节作用。

# 三 指标体系与指标测度

## （一）指标体系与数据来源

### 1.指标体系构建

本报告参考孙瑜康、李国平[30]的研究，借鉴天津市科学技术发展战略研究院、河北省科学技术情报研究院发布的《京津冀协同创新指数》中区域创新评价指标体系，将京津冀协同创新共同体测度分为区域创新水平和区域协同创新两部分。区域创新水平主要取决于区域自身的创新能力，这也是区域寻求对外合作和协同创新的重要前提；而区域协同创新既强调京津冀、长三角各地区间的创新协作交流，同时也较为重视区域整体创新水平[31]。基于此，本报告构建京津冀协同创新共同体指标体系（5 个二级指标和 25 个三级指标），如表 1 所示。其中，区域创新水平指标包括创新环境、创新投入和创新产出 3 个二级指标和 21 个三级指标；区域协同创新指标包括区域协同创新和主体协同创新 2 个二级指标和 4 个三级指标。

**表 1  京津冀协同创新共同体指标体系**

| 一级指标 | 二级指标 | 三级指标 |
|---|---|---|
| 区域创新水平 | 创新环境 | 移动互联网用户数(万户) |
| | | 电子商务销售额(亿元) |
| | | 人均地方财政收入(元) |
| | | 居民人均可支配收入(元) |
| | | 人均 GDP(元) |
| | | 地区生产总值能耗(吨标准煤/万元) |
| | | 空气达到二级以上天数(天) |
| | | 城市污水处理率(%) |
| | | 生活垃圾无害化处理量(万吨) |
| | 创新投入 | 国家重点实验室和工程技术中心数(个) |
| | | 国家备案众创空间数(个) |
| | | 国家级科技企业孵化器数(个) |
| | | R&D 经费内部支出(万元) |
| | | R&D 人员折合全时当量(人) |
| | | 规模以上工业企业开发新产品经费(万元) |
| | | 地方财政科技支出(亿元) |
| | 创新产出 | 高技术产业新产品出口额(万元) |
| | | 高新技术企业就业人员(人) |
| | | 规模以上工业企业新产品销售收入(亿元) |
| | | 输出技术成交额(亿元) |
| | | 有效发明专利数(件) |
| 区域协同创新 | 区域协同创新 | 论文合作数量(篇) |
| | | 合作申请的专利数量(件) |
| | | 区域间技术成交额(亿元) |
| | 主体协同创新 | 城市间专利转移数量(件) |

153

**2. 数据来源**

本报告将长三角地区作为对比主体，依据现有研究以及数据集，并采用京津冀地区 3 个省市以及长三角地区四个省市 2014～2021 年的面板数据，数据主要来源于《中国统计年鉴》、《中国城市建设统计年鉴》、《中国区域创新能力监测报告》、《中国火炬统计年鉴》、《中国科技统计年鉴》和相关年度工作报告。论文合作数量在 Web of Science 数据库中以地址和年份为检索条件，即可得到两个省之间的论文合作数量；合作申请的专利数量在国家知识产权公共服务网以申请日和申请人所在省为检索条件检索得到；区域间技术成交额的数据在相关各地技术合同网上登记系统中查询得到；城市间专利转移数量在广东省知识产权局专利信息查询系统上以生效日和转移前后的省份为条件手动检索得到。此外，本报告中还涉及省市间的距离，以省或市政府所在地作为坐标原点，根据省市间的经纬网坐标，计算省市间的距离。部分缺失数据采用插值法或相邻年份数值予以补充。

**（二）指标测度与分析**

**1. 区域创新水平测度**

**（1）计算方法**

本报告选择熵值法对地区区域创新水平进行测度，具体步骤如下。第一步采用极差标准化的方法将数据同向化和标准化，使得数据指标值在标准化后均分布在 [0，1] 范围内，标准化后的指标值越大越好。第二步进行区域创新水平的计算，从而得到其信息熵和权重。第三步采用线性加权法计算出地区区域创新水平的综合指数。

**（2）指标结果分析**

京津冀地区区域创新水平如图 1 所示。在区域创新水平方面，京津冀地区的北京市在 2014～2021 年这八年中均排名第一，且这八年来北京市与天津市、河北省的差距仍在不断扩大；天津市虽在 2014～2017 年区域创新水平领先于河北省，但 2019～2021 年河北省已有反超的趋势。整体来看，京津冀地区在区域创新水平方面表现出明显的差异。北京市作为国内领先的创新中心，其在创新能力和创新环境等方面均更具优势。天津市可能存在一些制约其创新发展的因素，因此亟须制定相应政策以提高区域创新水平。而河北省近年来加大了对区域科技创新的投入，包括提供创新资金、建设高质量的产业园区与吸引高层次人才等措施，并且我国于 2017 年决定在河北省设立国家级新区河北雄安新区，这些举措不仅有助于改善河北省的创新环境，推动其科技研发和创新成果的转化，还能促使河北省与北京市、天津市的科技成果进行高层次对接。

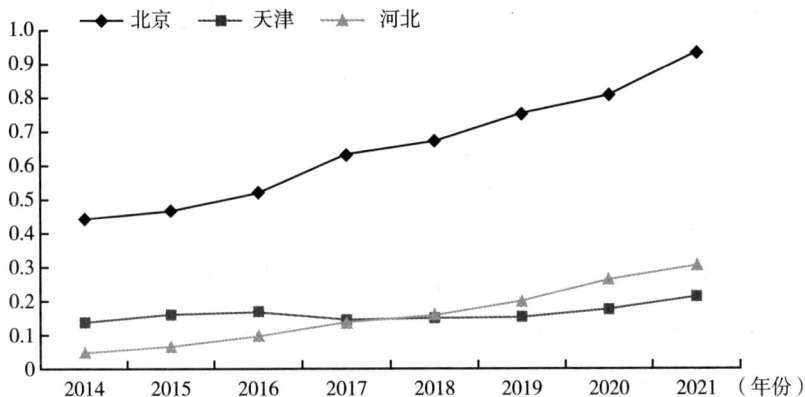

图1　2014~2021 年京津冀地区区域创新水平

长三角地区区域创新水平如图 2 所示。从图 2 可以看出，长三角地区区域创新水平由高到低分别是江苏省、浙江省、上海市、安徽省；2014~2018 年，四个省市的区域创新水平均呈现逐渐上升的稳定趋势。综上可知长三角地区四个省市在区域创新水平方面都取得了显著进步，上海市、江苏省和浙江省在创新领域发挥着重要的作用，安徽省在其后也稳定前进，为整个长三角地区的创新发展提供了强有力的支持。结合京津冀地区来看，北京市的区域创新水平仍处于领先地位，天津市和河北省的区域创新水平相对江苏省、浙江省和上海市而言仍较低，尽管天津市和河北省在近年来的创新发展中取得了一定进展，但与此三省市相比，仍存在一定差距，安徽省则排在最后。

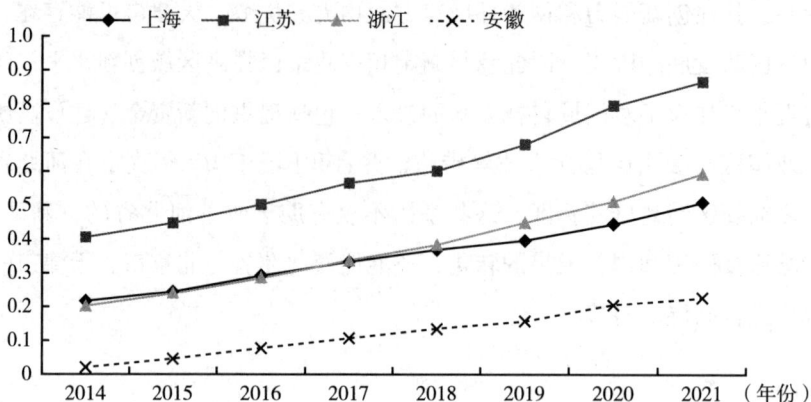

图2 2014～2021年长三角地区区域创新水平

## 2. 协同创新分形维数的测度

### （1）计算方法

本报告同样选择熵值法对地区协同创新进行测度从而得到协同创新综合指数，在确定区域协同创新的综合指数后，由于分形理论被广泛应用于无特征尺度且存在自相似性城市地理系统[32]，将其与引力模型相结合可以弥补引力模型仅能研究两个城市间联系的缺陷，进而分析城市间的协同创新状况。因此本报告将引力模型与分形理论相结合，构建协同创新分形维数。本报告采用改进的重力模型对区域创新联系进行空间测度，优化后的引力模型如下：

$$R_{i,j} = \frac{KY_iY_j}{r_{i,j}^2} \tag{1}$$

式（1）中，$R_{i,j}$ 为两区域间的协同创新联系强度；$K$ 为常数（通常也称为引力系数）；$Y_i$、$Y_j$ 分别表示 $i$、$j$ 区域的协同创新水平，$r_{i,j}$ 表示 $i$、$j$ 区域之间的地理距离。

本报告参考周彬学等[33]与张雪花等[34]的方法，将协同创新联系强度与分形分布相结合，构建能反映城市协同创新状况的协同创新分形维数。通过依次测算城市 $i$ 与其他城市的协同创新联系强度并进行排序，得到 $N$ 组"位序—联系强度"数据并代入分形分布函数：

$$lnN(R) = lnA - DlnR \tag{2}$$

式（2）中，$A$ 为常数，$N(R)$ 为城市 $i$ 与其他城市的协同创新联系强度位序，$R$ 则为对应位序的协同创新联系强度。对式（2）进行拟合后取斜率的相反数，即协同创新分形维数 $D$。$D$ 表示城市 $i$ 与其他城市的协同创新状况。$D$ 值越小，城市 $i$ 越倾向于仅与少数创新潜力较强的城市产生较紧密的协同创新联系，与创新潜力较弱的城市协同创新联系较弱；$D$ 值越大，城市 $i$ 与创新潜力较强城市和创新潜力较弱城市的协同创新联系越均衡[35]。

（2）指标结果与分析

本报告使用协同创新分形维数 $D$ 来测度并分析京津冀地区的协同创新状况（见图3）。图3展示了2014~2021年京津冀地区的协同创新分形维数 $D$ 值，从2014年到2021年，北京市的分形维数 $D$ 值整体上没有明显的增长或下降趋势，仅存在微弱的波动，在过去几年中相对稳定并且 $D$ 值均较小，这说明北京市仅与区域创新水平较高的天津市存在较为密切的协同创新联系，与河北省的协同创新联系较为微弱。与北京市类似，天津市的分形维数 $D$ 值也呈现微弱的波动趋势，没有明显的增长或下降趋势并且 $D$ 值均较小，这说明天津市也仅与区域创新水平较高的北京市存在较为密切的协同创新联系，与河北省的协同创新联系较为微弱。河北省的分形维数 $D$ 值呈现较大的波动趋势并且 $D$ 值均较大，这说明河北省与北京市和天津市的协同创新联系较为均衡。此外，从本报告所计算的协同创新联系强度 $R$ 值可知，河北省虽然与两直辖市的协同创新联系较为均衡，但其与北京市的协同创新联系更为密切。

出现这种现象的原因可能是：一方面，北京市和天津市作为直辖市，在科技创新领域均拥有相较于河北省更加丰富的创新资源和优质的创新环境，同时还拥有众多高校、研究机构以及创新型企业，并且两市紧密相邻，交通便利，更容易形成紧密的协同创新联系；另一方面，相较于北京市和天津市，河北省在创新资源的积累上相对较弱，河北省的优秀人才将倾向于去北

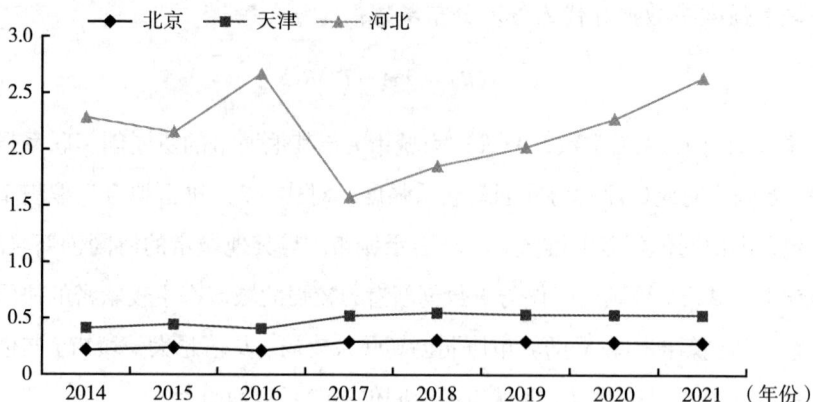

图3　2014~2021年京津冀地区的协同创新分形维数 D 值

京市和天津市等发达城市寻求更好的发展机遇，导致创新人才流失严重，进而影响其创新水平的提升。在河北省这样的发展现状与京津冀协同发展的背景下，河北省与北京市和天津市之间的协同创新联系是综合性的并且较为均衡的。

长三角地区的协同创新状况如图4所示。从2014年到2021年，上海市的协同创新分形维数 D 值整体上没有明显的增长或下降趋势，仅存在微弱的波动，相对稳定并且 D 值均较小，这说明上海市仅与区域创新水平较高的省市存在较为密切的协同创新联系，与其他省市的协同创新联系较为微弱。与上海市类似，浙江省和安徽省的协同创新分形维数 D 值也呈现微弱的波动趋势，没有明显的增长或下降趋势并且 D 值均较小，这说明浙江省和安徽省同样也仅与区域创新水平较高的省市存在较为密切的协同创新联系，与其他省市的协同创新联系较为微弱。江苏省的协同创新分形维数 D 值呈现较大的波动趋势并且 D 值均较大，这说明江苏省与上海市、浙江省和安徽省的协同创新联系较为均衡。此外，从本报告所计算的协同创新联系强度 R 值可知，近年来江苏省虽然与其余三个省市的协同创新联系较为均衡，但其和安徽省的协同创新联系强度较高，同时，上海市和浙江省的协同创新联系强度较高。

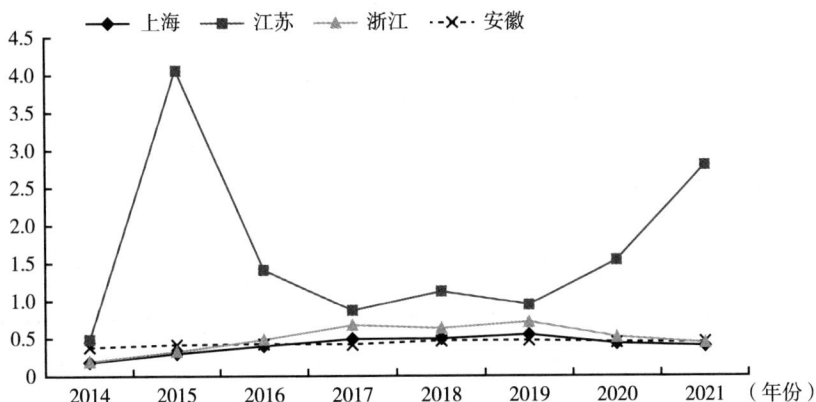

图 4　2014～2021 年长三角地区的协同创新分形维数 *D* 值

　　江苏省协同创新分形维数 *D* 值较高的原因可能是：江苏省所包含的南京市、苏州市、无锡市、常州市为江苏省创新水平较高的四个城市，江苏省省会南京市与安徽省地理位置临近，交通便利，这使得两地之间人才流动和创新合作更加便捷，进而提升了协同创新联系强度；而苏州市、无锡市和常州市位于江苏省东部，与上海市和浙江省的协同创新联系可能较为紧密，这使得江苏省与其他三个省市的协同创新联系较为均衡。同样，上海市与浙江省之间也有较好的地理位置优势，便于两地之间的联系和合作。

　　将长三角地区与京津冀地区结合来看，两地区中的河北省与江苏省相似，均与地区内其他省市的协同创新联系较为均衡，但二者的区域创新水平却存在显著差异，江苏省的区域创新水平在长三角地区中居首位，而河北省的区域创新水平与天津市相近且均较低。江苏省与其他三省市的协同创新联系较为均衡，这是由其城市发展的具体情况与地理位置导致的；而河北省与北京市、天津市的协同创新联系较为均衡，这是由其自身创新资源的积累较为薄弱并且存在人才流失等问题导致的。天津市和安徽省在地区中的区域创新水平均较低，二者共同的特点是均与创新水平较高的城市有着较为紧密的联系。

# 四 研究设计与模型构建

## （一）研究设计

本报告参考李合龙等[36]的研究，基于以下研究思路进行模型设计。首先，使用京津冀地区区域创新水平和数字金融指标来构建实证模型，从而分析数字金融对京津冀地区区域创新水平的影响；其次，本报告将协同创新分形维数 $D$ 引入固定效应模型并作为交乘项进行实证分析，从而探究协同创新在数字金融影响京津冀地区区域创新水平过程中起到的调节作用。

## （二）变量选取

1. 核心解释变量。本报告主要选取 2014~2021 年北京大学数字普惠金融指数（ln index）来测度各省份数字金融的发展水平。本报告还选取了数字普惠金融指数中的三个分维度指标：数字金融覆盖广度、数字金融使用深度、普惠金融数字化程度。

2. 被解释变量。本报告选取上文测度的 2014~2021 年区域创新水平。

3. 交乘项。本报告采用协同创新分形维数 $D$ 的对数与地区数字金融发展程度 index 的对数相乘作为交乘项。

4. 控制变量。本报告在借鉴郑万腾、赵红岩、范宏[21]的研究基础上，综合选取如下控制变量。①经济发展水平（ln GDP）：GDP 取对数，该指标反映了地区经济社会发展的情况，是创新的土壤。②人均受教育水平（edu）：区域创新水平的一大决定因素为区域的知识积累，而人力资本则是衡量区域知识积累的重要指标之一。③政府财政科技支出水平（gov）：政府财政科技支出/财政总支出，政府对区域科技创新的资金支持水平可以有效促进区域创新水平的增长。④外商投资水平（fdi）：外商直接投资/GDP，外商投资伴随着跨国企业带来的先进技术和管理经验，从而提高了区域创新水平。⑤市场化程度（mi）：樊纲市场化指数，该指数反映了市场经济中市场的自由度、竞争性和法治环境等重要特征。⑥第二产业结构（*sgdp*）：第二产业产值/GDP，该指标反映了地区经济结构的特征和发展趋势。控制变量各指标的数据来源于《中国统计年鉴》和 CSMAR 国泰安数据库。

### （三）模型构建

#### 1. 基准回归模型

为探究数字金融对京津冀协同创新共同体建设的影响，本报告分析了数字金融与京津冀区域创新水平之间的关系，考虑到数字金融对区域创新水平的影响可能存在滞后性特征，并在一定程度上缓解反向因果的内生性问题[37]，本报告构建的基准回归模型如下：

$$
\begin{aligned}
\ln inn_{i,t} = \alpha_0 &+ \alpha_1 \ln index_{i,t-1} + \alpha_2 \ln GDP_{i,t-1} + \alpha_3 edu_{i,t-1} + \\
&\alpha_4 gov_{i,t-1} + \alpha_5 fdi_{i,t-1} + \alpha_6 mi_{i,t-1} + \alpha_7 sgdp_{i,t-1} + \mu_i + \varphi_t + \varepsilon_{i,t}
\end{aligned} \tag{3}
$$

$$
\begin{aligned}
\ln inn_{i,t} = \alpha_0 &+ \alpha_1 \ln bre_{i,t-1} + \alpha_2 \ln dep_{i,t-1} + \alpha_3 \ln dig_{i,t-1} + \alpha_4 \ln GDP_{i,t-1} + \alpha_5 edu_{i,t-1} + \\
&\alpha_6 gov_{i,t-1} + \alpha_7 fdi_{i,t-1} + \alpha_8 mi_{i,t-1} + \alpha_9 sgdp_{i,t-1} + \mu_i + \varphi_t + \varepsilon_{i,t}
\end{aligned} \tag{4}
$$

式（3）、式（4）中，$i$ 表示城市，$t$ 表示年份；$\ln inn$ 为被解释变量，表示区域创新水平；$\ln index$、$\ln bre$、$\ln dep$、$\ln dig$ 为解释变量，分别表示数字普惠金融总指数、数字金融覆盖广度指数、数字金融使用深度指数、普惠金融数字化程度指数；$\ln GDP$、$edu$、$gov$、$fdi$、$mi$、$sgdp$ 为控制变量，分别表示经济发展水平、人均受教育水平、政府财政科技支出水平、外商投资水平、市场化程度和第二产业结构；由于省份层面的非时变因素也可能对回归结果造成干扰，故控制省份固定效应 $\mu_i$；$\varphi_t$ 表示年份固定效应，用来捕捉一些每年影响所有区域创新但又难以观察的特征；$\varepsilon_{i,t}$ 表示随机扰动项。此外，本报告在省份层面进行了聚类稳健标准误估计。

#### 2. 引入交乘项的回归模型

构建协同创新分形维数 $D$ 之后，将其与区域创新水平指标、数字金融指标引入固定效应模型，以研究协同创新对数字金融影响区域创新水平的作用效果，如式（5）所示。

$$\ln inn_{i,t} = \alpha_0 + \alpha_1 \ln index_{i,t-1} + \alpha_2 \ln index_{i,t-1} \times \ln D_{i,t-1} + \alpha_3 \ln GDP_{i,t-1} + \alpha_4 edu_{i,t-1} +$$
$$\alpha_5 gov_{i,t-1} + \alpha_6 fdi_{i,t-1} + \alpha_7 mi_{i,t-1} + \alpha_8 sgdp_{i,t-1} + \mu_i + \varphi_t + \varepsilon_{i,t} \tag{5}$$

式（5）中，模型引入交乘项 $\ln index \times \ln D$，其系数 $\alpha_2$ 用以考察协同创新在数字金融影响区域创新水平过程中起到的调节作用。

# 五　实证结果与分析

## （一）变量描述性统计分析

表2和表3分别汇总了京津冀地区和长三角地区主要变量的描述性统计结果。由表2和表3可以看出，相较于长三角地区区域创新水平的均值0.363，京津冀地区区域创新水平的均值相对较低，为0.325，表明长三角地区区域创新的平均水平高于京津冀地区。数字金融在2014~2021年发展迅速，从数字金融三个维度指标数字金融覆盖广度、数字金融使用深度、普惠金融数字化程度的描述性统计结果可以看出，数字化程度的均值最大，说明数字化技术是数字金融总指数增长的重要来源。另外，数字金融总指数与其三个维度指数的标准差也较大，说明各省市间数字金融发展并不均衡。

表 2　描述性统计（京津冀地区）

| 变量名 | 样本量 | 均值 | 标准差 | 最小值 | 最大值 |
|---|---|---|---|---|---|
| $\ln inn$ | 24 | −1.429 | 0.810 | −3.035 | −0.067 |
| $\ln index$ | 24 | 5.678 | 0.261 | 5.080 | 6.099 |
| $\ln bre$ | 24 | 5.618 | 0.277 | 5.010 | 6.071 |
| $\ln dep$ | 24 | 5.640 | 0.340 | 4.878 | 6.162 |
| $\ln dig$ | 24 | 5.886 | 0.179 | 5.461 | 6.089 |
| $\ln GDP$ | 24 | 10.046 | 0.460 | 9.272 | 10.622 |
| $edu$ | 24 | 10.832 | 1.372 | 8.868 | 12.681 |
| $gov$ | 24 | 0.045 | 0.006 | 0.037 | 0.059 |
| $fdi$ | 24 | 0.030 | 0.018 | 0.013 | 0.080 |
| $mi$ | 24 | 9.205 | 1.088 | 6.969 | 11.015 |
| $sgdp$ | 24 | 0.321 | 0.111 | 0.160 | 0.455 |

表3　描述性统计（长三角地区）

| 变量名 | 样本量 | 均值 | 标准差 | 最小值 | 最大值 |
|---|---|---|---|---|---|
| ln$inn$ | 32 | −1.250 | 0.825 | −3.920 | −0.145 |
| ln$index$ | 32 | 5.738 | 0.249 | 5.196 | 6.129 |
| ln$bre$ | 32 | 5.657 | 0.269 | 5.053 | 6.072 |
| ln$dep$ | 32 | 5.770 | 0.293 | 5.158 | 6.236 |
| ln$dig$ | 32 | 5.904 | 0.195 | 5.441 | 6.136 |
| ln$GDP$ | 32 | 10.759 | 0.468 | 10.022 | 11.673 |
| $edu$ | 32 | 9.731 | 0.949 | 8.566 | 11.738 |
| $gov$ | 32 | 0.035 | 0.005 | 0.027 | 0.044 |
| $fdi$ | 32 | 0.029 | 0.010 | 0.015 | 0.047 |
| $mi$ | 32 | 10.470 | 1.051 | 8.49 | 12.390 |
| $sgdp$ | 32 | 0.404 | 0.072 | 0.26 | 0.489 |

## （二）基准回归分析

本报告首先对数据进行单位根检验，通过 ADF 检验可以判定变量序列为平稳序列，进而对式（1）、式（2）进行基准回归。表4列（1）的实证结果表明京津冀地区数字金融对区域创新水平的影响显著为正，由表4列（1）报告的回归结果可知，数字金融对京津冀地区创新水平的影响为正向显著，且通过了5%水平的显著性检验，从此结果可以看出随着区域内各省市数字金融的发展，区域整体的创新水平得到有效提升。这表明数字金融对区域创新水平存在正向促进作用。表4列（2）的实证结果展示了数字金融的三个分维度指标对区域创新水平的影响。实证结果表明对于京津冀地区而言，数字金融覆盖广度和数字金融使用深度均对区域创新水平存在5%水平显著性的正向促进作用，而普惠金融数字化程度没有表现出显著的正向影响。

表4 数字金融对区域创新水平的影响回归结果

| 变量名 | 区域创新水平（lninn） | | | |
|---|---|---|---|---|
| | （1） | （2） | （3） | （4） |
| ln*index* | 6.058**<br>(0.809) | | 4.378*<br>(1.455) | |
| ln*bre* | | 1.438**<br>(0.259) | | −1.054<br>(0.559) |
| ln*dep* | | 2.864**<br>(0.400) | | 2.096**<br>(0.615) |
| ln*dig* | | 1.146<br>(0.537) | | −1.461*<br>(0.606) |
| ln*GDP* | 0.847<br>(1.852) | −2.224<br>(1.682) | 1.643*<br>(0.558) | 2.536**<br>(0.537) |
| *edu* | 0.046<br>(0.268) | 0.676<br>(0.275) | 0.024<br>(0.209) | −0.243<br>(0.267) |
| *gov* | −12.375*<br>(3.803) | −8.743<br>(9.760) | 7.331<br>(17.560) | 21.981<br>(11.087) |
| *fdi* | 10.098***<br>(0.371) | 11.639**<br>(1.839) | 15.975**<br>(4.582) | 7.227<br>(13.969) |
| *mi* | 0.130<br>(0.066) | 0.159<br>(0.055) | 0.017<br>(0.016) | 0.036<br>(0.030) |
| *sgdp* | −3.597<br>(3.339) | −0.434<br>(4.080) | −8.322**<br>(1.853) | −5.283*<br>(2.037) |
| 省份固定效应 | 控制 | 控制 | 控制 | 控制 |
| 年份固定效应 | 控制 | 控制 | 控制 | 控制 |
| 常数 | −44.248***<br>(19.995) | −18.397<br>(19.142) | −41.443**<br>(8.654) | −22.688*<br>(9.076) |
| 样本量 | 21 | 21 | 28 | 28 |
| 调整后的 $R^2$ | 0.998 | 0.995 | 0.989 | 0.993 |

＊表示 $p<0.1$，＊＊表示 $p<0.05$，＊＊＊表示 $p<0.01$，括号内为标准误。

表4列（3）的实证结果表明长三角地区数字金融对区域创新水平的影响也显著为正，由表4列（3）报告的回归结果可知，数字金融对长三角地区创新水平的影响系数为4.378，且通过了10%水平的显著性检验。表4列

（4）的实证结果展示了数字金融的三个分维度指标对区域创新水平的作用效果，对于长三角地区而言，数字金融使用深度同样存在着5%水平显著性的正向促进作用，数字金融覆盖广度没有表现出显著影响，但是普惠金融数字化程度对区域创新水平的影响却在10%水平上显著为负，本报告认为出现这种现象的原因是数字金融所具有的虹吸效应和学习效应，它们的出现既为地区发展带来了巨大机遇，同时也存在着潜在的挑战。随着地区数字金融发展程度的提高，人们将不断学习和适应新的金融服务方式和工具，这将吸引传统金融机构所拥有的资源，进而导致传统金融机构陷入业务衰退与客户流失的困境，而地区数字化程度的提升将会使得数字金融技术在金融行业中的应用更加广泛，从而加剧虹吸效应，最终造成区域创新水平下降的负面影响。

此外，从控制变量来看，外商投资水平（$fdi$）对被解释变量京津冀地区和长三角地区的区域创新水平存在显著正向效应，表明区域所接收的外商投资水平越高，区域整体的创新水平就越高，可能的原因是外商投资可以为京津冀地区和长三角地区带来大量的技术、专利和人才，从而为当地企业提供更优质的创新条件，进而促进区域创新水平的提升。但政府财政科技支出水平（$gov$）与被解释变量却显著负相关，表明随着政府财政科技支出水平的提高，区域整体的创新水平呈现下降趋势，可能的原因是政府财政科技支出水平的提高并不能直接决定区域整体的创新水平的提高，政府除了增加财政科技支出以外，还需要关注资金分配和制度环境等方面的问题，以确保所支出的财政科技资金得到有效利用，使得区域创新水平实现正向提高。

## （三）进一步分析

根据基准回归结果的分析，数字金融对京津冀地区的区域创新水平存在正向促进作用。前文已指出，在确定区域协同创新水平指标后，将引力模型与分形理论相结合构建出了协同创新分形维数 $D$，进一步构建解释变量（$lnindex$）与协同创新分形维数 $D$ 对数的交乘项 $lnindex \times lnD$ 并将其引入基准回归模型中，得到式（5），从而实证检验协同创新对数字金融影响区域创新水平的作用效果。实证检验结果如表 5 所示。

可以看出，京津冀地区与长三角地区在加入了交乘项 $\ln index \times \ln D$ 之后，仍然表现出正向显著，即数字金融对区域创新水平的影响为正向促进作用。本报告进而对式（5）方程两边的数字金融指标求一阶偏导，偏导结果如式（6）所示，式（6）左侧是区域创新水平对数字金融的弹性，即数字金融发展程度的变化对区域创新水平的影响程度，区域创新水平对数字金融的弹性较高，意味着数字金融的发展对区域创新水平将造成更为显著的影响。本报告已描绘出京津冀地区区域创新水平对数字金融的弹性与协同创新分形维数 $D$ 值的趋势图（见图 5）。

$$\frac{\partial \ln inn}{\partial \ln index} = \alpha_1 + \alpha_2 \ln D \qquad (6)$$

再观察交乘项的回归结果可知，列（1）交乘项的系数 0.003 在 10% 水平上显著为正，而列（2）交乘项的系数 -0.010 却没有表现出显著性，这表明对于京津冀地区来说，协同创新在数字金融影响区域创新水平过程中起到了调节作用，但这种调节作用并未在长三角地区显现出来。综合列（1）交乘项的系数 0.003 和图 5 所体现出来的趋势可知，京津冀地区区域创新水平对数字金融的弹性与协同创新分形维数 $D$ 值呈正相关，即随着省市协同创新分形维数 $D$ 值的上升，数字金融对区域创新水平的影响逐渐扩大。这表明对于北京市和天津市而言，区域创新水平对数字金融的弹性相对较小，数字金融的发展程度每提高 1%，区域创新水平将提升约 7.233%；而对于河北省而言，区域创新水平对数字金融的弹性相对较大，数字金融的发展程度每提高 1%，区域创新水平将提升约 7.239%。这说明在京津冀地区，数字金融的发展对区域创新水平有着不同程度的影响。具体而言，对于北京市和天津市来说，区域创新水平对数字金融的发展相对不敏感；对于河北省来说，区域创新水平对数字金融的发展更为敏感。出现这种情况可能的原因是相较于河北省，北京市和天津市已经具备了相对完善的数字金融体系和更加优质的创新环境，拥有更加丰富的金融资源和科技创新要素，数字金融的发展对北京市和天津市创新水平的促进作用相对较弱，而河北省在这些方面相对落后，数字金融的发展可以补充河北省的区域创新短板，为河北省区域创新水平的增长提供更多的发展机遇。

**表 5　引入交乘项的模型回归结果**

| 变量名 | 区域创新水平（lninn） | |
|---|---|---|
| | 京津冀地区<br>（1） | 长三角地区<br>（2） |
| lnindex | 7.238 **<br>（1.069） | 4.356 **<br>（1.292） |
| lnindex×lnD | 0.003 *<br>（0.001） | −0.010<br>（0.010） |
| 控制变量 | 控制 | 控制 |
| 省份固定效应 | 控制 | 控制 |
| 年份固定效应 | 控制 | 控制 |
| 常数 | −42.343<br>（17.453） | −42.298 ***<br>（5.390） |
| 样本量 | 21 | 28 |
| 调整后的 $R^2$ | 0.989 | 0.989 |

＊表示 $p<0.1$，＊＊表示 $p<0.05$，＊＊＊表示 $p<0.01$，括号内为标准误。

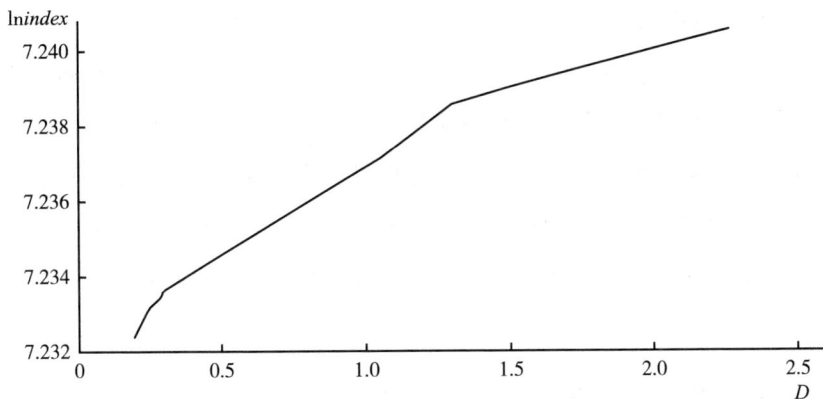

**图 5　区域创新水平对数字金融的弹性与协同创新分形维数**

# 六 对策建议

本报告基于 2014～2021 年京津冀地区与长三角地区的省级面板数据，从创新环境、创新投入、创新产出、区域协同创新和主体协同创新五个方面构建了区域创新评价指标体系，使用区域创新水平指标来分析数字金融对区域创新水平的作用效果；又将引力模型与分形理论相结合，使用协同创新指标构建了协同创新分形维数，从而分析协同创新在数字金融影响京津冀区域创新过程中所起到的调节作用。研究结果如下。

第一，随着京津冀地区数字金融发展程度的提高，其区域创新水平将显著上升；长三角地区也存在着同样的作用效果。分析数字金融的三个分维度指标对区域创新水平的影响发现，对于京津冀地区而言，数字金融覆盖广度和数字金融使用深度均对区域创新水平存在显著的正向促进作用；对于长三角地区而言，数字金融使用深度对区域创新水平同样存在显著的正向促进作用，但普惠金融数字化程度对区域创新水平的影响却显著为负。

第二，本报告将数字金融与协同创新分形维数的交乘项代入模型中进行实证，发现协同创新会影响数字金融对区域创新水平所产生的作用效果，具体而言，这种作用效果与各省市在地区中的协同创新状况有关，相较于北京市和天津市，河北省区域创新水平对数字金融的发展更为敏感。

建设京津冀协同创新共同体是推进京津冀协同发展的重要着力点和关键之举，对把京津冀打造成中国式现代化建设的先行区、示范区有着重大的现实意义。从本报告实证结果入手，就数字金融和京津冀协同创新共同体的发展提出以下建议。

## （一）鼓励创新研发，营造良好的数字金融发展环境

为了培育京津冀地区在数字金融领域的技术创新优势，可以加大对数字金融技术的研究投入，培育京津冀地区在数字金融领域的技术创新优势。同

时，建立起数字金融创新基地，提供专业化支持，以激发企业创新活力。政府创新投入应从以下两方面入手：第一，鼓励高校和科研机构加大数字金融领域的研究力度，支持相关技术和应用的创新，建立起数字金融研究中心和实验室，集聚一流的人才和资源，推动基础研究和前沿技术的突破；第二，设立专项资金，以支持相关企业的科研项目和技术创新，并引导金融机构和风险投资机构加大对数字金融领域的投资力度，促进科技成果的转化和商业化。此外，在推动数字经济的产业集聚的基础上，政府应加强引导和支持，吸引数字金融企业进驻京津冀地区，从而形成数字经济的良性发展循环，并推动相关产业链的协同创新。在鼓励创新研发的同时，也需要加大对数字金融领域的监管力度，确保数字金融的稳健发展，这可以通过制定和完善法律法规、加强信息安全管理和风险评估，以及建立知识产权保护机制来进行，从而营造良好的数字金融发展环境。

## （二）完善协同创新机制，强化京津冀协同合作

完善协同创新机制，打造协同创新平台，以促进京津冀地区企业之间的合作与交流，实现京津冀三地的技术、人才和资源互补。第一，设立京津冀协同创新组织或协同创新基地，集合各方优势资源，加强交流合作，形成协同创新的合力，共同推动科技创新和产业发展。第二，搭建创新交流平台，开展技术研讨会、学术论坛等活动，促进信息共享和合作交流。第三，鼓励和支持数字金融企业在京津冀地区建立研发、生产和服务基地，促进产业链的整合和优化，制定和完善产业政策，推动京津冀地区产业链、价值链和创新链的深度融合，构建产业协同发展的新模式，实现优势互补和高效转移。第四，鼓励企业、科研机构和高校之间进行技术交流和合作，搭建平台促进技术共享，推动创新成果在京津冀地区的广泛应用和推广。完善协同创新机制，更重要的一点是需要制定统一的监管规范，建立跨地区协同监管机制，加强监管信息的共享与交流，提升监管效能。

### （三）加强政策支持，推动政务协同

为了推动京津冀地区的政务协同，应该明确区域内各级政府的职责和任务，加强跨地区协调，推动政策的整合和统一执行，确保政策的一致性和连续性。针对京津冀地区关键产业和战略性新兴产业，应制定统一的政策和激励措施，鼓励企业和科研机构在这些领域展开合作，促进资源的优化配置。同时，还应该加强政府、企业、高校和科研院所之间的协同创新机制建设，建立政企合作平台，加强政策沟通和协调。鼓励政府与企业、高校和科研院所合作开展研究项目，促进创新技术在产业中的落地和应用。为了提升政务协同的便利度和效率，需要加强京津冀三地政府间的沟通与合作，优化政务服务流程，降低行政壁垒。另外，也可以制定相关政策，鼓励金融机构与政府部门合作，推动数字金融在政务领域的应用，具体可以建立政务数字化转型专项资金，支持政府部门采纳数字金融解决方案，提升政务信息化水平。

### （四）拓宽合作领域，强化产学研合作

鼓励京津冀地区各个领域的企业、科研机构和高校加强合作，特别是在新一代信息技术、人工智能、生物医药、新材料等前沿科技领域，以促进科技成果的互通有无。为此，应加强人才培训和引进，鼓励高校与企业合作，培养具备创新能力和实践经验的复合型人才，以增加京津冀地区的创新力量。同时，还应推动企业与高校、科研院所的深度融合，促进三方共同开展科技研发、技术转移和人才培养，以实现资源优化配置和协同创新。在推动产学研合作方面，应建立多层次、多形式的产学研合作机制，以推动科研成果的转化和应用，培育更多创新创业项目，同时鼓励科研机构与企业合作申报科研项目，共享研发成果和经验，并对合作项目给予税收和资金支持。另外，通过鼓励数字金融企业与实体经济企业开展深度合作，建立数字金融应用示范基地，以推动数字金融与实体经济融合发展和数字金融技术的落地与应用，促进实体经济的转型升级。

## 参考文献

［1］赵克志：《抢抓战略机遇 勇担历史责任——深入学习贯彻习近平同志关于京津冀协同发展的重大战略思想》，《共产党员（河北）》2016 年第 24 期。

［2］张昕蔚：《数字经济条件下的创新模式演化研究》，《经济学家》2019 年第 7 期。

［3］王峥、龚轶：《创新共同体：概念、框架与模式》，《科学学研究》2018 年第 1 期。

［4］陈劲、阳银娟：《协同创新的理论基础与内涵》，《科学学研究》2012 年第 2 期。

［5］覃成林、黄龙杰：《粤港澳大湾区城市间协同创新联系及影响因素分析》，《北京工业大学学报》（社会科学版）2020 年第 6 期。

［6］Lynn, L. H., Reddy, N. M., Aram, J. D., "Linking technology and institutions: The innovation community framework", *Research Policy*, 1996, 25（1）.

［7］赵超：《区块链+粤港澳大湾区协同创新共同体构建分析》，《学术论坛》2020 年第 4 期。

［8］赵新峰、李水金、王鑫：《协同视阈下雄安新区创新共同体治理体系的建构方略》，《中国行政管理》2020 年第 6 期。

［9］孙大明、夏海力、董琨：《协同视阈下长三角创新共同体演化机制研究》，《科技管理研究》2022 年第 19 期。

［10］赵成伟、翟瑞瑞、曹智、张生太：《京津冀协同创新多维测度研究》，《科技进步与对策》2023 年第 16 期。

［11］崔志新、陈耀：《区域技术协同创新效率测度及其演变特征研究——以京津冀和长三角区域为例》，《当代经济管理》2019 年第 3 期。

［12］陈智国、张文松：《跨区域产业集群协同创新测度研究——基于京津冀区域协作的实证分析》，《求索》2017 年第 7 期。

［13］潘春苗、母爱英、翟文：《中国三大城市群协同创新网络结构与空间特征——基于京津冀、长三角城市群和粤港澳大湾区的对比分析》，《经济体制改革》2022 年第 2 期。

［14］谢伟伟、邓宏兵、苏攀达：《长江中游城市群知识创新合作网络研究——高水平科研合著论文实证分析》，《科技进步与对策》2019 年第 16 期。

［15］徐宜青、曾刚、王秋玉：《长三角城市群协同创新网络格局发展演变及优化策略》《经济地理》2018 年第 11 期。

[16] Li, Y. C., Phelps, N. A., "Megalopolis unbound：Knowledge collaboration and functional polycentricity within and beyond the Yangtze River Delta Region in China", *Urban Studies*, 2018, 55（2）.

[17] 李文辉、李青霞、丘芷君：《基于专利计量的粤港澳大湾区协同技术创新演化研究》，《统计研究》2019 年第 8 期。

[18] Wang, Chunlei, et al. "Knowledge networks, collaboration networks, and exploratory innovation", *Academy of Management Journal*, 2014, 57（2）.

[19] 刘凤朝、马荣康：《区域间技术转移的网络结构及空间分布特征研究——基于我国 2006~2010 省际技术市场成交合同的分析》，《科学学研究》2013 年第 4 期。

[20] 王海花、孙芹、杜梅、李玉：《长三角城市群协同创新网络演化及形成机制研究——依存型多层网络视角》，《科技进步与对策》2020 年第 9 期。

[21] 郑万腾、赵红岩、范宏：《数字金融发展对区域创新的激励效应研究》，《科研管理》2021 年第 4 期。

[22] 黄永春、宫尚俊、邹晨、贾琳、许子飞：《数字经济、要素配置效率与城乡融合发展》，《中国人口·资源与环境》2022 年第 10 期。

[23] 徐章星：《数字普惠金融发展促进了城市创新吗？——基于空间溢出和门槛特征的实证分析》，《南方金融》2021 年第 2 期。

[24] 唐松、伍旭川、祝佳：《数字金融与企业技术创新——结构特征、机制识别与金融监管下的效应差异》，《管理世界》2020 年第 5 期。

[25] 钱海章、陶云清、曹松威、曹雨阳：《中国数字金融发展与经济增长的理论与实证》，《数量经济技术经济研究》2020 年第 6 期。

[26] 聂秀华、江萍、郑晓佳、吴青：《数字金融与区域技术创新水平研究》，《金融研究》2021 年第 3 期。

[27] 刘佳鑫、李莎：《"双循环"背景下数字金融发展与区域创新水平提升》，《经济问题》2021 年第 6 期。

[28] 杜传忠、张远：《"新基建"背景下数字金融的区域创新效应》，《财经科学》2020 年第 5 期。

[29] 万佳彧、周勤、武小菲：《数字金融发展与区域创新绩效差距》，《经济经纬》2023 年第 2 期。

[30] 孙瑜康、李国平：《京津冀协同创新水平评价及提升对策研究》，《地理科学进展》2017 年第 1 期。

[31] 龚勤林、宋明蔚、韩腾飞：《成渝地区双城经济圈协同创新水平测度及空间联系网络演化研究》，《软科学》2022 年第 5 期。

[32] 陈彦光：《城市地理研究中的单分形、多分形和自仿射分形》，《地理科学进展》2019 年第 1 期。

［33］周彬学、戴特奇、梁进社、张锦宗：《基于分形的城市体系经济规模等级演变研究》，《地理科学》2012 年第 2 期。

［34］张雪花、许文博、张宝安、胡玉莹：《京津冀城市群低碳经济联系强度分形特征分析》，《北京大学学报》（自然科学版）2019 年第 4 期。

［35］栾强、罗守贵、郭兵：《都市圈中心城市经济辐射力的分形测度及影响因素——基于北京、上海、广州的实证研究》，《地域研究与开发》2016 年第 4 期。

［36］李合龙、吕羽麟、汪存华、刘凡：《粤港澳城市群科技金融对科技创新的支持效率研究——基于城市群协同创新的视角》，《科技管理研究》2022 年第 13 期。

［37］Wooldridge，J. M.，"Econometric analysis of cross section and panel data"，*The MIT Press*，2010.

# 专题报告

Special reports

## B.6
## 京津冀城市间数字经济关联
## 测度：溢出效应与反馈效应[*]

李元杰　张　超[**]

**摘　要：** 京津冀地区作为北方经济中心，内部城市间数字经济的密切关联
对于推动京津冀协同发展，打造世界级城市群具有重要意义。为
此，本报告基于 2017 年京津冀城市间投入产出模型从溢出效应
和反馈效应两方面刻画了城市间的数字经济关联。结果显示：第
一，京津冀 13 个城市的数字经济发展差显著，无论是在数字经
济的发展规模上还是对本地经济贡献上，北京和天津均显著优于
河北各城市；第二，京津冀城市间的数字经济关联呈现以京津为
核心的"集聚"特征，京津两地互为最大的数字经济溢出和反
馈地区，且京津两地对河北的数字经济"虹吸效应"明显；

---

　* 基金项目：国家自然科学基金（72304085）。

　** 李元杰，河北工业大学经济管理学院博士后，河北工业大学京津冀发展研究中心研究员，研
究方向为投入产出技术、区域经济；张超，河北工业大学经济管理学院副教授，河北工业大
学京津冀发展研究中心研究员，研究方向为区域经济、城市经济。

第三，在未考虑国际贸易和与国内其他地区贸易的情况下，投资是驱动京津冀数字经济发展的主导因素。同时，京津冀城市间数字经济联系主要是通过"数字制造"部门进行的，"数字服务"部门的关联作用有待提升。本报告在立足城市功能定位、加强数字基础设施和提高服务质量、完善区域协商机制等方面提出相应政策建议。

**关键词：** 京津冀 数字经济关联 投入产出分析 溢出效应 反馈效应

# 一 引言

作为我国北方经济中心，京津冀在协同发展战略实施以来，区域整体发展水平不断提升，但发展不平衡等问题依然存在。在数字经济时代，用数字经济的眼光和视角去看待京津冀协同发展显得尤为重要。在数字经济推动下，京津冀传统基础设施加快更新换代，数字基础设施联通性加强，为传统产业数字化加速改造提供了坚实基础，极大地缓解了京津冀传统产业结构不合理问题。此外，数字经济还可以有效缩短区域时空距离，增强京津冀经济社会活动时空链接，显著拓展京津冀经济联系的广度和深度。可见，数字经济对于深度推动京津冀经济协同发展至关重要。因此，分析京津冀内部数字经济关联对于刻画数字经济发展的特征，深入推动京津冀产业协同发展具有重要科学意义。

数字经济为区域经济发展提供了新动能，同时也为提升产业链韧性、确保产业链安全提供了新的选择与抓手[1]。因此，数字经济成为众多学者研究的焦点。从研究区域层面来看，目前数字经济的研究可以分为以下两个方面。一是省级层面基于指标构建[2]或投入产出[3]等方法分析数字经济的发展趋势、区域间差距以及溢出效应，研究结果表明，数字技术通过替代效应和渗透效应驱动产业数字化和数字产业化的协同提升，进而促进经济增长[4]；区域数字经济发展呈现"东南强，西北弱"的省域发展格局，其中"京津冀"和"长三角"是数字经济双核心集聚区[5]。利用引力模型和社会网络分析法探索中国省域数字经济的空间关联效应，研究结果显示，中国省域间的数字经济联系强度不断提高，同时空间关联呈现由东部地区向中部地区扩散的演进规律[6]，各省产业结构、区域开放、基础设施、科技创新、市场化、信息化、城镇化等显著差异共同驱动数字经济空间关联[7]。

二是在指标构建的基础上采用 Dagum 分解方法、核密度非参数分析方法及空间计量分析方法等分析城市或城市群的数字经济发展水平及空间特征，研究结果显示，中国城市群数字经济发展水平呈现上升趋势，但城市群内部的数字经济发展水平差异明显[8]，且城市群之间存在着 σ 收敛效应与 β 收敛效应[9]；影响城市间数字经济空间溢出的因素主要包括人均GDP、城镇就业人数、产业结构等经济因素和教育与技术进步等技术因素[10]。此外，还有学者利用空间计量、门槛回归等计量方法论证了数字经济发展对城镇高质量发展[11]、城市群协同发展[12]以及全要素生产率提升的积极效应[13]。

京津冀作为我国三大区域战略之一的实施地区，其内部区域关联的分析由来已久[14]。根据研究方法与目的，相关研究可以分为以下几类。第一，从定性或理论角度分析京津冀协同发展的重难点[15][16]，评估京津冀协同发展的进展情况[17]，其主要的共同观点认为京津冀协同发展进展较好，在交通和生态方面取得了重大突破，在一定程度上解决了京津冀发展的困境，但同时也指出经济一体化的进程尚需进一步加快。第二，将京津冀一体化或产业协同作为分析京津冀协同发展的关键突破口[18][19]，通过各种量化方法考察京津冀的一体化进展、产业同构以及产业转移的现状与制约因素[20][21]。例如：孙久文、姚鹏从新经济地理学视角分析京津冀一体化对制造业空间格局的影响[22]；周伟量化测度了京津冀的产业转移效应[23]；高楠、宋官钰、徐少明从创新实力对比、优势产业布局、区域合作情况三个层面分析了京津冀优势产业的协同发展状况[24]；王淑伟、崔万田利用复合系统协同度模型评估了京津冀区域的经济协同度[25]。此外，也有学者基于较新的产业链与产业韧性的概念分析了京津冀的产业发展情况；赵霄伟认为京津冀产业链不强、创新链不牢、供应链不稳等是解决京津冀产业协同问题的重大挑战[26]；周桂荣、李亚倩指出了京津冀区域产业链整合中与协同机制存在的问题，并提出了产业链整合的模式和路径选择[27]。第三，京津冀地区间经济关联的量化测度。全诗凡、武亚斌、罗宏翔基于 2010 年区域间投入产出表，运用区域内乘数效应、区域间溢出效应和区域间反馈效应方法，从区域层面和产业层面分析了京津冀地区间的产业联系的情况和特征[28]。魏丽华利用 2007 年和 2010 年 30 个省（区、市）之间的投入产出表建立了产业协同定量测度模型，将京津冀地区的产业协同与长三角地区进行对比，指出了京津冀产业协同的发展方向[29]。第四，范玉凤、马文秀基于城市群视角分析京津冀内部城市之间的关联特征、空间结构以及演化趋势[30]，通过对标长三角、粤港澳等不同城市群优势，为打造世界级城市群建设提供参考[31]。

已有研究对区域数字经济的评价、空间关联以及京津冀地区内部区域关联进行了深入探讨，为推进京津冀数字经济和区域协同发展顺利进行政策的制定提供了理论基础与政策支撑。不过，通过分析发现，现有研究尚有以下几点不足：第一，关于京津冀数字经济的分析相对不足，已有的少数研究也只是通过构建指标体系和计量经济学手段从相对评价和间接推断的视角刻画数字经济的发展情况，其研究结论的政策指向性不够具体和没有针对性；第二，京津冀协同发展尤其是产业协同的研究主要聚焦在地区之间的产业同构、承接能力的考察上，对京津冀内部真正的经济关联测度重视不足，且已有的关于京津冀内部城市群结构特征等方面的研究，更多的是局限于通过单一的相对评价指标进行空间网络的刻画，无法体现产业部门等绝对量指标的影响；第三，少量基于投入产出模型的京津冀内部产业关联的分析，囿于模型的限制，只能停留在省域层面，无法捕捉城市间的经济关联及其特征。

基于此，本研究尝试基于 2017 年京津冀 13 个城市间投入产出表，从溢出效应和反馈效应两个视角定量刻画京津冀地区城市间的数字经济关联，同时从需求和产业两个层面探讨京津冀地区城市间数字经济关联的驱动因素，以期为进一步推动京津冀数字经济发展和世界级城市群建设提供政策指导。

本研究的主要贡献有以下几点：第一，相较已有研究，本研究将数字经济产业部门的溢出效应和反馈效应落地到城市层面，能够为京津冀协同发展提供更加精准的城市策略；第二，对于数字经济溢出效应和反馈效应不仅做了空间特征分析，而且还从需求和部门层面揭示了其驱动因素，为相关产业政策制定提供了指导；第三，本研究基于 2017 年京津冀 13 个城市间投入产出模型进行实证分析，不仅能从更加微观的城市层面揭示数字经济部门的运行规律，而且对扩展投入产出模型的应用范围具有重要意义。

## 二 模型与数据来源

### （一）模型构建

本研究测算主要是基于 2017 年京津冀 13 个城市间投入产出表进行的，如表 1 所示。

投入产出模型在测算地区间溢出效应与反馈效应的工作可以追溯到 Miller，他给出了一个两区域投入产出模型测算溢出效应和反馈效应的差分算法[32]，但并未提出明确的概念与测度方法。后续不少学者在此基础上陆续对区域间的溢出效应和反馈效应进行了细致的分解，并进行了不同的实证研究[28][33][34]。下面以 3 个区域为例，给出相应的分解过程。

根据投入产出模型中的等式关系，一个包含 3 区域的投入产出模型的数学表达式如下：

$$
\begin{pmatrix} X^1 \\ X^2 \\ X^3 \end{pmatrix} = \begin{pmatrix} A^{11} & A^{12} & A^{13} \\ A^{21} & A^{22} & A^{23} \\ A^{31} & A^{32} & A^{33} \end{pmatrix} \begin{pmatrix} X^1 \\ X^2 \\ X^3 \end{pmatrix} + \begin{pmatrix} Y^1 \\ Y^2 \\ Y^3 \end{pmatrix} \tag{1}
$$

**表 1 京津冀城市间投入产出表结构表式**

| | | 中间使用 | | | | | | 最终使用 | | | 流出（国内京津冀外） | 流入（国内京津冀外） | 出口（国外） | 进口（国外） | 总产出 |
|---|---|---|---|---|---|---|---|---|---|---|---|---|---|---|---|
| | | 北京（1） | | ... | 衡水（13） | | | 北京（1） | ... | 衡水（13） | | | | | |
| | | 部门1 | ... | 部门n | 部门1 | ... | 部门n | | | | | | | | |
| 中间投入 | 北京（1） 部门1 | | | | | | | | | | | | | | |
| | ... | ... | ... | ... | ... | ... | ... | ... | ... | ... | ... | ... | ... | ... | ... |
| | 部门n | | | | | | | | | | | | | | |
| | 衡水（13） 部门1 | | | | | | | | | | | | | | |
| | ... | ... | ... | ... | ... | ... | ... | ... | ... | ... | | | | | |
| | 部门n | | | | | | | | | | | | | | |
| 增加值 | | | | ... | | | | | | | | | | | |
| 总投入 | | | | ... | | | | | | | | | | | ... |

其中，$X^r$、$Y^r$ 分别是第 $r$ 地区总产出列向量与最终产品列向量，$A^{rs}$ 为 $s$ 地区对 $r$ 地区的所提供的中间产品的直耗系数矩阵。由式（1）可以得出基本模型如下：

$$
\begin{pmatrix} X^1 \\ X^2 \\ X^3 \end{pmatrix} = \left\{ \begin{pmatrix} I & 0 & 0 \\ 0 & I & 0 \\ 0 & 0 & I \end{pmatrix} - \begin{pmatrix} A^{11} & A^{12} & A^{13} \\ A^{21} & A^{22} & A^{23} \\ A^{31} & A^{32} & A^{33} \end{pmatrix} \right\}^{-1} \begin{pmatrix} Y^1 \\ Y^2 \\ Y^3 \end{pmatrix} = \begin{pmatrix} B^{11} & B^{12} & B^{13} \\ B^{21} & B^{22} & B^{23} \\ B^{31} & B^{32} & B^{33} \end{pmatrix} \begin{pmatrix} Y^1 \\ Y^2 \\ Y^3 \end{pmatrix} \quad (2)
$$

其中，$I$ 是单位矩阵，$B^{rs}$ 是区域间 Leontief 逆矩阵中第 $r$ 地区与第 $s$ 地区交叉位置的子矩阵。根据 Miller 和 Blair 的分解法[35]，区域间 Leontief 逆矩阵可分解为：

$$
\begin{pmatrix} B^{11} & B^{12} & B^{13} \\ B^{21} & B^{22} & B^{23} \\ B^{31} & B^{32} & B^{33} \end{pmatrix} = \begin{pmatrix} L^1 & 0 & 0 \\ 0 & L^2 & 0 \\ 0 & 0 & L^3 \end{pmatrix} + \begin{pmatrix} F^1 & 0 & 0 \\ 0 & F^2 & 0 \\ 0 & 0 & F^3 \end{pmatrix} + \begin{pmatrix} 0 & B^{12} & B^{13} \\ B^{21} & 0 & B^{23} \\ B^{31} & B^{32} & 0 \end{pmatrix} \quad (3)
$$

其中，$L^r = (I-A^{rr})^{-1}$，$F^r = B^{rr} - (I-A^{rr})^{-1}$。对于区域 1 来说，

$$
\begin{aligned}
X^1 &= (I-A^{11})^{-1}Y^1 + [B^{11} - (I-A^{11})^{-1}]Y^1 + B^{12}Y^2 + B^{13}Y^3 \\
&= L^1Y^1 + F^1Y^1 + B^{12}Y^2 + B^{13}Y^3
\end{aligned} \quad (4)
$$

$$
\begin{aligned}
X^2 &= (I-A^{22})^{-1}Y^2 + [B^{22} - (I-A^{22})^{-1}]Y^2 + B^{21}Y^1 + B^{23}Y^3 \\
&= L^2Y^2 + F^2Y^2 + B^{21}Y^1 + B^{23}Y^3
\end{aligned} \quad (5)
$$

$$
\begin{aligned}
X^3 &= (I-A^{33})^{-1}Y^3 + [B^{33} - (I-A^{33})^{-1}]Y^3 + B^{31}Y^3 + B^{32}Y^2 \\
&= L^3Y^3 + F^3Y^3 + B^{31}Y^1 + B^{32}Y^2
\end{aligned} \quad (6)
$$

显然，式（4）中等号右边第一项 $L^1Y^1 = (I-A^{11})^{-1}Y^1$ 表示了区域 1 最终产品的生产通过本区域不同产业间的相互作用所带来的本区域的总产出，其刻画的是区域内乘数效应；第二项 $F^1Y^1 = [B^{11}-(I-A^{11})^{-1}]Y^1$ 刻画了区域 1 的反馈效应，其中已不包含由区域内部产业间相互作用而带来的总产出增加。需要指出的是，由于最终需求 $Y^1$ 中既包含本地区的最终需求，也包含其他城市的最终需求，因此，反馈效应还可以进一步分为本地最终需求带来的反馈效应和其他地区最终需求带来的反馈效应两大类[36]；第三项 $B^{12}Y^2$ 与第四项 $B^{13}Y^3$ 则分别表示由区域 2 与区域 3 生产最终产品所带来的区域 1

总产出的增加，因此，这两个表达式分别刻画了区域 2 与区域 3 经济发展对区域 1 的溢出效应。

## （二）数据来源于处理

本研究所采用的 2017 年京津冀 13 个城市间投入产出表，是由笔者所在团队在 2017 年京津冀各城市投入产出表的基础上，在 Chenery-Moses 框架下采用非调查法编制的[37]。同时根据研究需要和简化运算的需求，将原来 33 个部门合并为 28 个部门，其具体部门名称与编号见表 2。需要指出的是，在合并后的 28 个部门中，与数字经济密切相关的部门有两个，分别为通信设备、计算机和其他电子设备（19）与信息传输、软件和信息技术服务（27），它们不仅仅是《数字经济及其核心产业统计分类（2021）》中数字经济核心产业的关键部门，还是更加微观的城市数字经济的主体，而且覆盖了"数字制造"和"数字服务"两大类别的数字经济领域。因此，用这两个数字部门刻画京津冀城市间数字经济关联，具有很大的合理性。

表 2　京津冀城市间投入产出表的部门名称与编号

| 产业部门 | 编号 | 产业部门 | 编号 |
|---|---|---|---|
| 农业 | 1 | 化学产品 | 12 |
| 煤炭采选产品 | 2 | 非金属矿物制品 | 13 |
| 石油和天然气开采产品 | 3 | 金属冶炼和压延加工品 | 14 |
| 金属矿采选产品 | 4 | 金属制品 | 15 |
| 非金属矿和其他矿采选产品 | 5 | 通用、专用设备制造业 | 16 |
| 食品和烟草 | 6 | 交通运输设备 | 17 |
| 纺织品 | 7 | 电气机械和器材 | 18 |
| 纺织服装鞋帽皮革羽绒及其制品 | 8 | 通信设备、计算机和其他电子设备 | 19 |
| 木材加工品和家具 | 9 | 其他制造业 | 20 |
| 造纸印刷和文教体育用品 | 10 | 电力、热力的生产和供应 | 21 |
| 石油、炼焦产品和核燃料加工品 | 11 | 燃气生产和供应 | 22 |

| 产业部门 | 编号 | 产业部门 | 编号 |
|---|---|---|---|
| 水的生产和供应 | 23 | 批发零售和住宿餐饮 | 26 |
| 建筑 | 24 | 信息传输、软件和信息技术服务 | 27 |
| 交通运输、仓储和邮政 | 25 | 其他服务业 | 28 |

# 三 实证结果

## （一）京津冀地区数字经济发展：三类效应测度

表 3 给出了 2017 年京津冀 13 个城市的区域内乘数效应、城市间溢出效应和反馈效应的测度值，可以看出这三类效应系数具有明显的城市异质性。数据显示，京津冀 13 个城市的平均区域内乘数效应系数为 3.521，意味着区域内所有部门同时增加 1 亿元最终产出，通过区域内部门之间的关联效应，可以带来平均 3.521 亿元的产出。具体到各城市：有 4 个城市的区域内数字经济乘数效应系数超过了区域平均水平，其中：区域内乘数效应系数最大的是天津（5.813），其次为北京、邯郸、石家庄；区域内乘数效应系数最小的是张家口（2.393），承德、沧州和廊坊的区域内乘数效应系数也较小，系数小于 3；其余城市的区域内乘数效应系数在 3 至 4 之间。

表 3 2017 年京津冀 13 个城市数字经济的三种效应系数计算结果

| 城市 | 乘数效应系数 | 溢出效应系数 | 反馈效应系数 |
|---|---|---|---|
| 北京 | 4.433 | 0.331 | 0.373 |
| 天津 | 5.813 | 0.301 | 0.318 |
| 石家庄 | 3.825 | 0.067 | 0.043 |
| 唐山 | 3.405 | 0.089 | 0.077 |
| 秦皇岛 | 3.318 | 0.025 | 0.035 |
| 邯郸 | 4.319 | 0.084 | 0.052 |
| 邢台 | 3.393 | 0.025 | 0.030 |
| 保定 | 3.042 | 0.055 | 0.068 |
| 张家口 | 2.393 | 0.040 | 0.026 |

| 城市 | 乘数效应系数 | 溢出效应系数 | 反馈效应系数 |
| --- | --- | --- | --- |
| 承德 | 2.810 | 0.044 | 0.011 |
| 沧州 | 2.723 | 0.067 | 0.034 |
| 廊坊 | 2.994 | 0.027 | 0.028 |
| 衡水 | 3.303 | 0.018 | 0.010 |
| 平均 | 3.521 | 0.090 | 0.085 |

注：表中的溢出效应指的是本地区对其他地区的溢出。

与之相比，刻画城市间数字经济关联的溢出效应和反馈效应系数远低于区域内乘数效应系数。这说明，在京津冀区域发展中，数字经济通过产业关联主要推动本地区经济发展，对其他地区带动作用较弱。同时，各城市的数字经济溢出效应系数和反馈效应系数也存在着城市异质性。具体来看，京津冀13个城市的平均溢出效应系数和反馈效应系数分别为0.090和0.085，这意味着，平均来看，一个城市的所有部门同时增加1亿元最终产出时，可以带动其他京津冀区域内其他城市总产出增加0.090亿元，通过区域间的反馈效应可以给本地区增加0.085亿元的产出。其中，北京和天津无论是溢出效应系数还是反馈效应系数均高于区域内其他11个城市，这说明北京和天津通过数字经济对其他城市及自身的经济具有较大的拉动作用；河北省的唐山和邯郸数字经济的溢出和反馈效应表现较突出，其溢出效应系数和反馈效应系数明显高于其他地市，说明这两个城市的发展能相对突出地带动其他城市的经济发展；秦皇岛、邢台、衡水的数字经济溢出效应和反馈效应系数较低，数字经济对其他城市及自身经济的拉动作用较弱。

以上三类数字经济乘数系数刻画了京津冀各城市数字经济发展状况以及空间关联的结构特征，反映的是各城市最终数字需求同等程度增加时对本地区与其他地区产出的影响能力，但未考虑到绝对产出规模的影响，无法衡量各城市数字经济对区域内与区域外总产出的实际影响效果。

图1为2017年京津冀13个城市数字经济的乘数效应、溢出效应和反馈效应测算结果。可以看出，在不考虑国际贸易和与国内其他区域贸易的情况

下，2017 年北京和天津的数字经济发展水平远高于河北各城市，其核心数字部门经济规模分别为 7381 亿元和 5678 亿元，其中乘数效应、溢出效应和反馈效应的规模分别为 5542 亿元、1614 亿元、324 亿元和 4817 亿元、604 亿元、257 亿元，贡献率分别为 73.7%、31.9%、4.4% 和 84.8%、10.6%、4.5%，从绝对规模视角印证了三种乘数效应对区域经济发展贡献的差异性。从图 1 还可以看出，河北省各城市的数字经济规模远低于京津两地，且其在规模和内部具体效应构成方面呈现显著的城市异质性。具体表现为石家庄和廊坊的数字经济核心部门规模超过 600 亿元，明显高于河北省其他城市，处于第一梯队；唐山和保定数字经济核心部门规模处于第二梯队；秦皇岛、邯郸和沧州处于第三梯队；邢台、张家口、承德和衡水 4 城市的数字经济核心部门规模不足 200 亿元，处于第四梯队。河北省 11 个城市的数字经济核心部门经济规模主要来自区域内乘数效应和溢出效应，其中在石家庄、唐山、邯郸、邢台、承德和廊坊 6 个城市中区域内乘数效应贡献最大（贡献超过50%），在其余 5 个城市中溢出效应贡献最大（贡献超过 50%）。

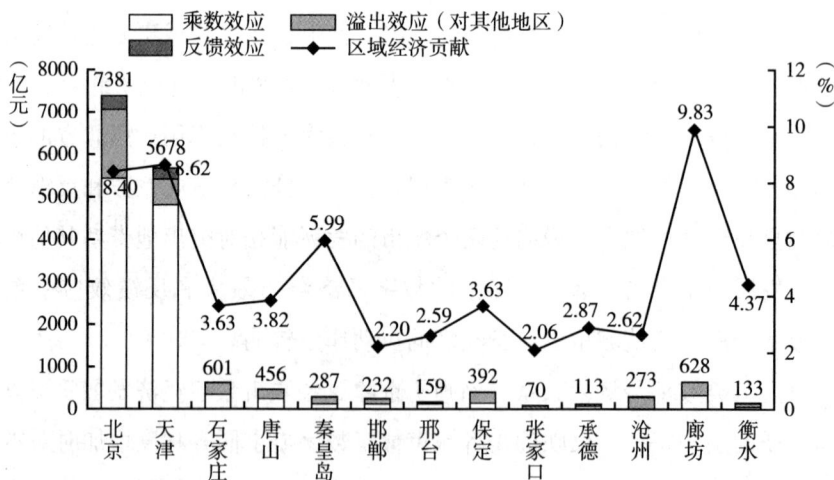

**图 1　2017 年京津冀 13 个城市数字经济的乘数效应、溢出效应和反馈效应**

与此同时，图 1 还展示了数字经济核心部门对区域经济总产出的贡献。总体而言，数字经济核心部门对京津冀经济产出的总体贡献为 6.79%，其中北京、天津和廊坊三地区的数字经济贡献均超过了 8%，远高于区域内其他城市，其他 10 个城市的数字经济贡献率则处于 2% 至 6% 之间，其中张家口的贡献最低，仅为 2.06%。

## （二）京津冀城市间数字经济关联的空间分析：溢出效应与反馈效应

前文测算结果显示，区域内乘数效应和区域间溢出效应是京津冀各城市数字经济发展的主要动力，同时城市间的反馈效应也有一定的贡献。可见，城市间经济关联在数字经济发展中的作用不容忽视。为此，该部分从溢出效应和反馈效应两方面考察京津冀城市间数字经济关联的空间格局，以期为进一步促进京津冀数字经济协同发展提供指导。

表 4 显示，京津冀城市间的数字经济溢出效应具有明显的"集聚"特征。北京数字经济溢出效应最大的城市是天津，其溢出效应规模占北京数字经济溢出效应总体的 88.35%；其次为廊坊、秦皇岛、保定和石家庄，其占总体的比重均在 1% 以上，对其他城市的带动作用弱，溢出效应占总体的比重不足 1%。天津数字经济溢出效应最大的城市是北京，其溢出效应规模占天津数字经济溢出效应总体的 87.53%；其次为廊坊、沧州、秦皇岛、唐山和石家庄，其占总体的比重均在 1% 以上，对其他城市的数字经济溢出效应弱，溢出效应占总体的比重不足 1%。除了京津两地互为最大的溢出地区以外，河北省 11 个城市的数字经济溢出效应最大的城市均为北京和天津，说明了京津两地对河北的数字经济"虹吸效应"明显。此外，地理邻近的城市间的数字经济溢出效应要大于地理距离较远的城市，如，除京津以外，石家庄溢出效应较大的城市还有保定、廊坊和衡水；唐山溢出效应较大的城市还有秦皇岛和廊坊。部分城市对经济发达城市的数字经济溢出效应大于对经济不发达城市的数字经济溢出效应，例如：除京津以外，秦皇岛溢出效应较大的城市还有唐山和廊坊；衡水溢出效应较大的城市还有石家庄、沧州和廊坊。

表 5 为京津冀地区各城市的数字经济反馈效应空间测算结果。需要指出的是，由前文反馈效应的计算公式可知，各城市反馈效应的实际大小取决于

最终需求的水平，而最终需求分为本地最终需求和其他城市最终需求。因此，反馈效应可以进一步分为两类：本地最终需求带来的反馈效应和其他城市最终需求带来的反馈效应[36]。而该部分要分析的反馈效应关注的是通过与其他城市的数字经济关联进一步带动本地区的产出增长，即该部分的反馈效应剔除了第一类，单独考察第二类反馈效应的空间格局。

京津冀地区的数字经济反馈效应的空间格局与溢出效应类似，即以京津为核心的区域集聚特征，但其聚集的程度较轻（见表5）。究其原因可能是反馈效应考察的数字经济关联相比溢出效应更加间接，产业链条更长，以至于产出规模小得多。具体来看，北京的数字经济反馈效应最大的节点城市是天津，通过其最终需求对北京的反馈效应占北京反馈效应总体的24.95%，其次为唐山和廊坊，通过两城市最终需求对北京的数字经济反馈效应占总体的比重分别为16.24%和12.58%；通过其他城市的最终需求对北京数字经济的反馈效应较弱，单个城市带来的数字经济反馈效应占总体的比重均在10.00%以下，甚至仅为1.00%左右（衡水）。天津数字经济反馈效应最大的节点城市是北京，其次为唐山、沧州，通过其他城市的数字经济反馈效应相对较弱，其中，通过邢台最终需求给天津带来的数字经济反馈效应最低，占天津数字经济反馈效应总体的比重仅为0.75%。除了京津两地互为最大的数字经济反馈节点城市以外，河北各城市在两大直辖市的反馈效应中的作用也很强。北京在河北省11个城市的数字经济反馈效应中的节点贡献均排在前列，天津在河北省9个城市数字经济反馈效应中的节点贡献排在前列（石家庄和邢台除外），说明了京津两地数字经济对河北的经济"推动效应"明显。除此以外，地理邻近的城市间的数字经济反馈效应要大于地理距离较远的城市，如，除京津以外，石家庄的数字经济反馈效应较大的节点城市还有邢台、邯郸、衡水和保定；唐山数字经济反馈效应较大的节点城市还有廊坊、沧州和承德。部分城市对经济发达城市的数字经济反馈效应大于对经济不发达城市的数字经济反馈效应，如，除京津以外，秦皇岛反馈效应较大的节点城市还有唐山、廊坊和沧州；张家口反馈效应较大的节点城市还有唐山和石家庄等。

表 4 2017 年京津冀城市间数字经济溢出效应的空间结构测算结果

单位：%

| 城市 | 北京 | 天津 | 石家庄 | 唐山 | 秦皇岛 | 邯郸 | 邢台 | 保定 | 张家口 | 承德 | 沧州 | 廊坊 | 衡水 | 合计 |
|------|------|------|--------|------|--------|------|------|------|--------|------|------|------|------|------|
| 北京 | — | 88.35 | 1.22 | 0.87 | 1.92 | 0.32 | 0.13 | 1.45 | 0.05 | 0.18 | 0.85 | 4.39 | 0.26 | 100 |
| 天津 | 87.53 | — | 1.27 | 1.36 | 1.88 | 0.33 | 0.26 | 0.88 | 0.02 | 0.25 | 1.84 | 3.79 | 0.59 | 100 |
| 石家庄 | 49.80 | 41.71 | — | 0.28 | 0.58 | 0.57 | 0.40 | 1.83 | 0.01 | 0.12 | 0.67 | 1.28 | 2.74 | 100 |
| 唐山 | 41.18 | 53.88 | 0.59 | — | 1.75 | 0.27 | 0.20 | 0.50 | 0.01 | 0.13 | 0.29 | 1.02 | 0.18 | 100 |
| 秦皇岛 | 47.02 | 48.80 | 0.43 | 1.03 | — | 0.10 | 0.07 | 0.32 | 0.01 | 0.06 | 0.42 | 1.55 | 0.20 | 100 |
| 邯郸 | 51.45 | 37.56 | 4.11 | 0.28 | 0.62 | — | 2.53 | 0.94 | 0.01 | 0.22 | 0.37 | 1.08 | 0.81 | 100 |
| 邢台 | 46.33 | 36.67 | 6.52 | 0.33 | 0.76 | 4.71 | — | 1.26 | 0.01 | 0.30 | 0.52 | 1.28 | 1.31 | 100 |
| 保定 | 58.92 | 35.80 | 1.81 | 0.33 | 0.64 | 0.26 | 0.19 | — | 0.01 | 0.10 | 0.31 | 1.29 | 0.36 | 100 |
| 张家口 | 54.68 | 40.03 | 0.69 | 0.44 | 0.74 | 0.22 | 0.45 | 0.50 | — | 0.39 | 0.28 | 1.37 | 0.21 | 100 |
| 承德 | 53.03 | 41.10 | 0.90 | 0.49 | 1.36 | 0.39 | 0.22 | 0.73 | 0.01 | — | 0.32 | 1.22 | 0.23 | 100 |
| 沧州 | 28.03 | 67.42 | 0.69 | 0.57 | 0.68 | 0.13 | 0.08 | 0.33 | 0.01 | 0.06 | — | 1.17 | 0.82 | 100 |
| 廊坊 | 51.52 | 45.81 | 0.37 | 0.33 | 0.74 | 0.08 | 0.04 | 0.33 | 0.01 | 0.05 | 0.55 | — | 0.17 | 100 |
| 衡水 | 26.24 | 57.21 | 8.81 | 0.42 | 0.64 | 0.41 | 0.25 | 0.77 | 0.01 | 0.06 | 3.74 | 1.42 | — | 100 |

表5  2017年京津冀城市间数字经济反馈效应的空间结构测算结果

单位：%

| 城市 | 北京 | 天津 | 石家庄 | 唐山 | 秦皇岛 | 邯郸 | 邢台 | 保定 | 张家口 | 承德 | 沧州 | 廊坊 | 衡水 | 合计 |
|------|------|------|--------|------|--------|------|------|------|--------|------|------|------|------|------|
| 北京 | — | 24.95 | 7.81 | 16.24 | 4.50 | 4.37 | 2.48 | 9.09 | 4.71 | 5.79 | 6.48 | 12.58 | 1.00 | 100 |
| 天津 | 38.45 | — | 2.28 | 28.37 | 2.00 | 1.01 | 0.75 | 1.31 | 2.05 | 1.33 | 11.46 | 8.78 | 2.22 | 100 |
| 石家庄 | 23.82 | 7.36 | — | 3.90 | 1.19 | 17.34 | 18.07 | 7.56 | 0.56 | 0.71 | 3.88 | 3.22 | 12.39 | 100 |
| 唐山 | 53.86 | 24.26 | 1.09 | — | 1.53 | 1.39 | 0.67 | -2.10 | 1.92 | 3.48 | 4.06 | 8.42 | 1.41 | 100 |
| 秦皇岛 | 34.83 | 12.53 | 1.68 | 40.84 | — | 0.48 | 0.77 | 1.21 | 0.73 | 0.74 | 2.27 | 3.29 | 0.64 | 100 |
| 邯郸 | 27.84 | 7.32 | 13.56 | 3.14 | 0.53 | — | 33.60 | 2.13 | 0.85 | 2.46 | 2.74 | 1.17 | 4.67 | 100 |
| 邢台 | 7.36 | 2.51 | 23.89 | 3.30 | 1.74 | 42.73 | — | 6.31 | 0.42 | 0.60 | 2.96 | 2.01 | 6.16 | 100 |
| 保定 | 48.72 | 6.72 | 15.38 | 6.76 | 1.21 | 4.26 | 5.33 | — | 1.15 | 1.15 | 3.26 | 3.81 | 2.25 | 100 |
| 张家口 | 83.56 | 4.73 | 2.45 | 3.53 | 0.43 | 0.46 | 0.65 | 0.91 | — | 1.48 | 0.62 | 0.87 | 0.31 | 100 |
| 承德 | 45.55 | 5.63 | 8.74 | 14.32 | 1.20 | 4.79 | 1.39 | 1.65 | 11.69 | — | 1.92 | 2.62 | 0.51 | 100 |
| 沧州 | 23.86 | 35.75 | 3.35 | 12.32 | 2.00 | 1.43 | 1.98 | 2.07 | 1.44 | 1.44 | — | 7.24 | 7.13 | 100 |
| 廊坊 | 49.63 | 18.97 | 3.94 | 10.78 | 2.83 | 0.77 | 1.01 | 1.86 | 3.06 | 1.33 | 4.81 | — | 1.02 | 100 |
| 衡水 | 12.94 | 10.09 | 21.50 | 6.36 | 2.99 | 6.80 | 9.96 | 4.29 | 1.36 | 0.76 | 19.08 | 3.89 | — | 100 |

## （三）京津冀城市间数字经济关联的驱动因素分析：需求与行业视角

前文从溢出效应和反馈效应两方面刻画了京津冀城市间数字经济关联的空间特征，该部分则从需求和行业的视角考察京津冀城市间数字经济关联的驱动因素。

图2为2017年京津冀地区城市间数字经济关联的需求驱动因素的测算结果。结果显示，在未考虑国际贸易和与国内其他地区的贸易的情况下，投资（固定资本和存货变动）是驱动京津冀数字经济的主导因素，无论是溢出效应还是反馈效应，投资的贡献均超过了50%，且以固定资本形成为主，存货变动的贡献很小，为1.0%~2.0%。城镇居民消费的贡献位于第二，在溢出效应和反馈效应中的贡献分别为27.2%和29.5%；政府消费和农村居民消费的贡献紧随其后。由此可见，京津冀城市间的数字经济关联主要是通过投资和城镇居民消费驱动的，而农村消费贡献明显不足。

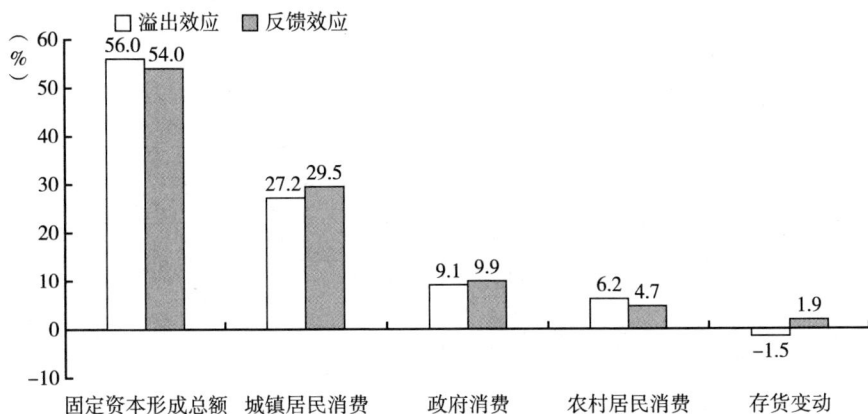

**图2　2017年京津冀城市间数字经济关联的需求驱动因素测算结果**

考虑到京津冀内部各城市在经济发展水平和居民消费特征等方面的差异性，本研究进一步从城市层面测算了数字经济关联的需求驱动结果，如表6所示。结果显示，在北京和天津与其他城市数字经济关联的需求驱动因素中，投资（固定资本和存货）在溢出效应和反馈效应中的贡献远大于其他因素，其次为城镇居民消费，农村居民消费的贡献最低，均不足5%。河北省11个城市与其他城市数字经济关联的需求驱动因素的结构特征与之相似，即投资驱动主导，城镇居民消费其次。但河北省各城市也存在一些特点，如农村居民消费的贡献相对较高，且该特点呈现一定的地域特征。具体来看，数字经济溢出效应方面，河北省11个城市的农村居民消费贡献在6%至14%之间，且有8个城市的农村消费贡献高于政府消费（张家口、承德和廊坊除外），尤其是中南部平原的邯郸、邢台、保定和衡水，其农村居民消费的贡献均在10%以上，这可能与农业、农村在国民经济中的重要地位密切相关。数字经济反馈效应方面，有8个城市的农村居民消费的贡献高于其政府消费（张家口、承德和廊坊除外），尤其是中南部地区的保定、衡水和邯郸的农村居民消费贡献突出，贡献率均在10%以上。

**表6  2017年京津冀13个城市的城市间需求驱动因素测算结果（城市层面）**

单位：%

| 效应 | 城市 | 农村居民消费 | 城镇居民消费 | 政府消费 | 固定资本形成总额 | 存货变动 | 合计 |
|------|------|------|------|------|------|------|------|
| 溢出效应 | 北京 | 4.3 | 30.4 | 13.0 | 50.3 | 1.9 | 100.0 |
| | 天津 | 4.7 | 27.7 | 6.6 | 59.1 | 1.9 | 100.0 |
| | 石家庄 | 7.6 | 25.5 | 7.4 | 73.4 | −14.0 | 100.0 |
| | 唐山 | 6.3 | 19.3 | 5.8 | 78.6 | −9.9 | 100.0 |
| | 秦皇岛 | 8.7 | 29.2 | 6.1 | 44.9 | 11.2 | 100.0 |
| | 邯郸 | 12.9 | 21.2 | 6.1 | 49.9 | 9.9 | 100.0 |
| | 邢台 | 11.0 | 23.4 | 3.5 | 48.4 | 13.7 | 100.0 |
| | 保定 | 11.5 | 31.3 | 6.4 | 48.8 | 2.0 | 100.0 |
| | 张家口 | 6.8 | 37.4 | 8.7 | 75.5 | −28.4 | 100.0 |
| | 承德 | 7.8 | 21.7 | 9.4 | 70.4 | −9.4 | 100.0 |
| | 沧州 | 8.6 | 27.0 | 8.4 | 62.5 | −6.5 | 100.0 |
| | 廊坊 | 6.7 | 23.7 | 8.1 | 76.8 | −15.3 | 100.0 |
| | 衡水 | 13.1 | 32.4 | 6.9 | 49.1 | −1.5 | 100.0 |

| 效应 | 城市 | 农村居民消费 | 城镇居民消费 | 政府消费 | 固定资本形成总额 | 存货变动 | 合计 |
|------|------|------|------|------|------|------|------|
| 反馈效应 | 北京 | 4.7 | 31.4 | 12.9 | 49.4 | 1.5 | 100.0 |
| | 天津 | 4.5 | 27.3 | 6.2 | 59.4 | 2.6 | 100.0 |
| | 石家庄 | 6.9 | 23.7 | 6.2 | 70.7 | −7.6 | 100.0 |
| | 唐山 | 6.3 | 18.9 | 5.9 | 81.1 | −12.1 | 100.0 |
| | 秦皇岛 | 8.6 | 28.3 | 6.0 | 48.0 | 9.2 | 100.0 |
| | 邯郸 | 11.9 | 18.9 | 5.0 | 60.2 | 4.0 | 100.0 |
| | 邢台 | 7.6 | 16.1 | 2.7 | 50.0 | 23.6 | 100.0 |
| | 保定 | 11.6 | 32.7 | 6.0 | 49.3 | 0.4 | 100.0 |
| | 张家口 | 7.0 | 38.9 | 9.5 | 73.0 | −28.4 | 100.0 |
| | 承德 | 7.7 | 21.1 | 9.1 | 74.3 | −12.2 | 100.0 |
| | 沧州 | 8.6 | 26.9 | 8.0 | 64.8 | −8.3 | 100.0 |
| | 廊坊 | 7.0 | 24.7 | 8.5 | 75.0 | −15.2 | 100.0 |
| | 衡水 | 13.2 | 32.8 | 6.4 | 49.8 | −2.1 | 100.0 |

前文考察了城市间数字经济关联主要是通过哪些需求因素驱动的，是从国民经济收入的视角出发，对相应的宏观政策制定具有重要的指导作用，但缺少行业部门方面的精准启示。为此，下文将从行业部门层面考察京津冀地区城市间数字经济关联的驱动因素。基于现有数据可得性，该部分所考察的数字经济部门驱动因素主要是分析通信设备、计算机和其他电子设备（数字制造）与信息传输、软件和信息技术服务（数字服务）两大部门的作用，具体结果如图3所示。

本研究模型测算结果显示，2017年京津冀城市间的数字经济溢出效应和反馈效应（剔除本地最终需求）分别为4020亿元和104亿元，其中通信设备、计算机和其他电子设备的贡献分别为58.0%和55.8%。由此可见，京津冀内部城市间数字经济关联主要是通过"数字制造"部门进行的。考虑到京津冀各城市在资源禀赋和产业结构等方面的异质性，本研究测算了京津冀13个城市的城市间数字经济关联的部门驱动效果。

具体来看，数字经济溢出效应方面，模型测算结果表明，北京和天津的

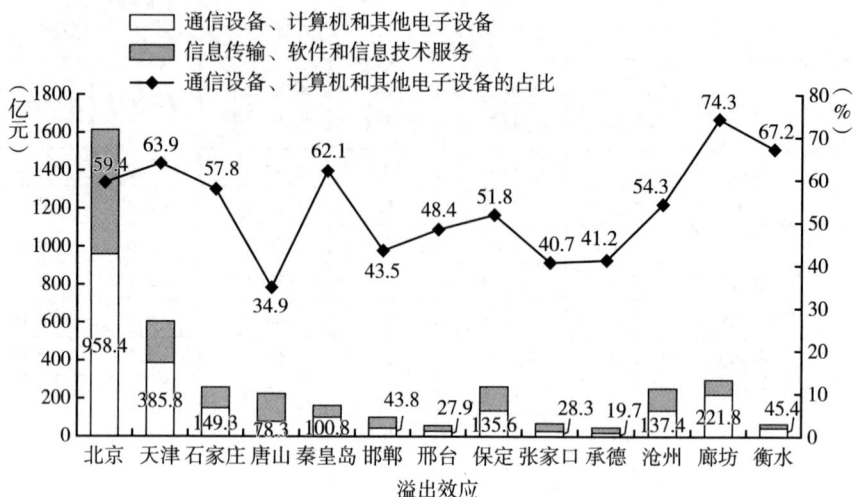

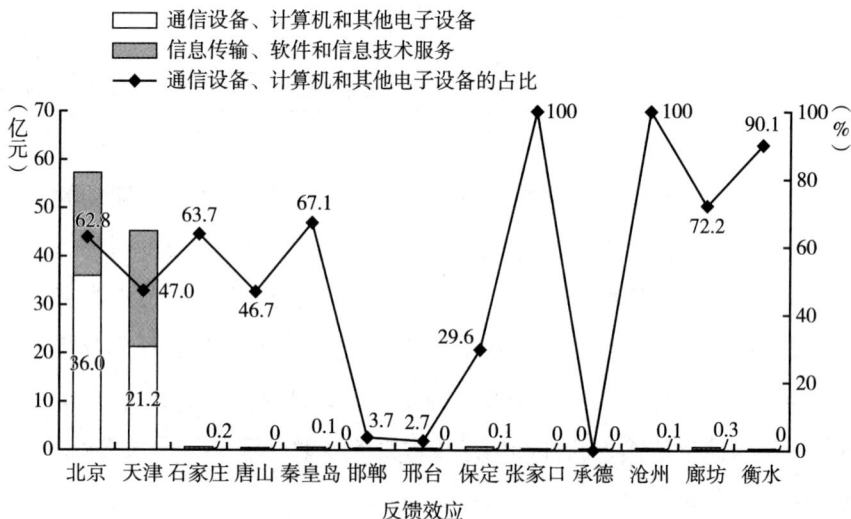

图3　京津冀城市间数字经济关联的行业驱动比例测算结果

数字经济溢出效应规模分别为1614.1亿元和604.1亿元，占京津冀地区总体的40.2%和15.0%，其中，通信设备、计算机和其他电子设备的规模分别为958.4亿元和385.8亿元，对自身数字经济溢出效应的贡献分别为59.4%和63.9%（见图3）。河北省11个城市的数字经济规模较小，且内部的"数字制造"和"数字服务"部门的贡献结构差异明显，其中，石家庄、唐山、保定、沧州和廊坊 5 个城市的数字经济溢出效应相对突出，而张家口、承德、邢台和衡水的数字经济溢出效应较弱。同时，在河北省 11 个城市中，有 6 个城市的数字经济溢出效应主要是通过通信设备、计算机和其他电子设备部门实现的，其数字经济溢出效应贡献率超过 50%，这些城市分别为石家庄、秦皇岛、保定、沧州、廊坊和衡水；与之相对，其余 5 个城市的数字经济溢出效应主要是由信息传输、软件和信息技术服务部门驱动的。

数字经济反馈效应方面，模型测算结果显示，北京和天津的数字经济反馈效应规模分别为 57.3 亿元和 45.2 亿元，占京津冀地区总体的 55.1% 和 43.5%，这意味着京津冀城市间的数字经济反馈效应主要体现在京津两地，而河北省各城市很少能通过其他城市的数字需求来推动本地经济发展。北京和天津的通信设备、计算机和其他电子设备部门的反馈效应规模分别为 36.0 亿元和 21.2 亿元，对自身数字经济反馈效应的贡献分别为 62.8% 和 47.0%，这说明"数字制造"和"数字服务"两大部门在驱动京津两地数字经济反馈效应中的作用存在显著差异。河北省 11 个城市的数字经济反馈效应规模很小，其中，保定、廊坊、石家庄、秦皇岛、唐山和沧州 6 个城市的数字经济反馈效应略高于其他城市。同时，在河北省 11 个城市中，有 6 个城市的数字经济反馈效应主要是通过通信设备、计算机和其他电子设备部门实现的，其数字经济反馈效应贡献率超过 50%，这些城市分别为石家庄、秦皇岛、张家口、沧州、廊坊和衡水；与之相对，其余 5 个城市的数字经济反馈效应主要是由信息传输、软件和信息技术服务部门驱动的。

# 四　结论与政策启示

## （一）研究结论

本研究基于 2017 年京津冀 13 个城市间投入产出模型，借助 Miller[32] 和潘文卿[33] 的分解方法量化分析京津冀城市间的数字经济关联效应，其研究结论如下。

（1）京津冀 13 个城市的数字经济规模具有明显的城市异质性，其中北京和天津明显高于河北 11 个城市，且对本地经济发展的贡献均在 8% 以上；河北省城市数字经济的经济贡献率在 2% 至 10% 之间，石家庄和廊坊的数字经济规模相对较高。区域内数字经济乘数效应、城市间溢出效应和反馈效应的测度结果显示，刻画城市间经济关联的溢出效应和反馈效应系数远低于区域内乘数效应系数，这意味着，在京津冀地区，数字经济通过产业关联主要推动本地区经济发展，其中区域内数字经济乘数效应的贡献在 50% 以上，对其他地区带动作用较弱，以溢出效应为主，反馈效应的贡献最低。同时，各城市数字经济的三种效应存在着城市异质性，北京、天津以及河北省的石家庄、唐山、邯郸、邢台、承德和廊坊 6 个城市的数字经济发展中以区域内乘数效应为主，其余 5 个城市的数字经济溢出效应贡献最大（贡献超过 50%），反馈效应在所有城市数字经济发展中的作用均较弱。

（2）京津冀城市间的经济关联呈现以京津为核心的"集聚"特征。京津两地互为最大的数字经济溢出和反馈地区，河北各城市对两大直辖市的数字经济溢出效应和反馈效应也很强，说明了京津两地对河北数字经济"虹吸效应"和"推动效应"明显。除此以外，地理邻近的城市间的数字经济溢出效应和反馈效应要大于地理距离较远的城市，如，除京津以外，石家庄数字经济溢出效应和反馈效应较大的节点城市还有保定和廊坊；唐山溢出效应和反馈效应较大的节点城市还有廊坊；部分城市对经济发达城市的数字经济溢出效应和反馈效应大于对经济不发达城市的，如，除京津以外，秦皇岛溢出效应和反馈效应较大的城市还有唐山和廊坊。

（3）在未考虑国际贸易和与国内其他地区的贸易的情况下，投资（固定资本和存货）是驱动京津冀数字经济的主导因素，无论是溢出效应还是反馈效应，投资的贡献均超过了 50%，且以固定资本形成为主，存货变动的贡献很小，为 1%~2%。城镇居民消费的贡献位于第二，政府消费和农村居民消费紧随其后。由此可见，京津冀城市间的数字经济关联主要是通过投资和城镇居民消费驱动的，农村消费明显不足。同时，京津冀城市间数字经济关联主要是通过"数字制造"部门实现的。但在考虑京津冀各城市在资源禀赋和产业结构等方面的异质性的情况下，无论是需求驱动还是部门驱动均呈现出城市异质性。

## （二）政策启示

为进一步提高京津冀地区城市间数字经济关联，科学推动京津冀协同发展，应推动北京加快建设全球数字经济标杆城市，提高其数字辐射带动力，协同打造数字经济发展新高地。本研究给出如下政策启示。

（1）立足城市功能定位，打造数字经济发展新高地。作为数字经济的主导者，发挥北京"三城一区"带动作用，围绕京津、京雄走廊及重要节点，共建重大科研基础设施、产业技术创新平台、创新创业服务平台。天津继续推进数字化进程，加速提升制造业、港口和物流服务的数字化和智能化水平。充分发挥天津、廊坊和石家庄的桥梁和纽带作用，加速京津冀地区间数字资源对接、数字企业合作和数字园区共建。以承德、秦皇岛和张家口为代表的其他城市应依托京津冀协同发展和雄安新区规划建设等国家战略，做好拥抱城市数字经济发展重大机遇的准备，积极打造京津冀地区数字经济发展的新增长极。

（2）加强新一代信息基础设施建设，提升互联网覆盖率和服务质量。加大对京津冀数字基础落后地区的投入力度，推进数字技术信息基础设施建设普惠化，如对邯郸、张家口、承德、邢台、衡水等地，提升宽带网络、建设"百兆乡村"，努力实现互联网对城乡的全覆盖，加快建设新一代数字经济发展载体，加快对窄带物联网的布局建设，推进网络基础设施 IPv6 升级改造，构建强有力的数字技术基础设施。要协同提升京津冀城乡互联网普及率，尤其要扩大个别农村地区的互联网覆盖面，不断缩小京津冀地区间的数字差距，构建普及京津冀相对贫困地区、低收入群体的宽带网络，构建快速、高效、便捷、低廉的电信网络体系，为京津冀数字经济发展提供数字基础服务支撑。

（3）建立、完善京津冀数字经济发展的协商机制。设立京津冀数字经济协同发展联合工作小组，不定期召开联席会议，研究和协调数字经济发展中的重大问题，加强各地区、各部门拟发布政策之间的衔接与配合，形成政策一体化。协调推进数字经济领域基础制度、规则体系、标准规范、统计评估、监管机制等建设，加快推进统筹机制、数据治理、法律法规、标准规范、安全保障等一体化建设。加强标准互认，对于区域投资、税收等利益争端建立协商机制，构建有利于生产要素自由流动和高效配置的良好环境。

当然本研究也存在一定的局限：一是统计口径的局限，数字经济的衡量仅仅考虑投入产出表中现有的与数字经济关联最紧密的部门，未考虑到批发零售等行业内所包含的数字经济部分，因此在规模刻画上无法与已有的专注数字经济核算的研究直接进行比较；二是研究时限的局限，虽然本研究采用的 2017 年投入产出表已经是最新的调查年份数据，但在数字经济迅速发展背景下，数据时效性的局限显得更加重要，投入产出数据的滞后引起的质疑更大。虽然本研究在以上两大方面存在一定局限，但其不会对结果的方向性和空间格局带来本质性的影响。同时，这些局限也为未来研究留下了开拓空间，如基于《数字经济及其核心产业统计分类（2021）》的分类，进一步扩展数字经济部门类别，尽可能做到全口径统计数字经济；基于京津冀地区2020 年投入产出延长表数据，将研究结果延伸到 2020 年或更新的年份，力求捕捉数字经济发展的新特点。

**参考文献**

［1］张正荣、刘丹、邬关荣：《数字经济对制造业产业链韧性的空间溢出效应》，《浙江理工大学学报》（社会科学版）2023 年第 5 期。

［2］金灿阳、徐蔼婷、邱可阳：《中国省域数字经济发展水平测度及其空间关联研究》，《统计与信息论坛》2022 年第 6 期。

［3］韩君、高瀛璐：《中国省域数字经济发展的产业关联效应测算》，《数量经济技术经济研究》2022 年第 4 期。

［4］ 李宏兵、姚一帆、杨雨昕：《数字经济增加值规模测算研究——兼论数字经济
的区域发展差异》，《北京邮电大学学报》（社会科学版）2022 年第 2 期。

［5］ 吴继英、张一凡：《数字经济空间分布格局、溢出效应与产业结构升级》，《重
庆理工大学学报》（社会科学）2022 年第 7 期。

［6］ 赵放、刘雨佳：《中国数字经济的联系强度、空间结构与发展策略》，《山西大
学学报》（哲学社会科学版）2021 年第 4 期。

［7］ 余海华：《中国数字经济空间关联及其驱动因素研究》，《统计与信息论坛》
2021 年第 9 期。

［8］ 刘传辉、杨志鹏：《城市群数字经济指数测度及时空差异特征分析——以六大
城市群为例》，《现代管理科学》2021 年第 4 期。

［9］ 张柯贤、黎红梅：《城市群数字经济发展水平的空间差异及收敛分析》、《经济
地理》2022 年第 9 期。

［10］ 彭文斌、韩东初、尹勇等：《京津冀地区数字经济的空间效应研究》，《经济
地理》2022 年第 5 期。

［11］ 徐维祥、周建平、周梦瑶等：《数字经济空间联系演化与赋能城镇化高质量发
展》，《经济问题探索》2021 年第 10 期。

［12］ 邓慧慧、周梦雯、程钰娇：《数字经济与城市群协同发展：基于夜间灯光数据
的研究》，《浙江大学学报》（人文社会科学版）2022 年第 4 期。

［13］ 郑国强、万孟泽：《数字经济的生产率增长效应：红利还是鸿沟?》，《当代财
经》2023 年第 12 期。

［14］ 程恩富、王新建：《京津冀协同发展：演进、现状与对策》，《管理学刊》
2015 年第 1 期。

［15］ 张可云、蔡之兵：《京津冀协同发展历程、制约因素及未来方向》，《河北学
刊》2014 年第 6 期。

［16］ 石林：《京津冀地区产业转移与协同发展研究》，《当代经济管理》2015 年第
5 期。

［17］ 孙久文、王邹：《新时期京津冀协同发展的现状、难点与路径》，《河北学刊》
2022 年第 3 期。

［18］ 孙久文、张红梅：《京津冀一体化中的产业协同发展研究》，《河北工业大学
学报》（社会科学版）2014 年第 3 期。

［19］ 柳天恩、王利勋：《京津冀产业转移的重要进展与困境摆脱》，《区域经济评
论》2022 第 1 期。

［20］ 薄文广、陈飞：《京津冀协同发展：挑战与困境》，《南开学报》（哲学社会科
学版）2015 年第 1 期。

［21］ 蓝庆新、关小瑜：《京津冀产业一体化水平测度与发展对策》，《经济与管理》
2016 年第 2 期。

[22] 孙久文、姚鹏：《京津冀产业空间转移、地区专业化与协同发展——基于新经济地理学的分析框架》，《南开学报》（哲学社会科学版）2015 年第 1 期。

[23] 周伟：《京津冀产业转移效应研究——基于河北技术溢出、产业集聚和产业升级视角》，《河北学刊》2018 年第 6 期。

[24] 高楠、宋官钰、徐少明：《专利视角下京津冀优势产业协同发展研究》，《中国科技论坛》2022 年第 5 期。

[25] 王淑伟、崔万田：《京津冀区域经济协同发展评价》，《商业经济研究》2022 年第 2 期。

[26] 赵霄伟：《京津冀产业协同发展：多重困境与韧性应对》，《区域经济评论》2020 年第 6 期。

[27] 周桂荣、李亚倩：《京津冀区域产业链整合与协同机制创新选择》，《产业创新研究》2021 年第 17 期。

[28] 全诗凡、武亚斌、罗宏翔：《京津冀区域经济影响的乘数、反馈与溢出效应》，《经济与管理研究》2017 年第 7 期。

[29] 魏丽华：《京津冀与长三角产业协同的比较与分析——基于投入产出表的视角》，《经济研究参考》2018 年第 31 期。

[30] 范玉凤、马文秀：《基于经济关联性的京津冀城市群空间网络结构分析》，《商业经济研究》2022 年第 13 期。

[31] 谢惠、张晓光：《京津冀城市群与世界级城市群比较研究》，《中国商论》2020 年第 24 期。

[32] Miller, R. E., "Interregional feedback effects in input-output models: some preliminary results", *Papers of the Regional Science Association*, 1966, 17: 105-125.

[33] 潘文卿：《地区间经济影响的反馈与溢出效应》，《系统工程理论与实践》2006 年第 7 期。

[34] 潘文卿：《中国区域经济发展：基于空间溢出效应的分析》，《世界经济》2015 年第 7 期。

[35] Miller, R. E., and Blair, P. D., *Input-Output Analysis: Foundation and Extensions* (Cambridge University Press, 1985).

[36] 潘文卿：《中国沿海与内陆间经济影响的溢出与反馈效应》，《统计研究》2012 年第 10 期。

[37] Li, Y., Zhang, Z., Shi, M., "What should be the future industrial structure of the Beijing-Tianjin-Hebei city region under water resource constraint? An inter-city input-output analysis", *Journal of Cleaner Production*, 2019, 118117.

# B.7
# 数字基础设施与京津冀地区
# 中小企业数字化转型[*]

王兴民　葛亦婷　郑钦月[**]

**摘　要：**　数字基础设施具备基础性、战略性和先导性作用，是数字经济发展的重要基石，也是推动企业数字化转型的重要支撑。本报告以2018~2021年京津冀地区数字基础设施指数和新三板上市的中小企业数据为基础，构建了面板数据模型，实证检验了京津冀地区数字基础设施对中小企业数字化转型的影响及传导机制，并根据企业的数字属性和技术属性进一步细分产业并进行异质性检验。研究发现：（1）京津冀地区数字基础设施对中小企业数字化转型具有显著的促进作用；（2）从影响机制来看，数字基础设施通过降低中小企业内外部交易成本和提高中小企业人力资本质量两个方面来促进中小企业数字化转型；（3）基于异质性检验，与非数字经济核心产业相比，数字基础设施对数字经济核心产业的中小企业数字化转型具有更加显著的促进作用；与非科技型中小企业相比，数字基础设施对科技型中小企业数字化转型具有更强的促进作用。

* 基金项目：国家自然科学基金项目"价值链视角下区域产业升级路径依赖的效应识别与突破策略——以山东省为例"（42001121）；国家社会科学基金项目"购房政策驱动房地产市场健康发展的长效机制与影响效应研究"（23BJY246）。

** 王兴民，河北工业大学经济管理学院讲师、硕士生导师，河北工业大学京津冀发展研究中心研究员，研究方向为产业经济学、发展经济学；葛亦婷，河北工业大学经济管理学院硕士研究生，研究方向为产业经济学、区域经济学；郑钦月，中国海洋大学国际事务与公共管理学院副教授、硕士生导师，研究方向为区域发展与政策、科技与创新政策。

**关键词：** 数字基础设施　企业数字化转型　数字经济　中小企业　京津冀地区

# 一　引言

在数字经济发展中，中小企业是不可忽视的重要主体。作为数字经济中最为活跃的微观主体，企业在数字技术研发和应用方面具有决定性作用。在数字经济迅猛发展的背景下，以数字化转型为方向，激发中小企业发展新动能，是实现经济高质量发展、效率变革和动力转换的必由之路，符合中国区域经济发展的现实需求。

数字基础设施是数字经济发展的基石，是企业数字化转型的重要推动力。数字基础设施在实现人与人、人与物以及物与物之间全连接状态的基础上，使得生产制造、商业运营、民生服务等各领域的工作变得更加便利、快捷和高效。2022年国务院印发的《"十四五"数字经济发展规划》明确提出：加快建设信息网络基础设施，推进云网协同和算网融合发展，有序推进基础设施智能升级。同时，该规划还提出："在京津冀、长三角、粤港澳大湾区等地区布局全国一体化算力网络国家枢纽节点，建设数据中心集群，结合应用、产业等发展需求优化数据中心建设布局。"在数字基础设施建设水平测度方法方面，赖晓冰、岳书敬和邱洋冬等学者采用准自然实验方法，以智慧城市试点和宽带战略来衡量数字基础设施[1][2]。还有学者采用构建数字基础设施指标体系的方法进行相关研究，但限于数据的可获取性，多数研究仅考虑了互联网用户数、移动电话普及率、4G基站数及光纤数等网络基础设施，往往更偏向于网络信息基础设施建设，对于数据中心、云计算、大数据平台等新型数字技术应用基础设施的考虑则相对较少[3][4][5]。

企业数字化转型则是实现数字技术与实体经济深度融合的重要纽带。数字化转型是指企业利用先进的数字技术和创新的商业模式，对传统业务进行全面升级和改造，以适应数字化时代的需求和挑战。从某种意义上讲，企业的数字化转型是一种产业生态的数字化转型，其包含两个层面的转变：一是数字科技与生产发展深度融合的微观转变；二是企业从传统生产体系向数字化生产体系转型。当前，大量企业已经乘数字经济建设之风迈入数字化转型轨道，而学术界围绕企业数字化转型的研究则稍显滞后。现有关于企业数字化转型的文献主要集中在企业数字化转型的影响因素、过程、结果等特定方面，如张夏恒对 377 家第三产业中小企业的调研发现，满足市场需求、提高生产效率及大幅降低成本是中小企业进行数字化转型的主要驱动力，但不同类型中小企业之间存在差异[6]。李晶、曹钰华以江苏省 128 家正在进行数字化转型的制造企业为研究样本，研究发现数字技术和业务数字化不足分别是导致制造过程和商业模式数字化水平不高的关键原因[7]。毛宁等基于中国私营企业调查数据与高铁站点开通数据，首次实证考察了交通基础设施对企业数字化转型发展的影响[8]。研究发现，高铁邻近性的提高能够显著促进企业数字化转型和提高企业数字化发展水平。究其原因在于，高铁邻近性能够显著提高企业家的数字技术接触度、缓解数字专业人才短缺问题和增加与数字技术平台的合作，进而促进企业数字化转型升级。

在数字基础设施对企业经济活动影响方面，当前，大量学者针对数字基础设施是否会对企业的生产经营和转型升级产生影响等问题进行了较为深入的研究。多数研究表明数字基础设施对企业的生产、经营效率及转型升级具有潜在的积极作用。同时，有学者对数字基础设施与企业转型升级的内在影响机制进行了探究，如金环、魏佳丽、于立宏认为数字基础设施通过提高企业的人力资本、降低企业内部管理成本影响企业的转型升级[9]。这里的企业转型升级不单是指企业的技术研发与创新，还包括企业的数字化转型。赖晓冰、岳书敬和邱洋冬等学者进一步探讨了数字基础设施对企业数字化转型的影响，发现数字基础设施是通过人才集聚效应和技术积累促进企业进行数字化转型的[1][2]。张翼飞的研究则表明数字基础设施会降低企业代理成本，促进良性互动进而加快企业转型升级[10]。此外，也有学者分别对数字基础设施与企业全要素生产率和企业产能利用率进行了相应的研究，结果表明数字基础设施或网络信息基础设施在提高企业生产效率方面具有较强的促进作用[11][12]。

当前，随着国际国内经济环境的复杂变化，我国中小企业面临生产要素成本上升、创新发展动能不足、国内外市场竞争加剧等现实问题。因此，作为产业升级微观主体的企业，尤其是中小企业，实现数字化转型是我国产业抓住数字经济时代重大机遇以重塑国际竞争力的关键举措。综上可知，探究数字基础设施建设与中小企业数字化转型升级相关问题对我国区域经济高质量发展具有重要意义。

## 二 京津冀地区中小企业数字化转型现状及特征

中小企业是我国经济发展和就业的重要力量，推动中小企业数字化转型对其实现可持续发展以及促进我国数字经济发展具有重要现实意义。国家统计局第四次全国经济普查系列报告显示，2018年我国共有中小微企业法人单位1807万家，占全部规模企业法人单位的99.8%，其中，中小微私营企业有1526.5万家，占全部企业的84.4%。因此，积极推动中小企业数字化转型不仅有利于稳定就业和促进社会发展，而且也有利于培育经济发展的新动能。为更好地认识京津冀地区中小企业数字化转型的情况，本报告通过收集整理2018~2021年注册地为北京、天津及河北的新三板上市中小企业关于软件等数字化资产投入的数据，对京津冀地区中小企业数字化转型现状及特征进行了统计分析。

### （一）京津冀地区中小企业数字化转型总体状况及特征

本报告根据收集到的京津冀地区上市中小企业数字化资产的投入数据，将中小企业数字化转型情况分为"已实施"、"尚未实施"和"其他"三种类型。其中，"已实施"是指2018~2021年有数字化资产投资的企业以及资产持续存在的企业；"尚未实施"是指2018~2021年均未有数字化资产投资的企业；"其他"是指2018~2021年有过短暂的数字化资产，但时间较短且无持续的企业。2018~2021年京津冀地区中小企业数字化转型情况如图1所示。从图 1 可知,当前京津冀地区中小企业数字化转型水平整体较高,达 60.57%;但仍有 31.43% 的中小企业尚未实施数字化转型。另外,还存有短暂数字化转型后中途中断的中小企业,占比 8%,这种情况对于了解企业数字化转型的困境与影响因素尤为重要。

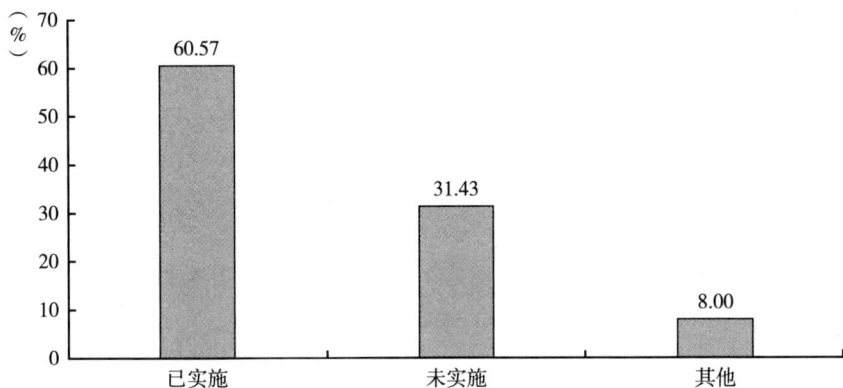

图 1　2018~2021 年京津冀地区中小企业数字化转型情况

为进一步探究京津冀地区中小企业实施数字化转型持续情况,本报告对"已实施"数字化转型的企业根据开始实施数字化转型的年份及后续数字化资产投入情况进一步细分为以下四种情况:(1)2018 年开始数字化转型并持续投入;(2)2019 年开始数字化转型并持续投入;(3)2020 年开始数字化转型并持续投入;(4)2021 年才开始数字化转型。基于上述分类对相关企业数据进行统计,结果如图 2 所示。

由图 2 可知,2018 年有 384 家中小企业开始实施数字化转型,并在之后每年都有持续性投入,其占比达到 90.57%;其他三年中小企业实施数字化转型的比例分别为 3.54%、2.36%、3.54%。分析其原因:一是中小企业经营受到全球新冠疫情的影响较大,经营状况有所恶化,面临较大的成本压力和生存挑战,企业数字化转型的积极性较弱;二是企业数字技术和业务数字化程度较高的企业已经完成数字化转型,而剩余企业的数字技术和业务数字化不足,其制造过程和商业模式数字化积极性不高。

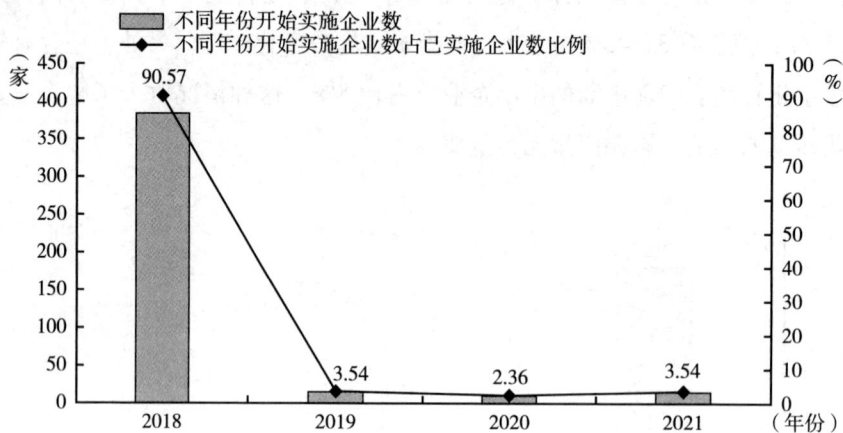

图2 2018~2021年京津冀地区中小企业数字化转型持续情况

## （二）京津冀中小企业数字化转型状况及特征

图3为2018~2021年京津冀中小企业数字化转型情况。由图3可知，北京、天津、河北中小企业数字化转型占比均较高，三地基本处于同一发展水平，均超过60%；其中，天津占比最高，为62.14%，略高于北京和河北。河北未实施数字化转型的中小企业占比最低，天津最高，北京居中，分别为29.41%、34.95%和31.11%。此外，河北有近10%的中小企业存有短暂数字化转型后中途中断情况，北京有8.69%此类情况，天津市仅有2.91%此类情况。

同理，为进一步了解北京、天津和河北中小企业数字化转型持续情况，采用图2中的分类方法，统计了三地不同年份开始实施数字化转型的企业数占其所在地已实施数字化转型企业数的比重，具体如图4所示。由图4可知，在已实施数字化转型的中小企业中，北京和河北有91%以上的企业在2018年开始实施数字化转型，而天津为85.94%。正因如此，天津在2019年、2021年中小企业实施数字化转型的比例相对其他两地较高。

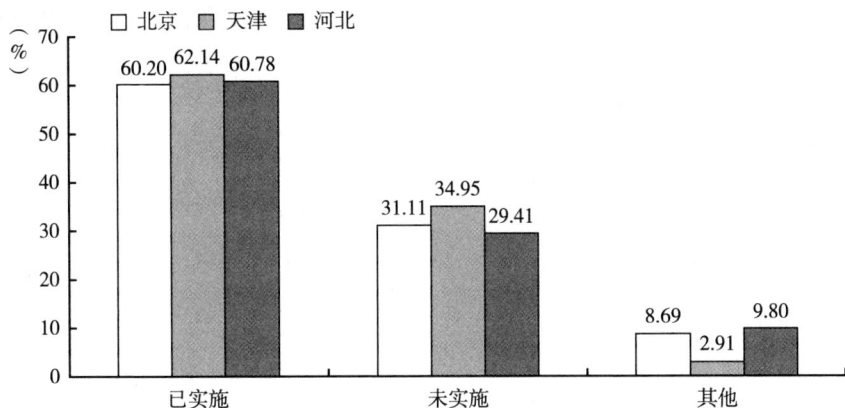

图 3 2018~2021 年京津冀中小企业数字化转型情况

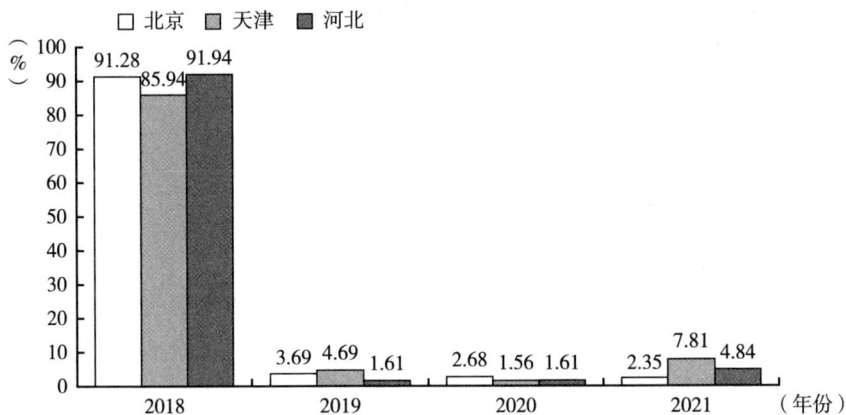

图 4 2018~2021 年京津冀中小企业数字化转型持续情况

## （三）京津冀地区中小企业细分行业数字化转型现状及特征

不同企业因其所在地区、产业发展状况、企业自身情况、技术条件以及资源禀赋的不同，企业数字化转型的进程和发展程度也有所差异。由此，本报告依据数字经济划分标准和企业所在行业将样本企业分为数字核心产业与非数字核心产业，并按照数字核心产业与非数字核心产业对中小企业进行细分,统计分析细分行业的中小企业数字化转型情况,发现数字核心产业整体数字化转型比例相对更高,细分行业之间的企业数字化转型程度差异较大,存在较明显的行业差异。

图 5 是基于数字特征的 2018~2021 年京津冀地区中小企业分产业数字化转型情况,从中可知,数字核心产业有 63.34%的中小企业已经实施了数字化转型,27.57%的中小企业未实施数字化转型,9.09 的中小企业在短暂数字化转型后中断数字化转型。而非数字核心产业,有 57.94%的中小企业实施了数字化转型,35.10%的中小企业尚未实施数字化转型,6.96 的中小企业在短暂数字化转型后中断数字化转型。比较分析可得,京津冀地区数字核心产业的中小企业数字化转型程度较非数字核心产业高 5.40%,而未实施数字化转型的中小企业占比较低,为 7.53%,说明数字核心产业的中小企业更偏向数字化转型,而非数字核心产业的中小企业在数字技术和业务数字化方面面临较大的困难和挑战。

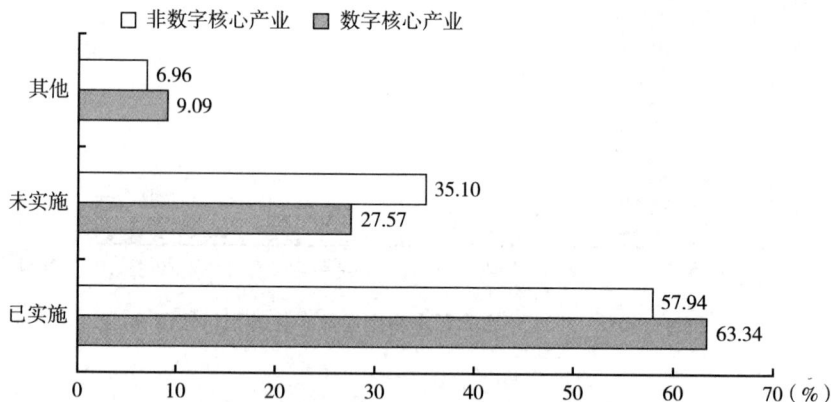

图 5 基于数字特征的 2018~2021 年京津冀地区
中小企业分产业数字化转型情况

为更加深入了解数字核心产业与非数字核心产业中不同行业的中小企业数字化转型实施情况,本报告对数字核心产业与非数字核心产业进行了行业细分,并统计分析了不同细分行业中小企业已实施数字化转型的比重,其中数字核心产业主要包含软件信息技术服务业，互联网和相关服务业，计算机、通信和其他电子制造业，电气机械和器材制造业，通用设备制造业，仪器仪表制造业，以及广播、电视、电影和影视录音制作业；非数字核心产业主要有教育业、商务及专业技术服务业、专用设备制造业、批发零售业、生态保护和环境治理业、科技推广和应用服务业、化学原料和化学制品制造业以及建筑业。2018~2021 年京津冀地区中小企业细分行业的数字化转型情况如图 6 所示。

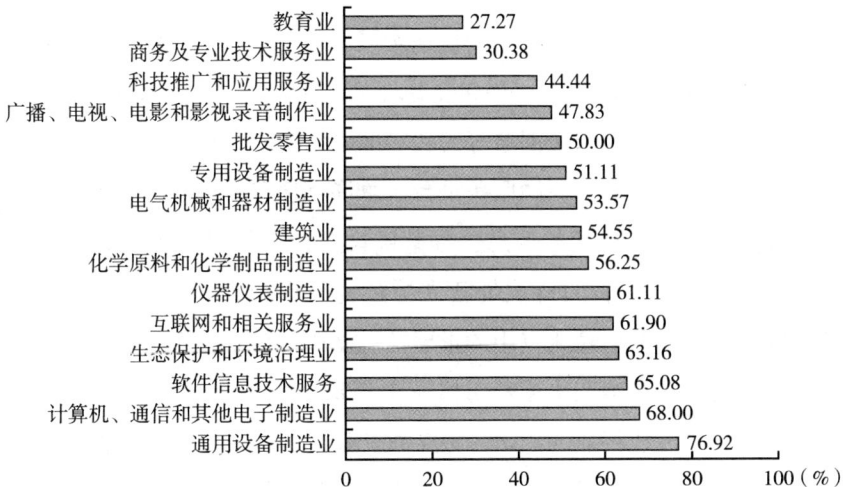

图 6　2018~2021 年京津冀地区中小企业细分行业的数字化转型情况

由图 6 可知，通用设备制造业，计算机、通信其他电子制造业，软件信息技术服务业，互联网和相关服务业，仪器仪表制造业等数字核心产业的中小企业数字化转型比例位居前列，均超 60%，其中通用设备制造业的中小企业数字化转型比例达到 76.92%。生态保护和环境治理业是非数字核心产业中小企业数字化转型最快的行业，比例达到 63.16%；专用设备制造业、批发零售业等行业的中小企业数字化转型比例居中，且多为非数字核心产业。教育业、商务及专业技术服务业等的中小企业数字化转型水平最低。综上分析可知，京津冀地区不同行业的中小企业之间数字化转型程度存在较大差异。而且，不仅数字核心产业与非数字核心产业中的中小企业数字化转型程度存在较大差异，同类产业内部不同细分行业的中小企业数字化转型程度也存在差异。

<h2 style="text-align:center">三　数字基础设施对中小企业数字化转型的<br>影响机制分析</h2>

在数字经济时代，数字基础设施是数据要素的重要载体和推动数字经济发展的重要基础。随着数字经济的快速发展，数字基础设施的内涵和外延也在不断延展。数字基础设施主要包括以下四类：一是以 5G/6G、卫星互联网、新一代通信网络、未来网络等为代表的网络基础设施；二是以云计算中心、大数据中心、工业互联网服务平台、物联网服务平台、平台型互联网企业应用服务平台等为代表的信息服务基础设施；三是以超级计算中心（智能计算中心）等为代表的科技创新支撑类基础设施；四是支撑社会治理、公共服务及关键行业信息化应用的重要信息基础设施等。可见，数字基础设施涉及与国民经济、生产生活密切相关的诸多重要领域。因此，面对数字技术的冲击和其对传统行业的颠覆，数字化转型已成为中小企业提高自身核心竞争力的必要选择。本报告所言的中小企业数字化转型，其内核主要是指企业利用数字技术，通过信息网络基础设施将企业的经营模式和管理模式信息化、智能化和数字化，提高企业的生产效率，实现企业高质量发展。基于此，本报告提出第一个研究假设：

H1：数字基础设施会对中小企业数字化转型具有正向的促进作用。

数字基础设施可通过搭建快速稳定的网络通信设施并依托大数据、人工智能、云计算等数字核心技术应用，有效降低中小企业的交易成本，促进中小企业的数字化转型。交易成本或交易费用是指企业在进行交易过程中需要花费的成本，其中既包含所需支付的一切货币成本，也包含无形的成本，比如时间成本、谈判或讨价还价的协商成本等其他成本。企业的交易成本既体现为企业与上下游企业合作或竞争，以及企业与市场消费者博弈等一系列的外部交易成本，也表现为由企业内部管理、部门间协作和组织等所产生的内部管理成本。由于企业的本质是追求利润最大化，那么这就意味着企业会想办法利用一切手段降低自身的交易成本，从而达到高效率、高产出和高收益的目的。

在数字经济时代，从降低外部交易成本来看，完善的数字基础设施为经济的高效运转提供了快速安全稳定的网络连接、通信连接和算力连接，在很大程度上打破了地域和时间的限制，减少了企业之间、企业与消费者之间的信息差，加快了企业间的技术交流，加强了上下游企业之间的外部联系和沟通合作；同时，也使得企业易于了解消费者需求，从而降低企业的外部交易成本。从降低内部交易成本来看，企业通过对大数据、云计算及人工智能等新一代数字基础设施的应用，特别是中小企业对云计算及大数据软件等的应用，可以优化自身的组织结构、简化内部的管理模式和业务流程、监测企业运行动态变化、洞察企业潜在的管理风险，从而降低企业内部的各种交易成本，提高企业整体的运行效率，推动企业加快自身数字化转型，加速成为数字化企业。综上所述，本报告提出第二个研究假设：

H2：数字基础设施会通过降低企业的内外部交易成本促进中小企业数字化转型。

数字人才不仅是加快促进企业数字化转型的重要因素，也是建设完善数字基础设施的必不可少的要素，特别是拥有高学历、高技能的高级信息通信人才。数字基础设施建设会吸引和聚集高端数字人才，提升中小企业人力资本质量，从而促进企业数字化转型。一个城市数字基础设施的建设某种程度上可以吸引数字人才的流入和聚集，特别是一些高端的数字化人才，以此增加当地数字人才的供给和交流机会。而由数字基础设施建设带来的数字人才聚集，将在很大程度上优化当地中小企业人力资本结构，提高中小企业人力资本质量，提升各中小企业数字化认知水平，进而推动创新要素资源由低生产率部门向高生产率部门转移，进而提高中小企业对云计算、大数据、物联网以及人工智能等数字技术的研发与应用，促进中小企业加速数字化转型。综上所述，本报告提出第三个研究假设：

H3：数字基础设施会通过吸引高端数字人才，提升中小企业人力资本质量，促进中小企业数字化转型。

## 四 数字基础设施对京津冀地区中小企业数字化转型的实证分析

### （一）数据来源与模型设定

#### 1. 数据来源与处理

本报告以京津冀地区 2018~2021 年新三板上市的中小企业为研究对象，实证检验数字基础设施建设对中小企业数字化转型的影响及作用机制。其中，中小企业数字化转型和相关财务数据来源于新三板京津冀地区中小企业年度报告；数字基础设施指数数据来源于紫光集团旗下新华三集团数字经济研究院发布的《中国城市数字经济指数白皮书（2018）》。新华三集团数字经济研究院针对中国城市发展与治理的四大关键领域构建了"中国城市数字经济指标体系"，该指标体系由数据及信息化基础设施、城市治理、城市服务以及产业融合四个部分组成。本报告主要采用该指标体系中的数据及信息化基础设施指数，以此来衡量城市数字基础设施发展水平。

为减少缺失值、重复值以及行业和场所的重大变更等因素对研究结果的影响，本报告对数据进行了以下预处理：（a）剔除 ST、＊ST 类公司；（b）剔除注册地发生重大变更的公司；（c）剔除所属行业发生重大变更的公司；（d）剔除金融保险类行业的公司；（e）剔除缺失年度报告严重的公司。经过上述处理后，本报告最终获得 700 家注册地位于京津冀地区的新三板上市公司数据。此外，为了减少极端值的干扰，本报告对研究样本的连续变量进行 1%和 99%的缩尾处理。

#### 2. 模型设定

本报告运用 2018~2021 年我国新三板上市企业中注册地位于京津冀地区的中小企业相关数据，构建了平衡面板数据模型，以此来考察数字基础设施建设对京津冀地区中小企业数字化转型的影响及作用机制。同时，考虑到样本可能会受到时间差异和个体差异的影响，所以在模型中还加入了时间效应和个体效应。本报告建立的基准回归模型具体如下：

$$Digital_{it} = \beta_0 + \beta_1 \times Dig\text{-}infrastructure_{it} + \beta_2 \times Control_{it} + Year_t + \lambda_i + \varepsilon_{it} \qquad (1)$$

其中，$i$ 表示企业，$t$ 表示年份，$Digital_{it}$ 是被解释变量，表示 $i$ 企业在第 $t$ 年的数字化转型水平；$Dig\text{-}infrastructure_{it}$ 是解释变量，代表企业注册地所在城市的新型数字基础设施建设水平；$Control_{it}$ 是其他控制变量；$\beta_0$ 是常数项，$\beta_1$、$\beta_2$ 均是系数；$Year_t$ 表示时间效应，即个体相同，随着时间的变化而产生的变化；$\lambda_i$ 表示个体效应，即时间相同，因个体不同而产生变化；$\varepsilon_{it}$ 则表示随机扰动项。

### 3. 变量说明

### （1）被解释变量

中小企业数字化转型水平。企业数字化转型一般指企业利用数字技术将其组织管理或商业模式进行转型升级。由于企业数字化转型定义的宽泛性和非标准性，在实证研究中如何衡量企业是否进行数字化转型和企业数字化转型程度成为一个具有争议的难点。当前，不同学者根据各自理解和定义，采用了不同的测度指标来衡量企业数字化转型水平。其中，吴非等提出利用文本分析和关键词词频统计的方法来测度企业数字化转型水平，这种方法主要是通过抓取企业年报中有关企业数字化转型的一系列词语并统计其出现的次数[13]。该种方法在实证研究中具有较强的可操作性，易于获取数据构建指标，而且在一定程度上也可以较为精准地反映企业对数字化转型的态度；其不足之处在于这更多反映的是企业是否有数字化转型的战略规划，而不是企业进行数字化转型的实际投资，因此无法体现企业数字化转型的程度。尤其对中小企业而言，中小企业年报中所提及的"数字化转型"可能只是一种对未来的前瞻而非实际数字化转型结果。此外，还有部分学者采用企业年报中实际的投资支出来衡量企业数字化转型的程度，如马君、郭明杰用企业数字化项目资产净值进行衡量[14]；刘飞、田高良用企业无形资产中软件资本和固定资产中电子计算机、通信设备、电子设备等硬件资本来衡量[15]。这种方法只考虑了数字化转型的某一方面,在一定程度上也具有局限性,对于企业数字化转型的理解以及企业数字化指标的选择并不全面。

鉴于本报告研究的对象为中小企业,而中小企业的数字化转型由于受到自身认知、发展规模和资金状况等多重因素的影响,中小企业的数字化转型更多体现在财务软件、管理软件以及系统集成解决方案等多种软件技术应用方面。本报告认为中小企业数字化转型的衡量应从软件应用与投入的角度来测度。因此,本报告参照刘飞、田高良的处理方法[15],采用企业年报附注里无形资产项目中软件账面净值来衡量企业数字化转型水平。本报告从企业年报中手动搜索并提取相应企业的软件资产净值,对于没有软件投资的企业则记为0。

(2)解释变量

数字基础设施指数。数字基础设施是支撑数字经济发展,促进企业数字化转型,加速产业数字融合发展的重要基础。数字基础设施不仅提供全面快速且稳定的网络建设和服务,还包括安全高效的数据中心和云计算等新一代信息技术的应用及服务。新华三集团数字经济研究院构建的数据及信息化基础设施指数①既包含网络建设情况,也包含大数据中心、云平台和开放共享数据等平台建设的情况。本报告认为该指数可较好地反映城市数字基础设施的建设情况。因此,本报告采用新华三集团数字经济研究院2018~2021年每年发布的《中国城市数字经济指数白皮书》中北京市、天津市和河北省石家庄市、唐山市、邯郸市、沧州市、秦皇岛市、保定市等城市的数据及信息化基础设施指数来测度相应城市的数字基础设施指数。

(3)控制变量

本报告从企业层面和行业层面选取对中小企业数字化转型具有较大影响的变量作为控制变量。从行业层面来看,一个行业整体的数字化转型水平在

---

① 数据及信息化基础设施指数数据来自新华三集团数字经济研究院中国城市数字经济发展网站

某种程度上会对该行业中的企业数字化转型产生较大影响。由此，本报告参照陈庆江、王彦萌、万茂丰用行业中所有企业的数字化转型水平平均值衡量行业数字化转型水平[16]。从企业层面来看，企业的规模、企业资产状况、企业年龄等可能均会对企业数字化转型产生影响。

综上所述，各变量定义及测度说明如表 1 所示。

**表 1　变量说明**

| 变量类型 | 变量名称 | 变量符号 | 变量定义 |
| --- | --- | --- | --- |
| 被解释变量 | 中小企业数字化转型水平 | *Digital* | 软件资产净值(元) |
| 解释变量 | 数字基础设施指数 | *Dig-infrastructure* | 数据及信息化基础设施指数 |
| 控制变量 | 企业规模 | *Scale* | 企业总资产(元) |
|  | 企业资产状况 | *Leverages* | 企业总负债/企业总资产(%) |
|  | 企业年龄 | *Year* | 报告年份-企业成立年份(年) |
|  | 行业数字化转型水平 | *Industry-dig* | 行业所有企业数字化转型水平均值 |

## （二）基准回归与稳健性检验

### 1. 描述性统计

模型中各主要变量的描述性统计结果如表 2 所示。从表 2 中可以发现，中小企业数字化转型水平的均值为 1577859.75，标准差为 5181944.5，表明京津冀地区中小企业之间的数字化转型程度存在非常明显的差异。数字基础设施指数的均值为 83.698，标准差为 13.061，最大值为 92.3，最小值为 36.4，这说明北京市、天津市和河北省石家庄市、唐山市、邯郸市、沧州市、秦皇岛市以及保定市等城市之间的数据及信息化基础设施发展水平存在较大的差距。此外，行业数字化转型水平的极差非常大，其最大值为 5824623，而最小值为 0，表明不同行业间可能存在较大的数字化转型差异。这些较为明显的差异为继续探究京津冀地区数字基础设施建设对中小企业数字化转型的影响提供了一定的线索。另外，各解释变量的 VIF 检验值均小于 10，平均值为 1.05，故不存在严重的多重共线性问题。

表2 各变量描述性统计结果

| 变量名称 | 观测值个数 | 均值 | 标准差 | 最大值 | 最小值 |
|---|---|---|---|---|---|
| *Digital* | 2800 | 1577859.750 | 5181944.500 | 34157796.000 | 0.000 |
| *Dig-infrastructure* | 2800 | 83.698 | 13.061 | 92.300 | 36.400 |
| *Industry-dig* | 2800 | 1839022.125 | 1435748.500 | 5824623.000 | 0.000 |
| *Scale* | 2800 | 18660000 | 257900000 | 1660000000 | 4879568.500 |
| *Leverages* | 2800 | 0.580 | 2.974 | 88.76 | 0.000 |
| *Year* | 2800 | 14.286 | 5.483 | 30.000 | 4.000 |

## 2. 基准回归结果

基准模型回归结果如表3所示。经过 Hausman 检验后,本报告发现基准回归模型更偏向于随机效应,故选择随机效应模型并同时控制了时间固定效应和企业固定效应。此外,为保证回归结果的准确性,本报告对模型1至模型4的回归检验都采用了聚类稳健标准误。

表3 基准模型回归结果

| | (1)<br>模型1 | (2)<br>模型2 | (3)<br>模型3 | (4)<br>模型4 |
|---|---|---|---|---|
| *Dig-infrastructure* | 21635.8 *** <br> (0.002) | 18790.0 *** <br> (0.007) | 20873.4 *** <br> (0.003) | 17780.0 *** <br> (0.010) |
| *Industry-dig* | | 0.558 *** <br> (0.000) | | 0.572 *** <br> (0.000) |
| *Scale* | | | 0.003 *** <br> (0.000) | 0.003 *** <br> (0.000) |
| *Year* | | | 55314.5 * <br> (0.064) | 63156.0 ** <br> (0.034) |
| *Leverages* | | | −24603.8 <br> (0.686) | −26046.5 <br> (0.671) |
| 常数项 | −314973.7 <br> (0.539) | −941454.2 * <br> (0.065) | −1423483.3 ** <br> (0.026) | −2159046.8 *** <br> (0.001) |

| | （1）<br>模型1 | （2）<br>模型2 | （3）<br>模型3 | （4）<br>模型4 |
|---|---|---|---|---|
| 企业固定效应 | YES | YES | YES | YES |
| 时间固定效应 | YES | YES | YES | YES |
| $N$ | 2800 | 2800 | 2800 | 2800 |

注：括号里标注的是 p 值（下同）； * $p<0.1$， ** $p<0.05$， *** $p<0.01$。

表3中第（1）列中未加入任何控制变量，只对解释变量数字基础设施指数进行了回归，结果显示在1%的置信水平下，数字基础设施对中小企业数字化转型有显著的促进作用。第（2）列在第（1）列的基础上仅加入了行业层面的控制变量，结果显示在1%的置信水平下，数字基础设施和行业数字化转型水平均对中小企业数字化转型有非常显著的正向影响。第（3）列中只加入了企业层面的控制变量，未加入行业层面的控制变量，回归结果显示，在1%的置信水平下，数字基础设施对中小企业数字化转型的影响仍然是非常显著的。同理，第（4）列中则加入了全部的变量，回归结果显示，在1%的置信水平下，数字基础设施、行业数字化转型水平和企业规模均对中小企业数字化转型具有显著的正向影响。以上模型回归结果均显示数字基础设施对中小企业数字化转型具有显著的促进作用，由此，假设1得到验证。

3. 稳健性检验

为保证基准回归检验所得的核心结论具有稳健性，本报告将分别采用替换核心解释变量和调整样本的方法进行稳健性检验。首先是替换核心解释变量的稳健性检验。本报告认为数字基础设施既包含网络信息化基础设施，也包含数据基础设施，二者缺一不可。其中，网络信息化基础设施不仅是最为基础的底层基础设施，也是数据基础设施运行的重要保障。基于此，本报告将数字基础设施细分为信息化基础设施和数据基础设施两大部分，并探讨信息化基础设施和数据基础设施分别对中小企业数字化转型的影响。本报告采用的替换变量信息化基础设施指数和数据基础设施指数均来自新华三集团数字经济研究院中国城市数字经济发展指数网站。表4是替换核心解释变量后的稳健性检验结果。

表4　基于替换核心解释变量的稳健性检验结果

|  | （1）<br>模型1 | （2）<br>模型2 | （3）<br>模型3 | （4）<br>模型4 |
|---|---|---|---|---|
| *Infrastructure-Index* | 39434.5 *** <br>（0.000） | 27476.3 *** <br>（0.008） | | |
| *Digital-Index* | | | 16023.0 *** <br>（0.003） | 13059.5 ** <br>（0.015） |
| *Industry-dig* | | 0.570 *** <br>（0.000） | | 0.573 *** <br>（0.000） |
| *Scale* | | 0.00282 *** <br>（0.000） | | 0.00280 *** <br>（0.000） |
| *Leverages* | | −26159.6 <br>（0.670） | | −26131.0 <br>（0.670） |
| *Year* | | 63469.7 ** <br>（0.033） | | 63027.4 ** <br>（0.035） |
| 常数项 | −1685491.6 ** <br>（0.015） | −2898851.0 *** <br>（0.000） | 17262.4 <br>（0.969） | −1874814.4 *** <br>（0.002） |
| 企业固定效应 | YES | YES | YES | YES |
| 时间固定效应 | YES | YES | YES | YES |
| *N* | 2800 | 2800 | 2800 | 2800 |

＊$p < 0.1$，＊＊$p < 0.05$，＊＊＊$p < 0.01$。

在表4中第（1）列和第（2）列的核心解释变量为信息化基础设施指数；第（3）列和第（4）列的核心解释变量为数据基础设施指数。观察第（1）列到第（4）列可以发现，不论是否加入控制变量，回归结果均非常显著，这说明信息化基础设施建设和数据基础设施建设均可以促进中小企业数字化转型，假设1再次得到验证，表明上述基准回归结果具有一致稳健性。

其次是基于样本调整的稳健性检验。由于本报告被解释变量的样本数据存在较多软件资产净值为0的情况，该情况可能会导致回归结果发生偏误，使所得结论有所偏颇。因此，为保证基准回归结果的稳健性，本报告参照马君、郭明杰的做法[14]，剔除了软件资产净值为 0 的企业，基于软件资产净值非 0 的企业样本，即剩余的 1316 份企业样本进行回归。回归结果如表 5 所示，表中第（1）列显示的是数字基础设施对中小企业数字化转型的影响，第（2）列是信息化基础设施对中小企业数字化转型的影响，第（3）列则是数据基础设施对中小企业数字化转型的影响。由回归结果可以发现，不论是上述哪个模型，在 5% 的置信水平下，数字基础设施均对中小企业数字化转型有显著影响。以上结果再次验证数字基础设施建设有助于推动中小企业数字化转型。综上说明，本报告的核心基准回归结果是稳健的。

表 5　基于样本调整的稳健性检验结果

| | （1） | （2） | （3） |
|---|---|---|---|
| | 模型 1 | 模型 2 | 模型 3 |
| *Dig-infrastructure* | 34262.9** | | |
| | （0.025） | | |
| *Infrastructure-Index* | | 55309.2** | |
| | | （0.036） | |
| *Digital-Index* | | | 26113.6** |
| | | | （0.042） |
| 行业控制变量 | YES | YES | YES |
| 企业控制变量 | YES | YES | YES |
| 常数项 | −3897737.1** | −5509602.4*** | −3428704.0** |
| | （0.011） | （0.010） | （0.023） |
| 企业固定效应 | YES | YES | YES |
| 时间固定效应 | YES | YES | YES |
| *N* | 1316 | 1316 | 1316 |

＊ $p<0.1$，＊＊ $p<0.05$，＊＊＊ $p<0.01$。

## （三）机制检验与异质性分析

### 1. 机制检验

本报告通过前述的基准回归和一系列稳健性检验，验证了假设 1，即数字基础设施对中小企业数字化转型具有正向的促进作用。但数字基础设施究竟是通过什么机制对中小企业数字化转型产生积极影响的呢？基于前文假设 2 和假设 3 探讨，本报告认为企业内外部交易成本降低以及数字人才聚集使得人力资本质量提升是促进中小企业数字化转型的两个重要机制。为此，本报告在前述基准回归模型即式（1）的基础上构建如下机制检验模型：

$$M_{it} = \alpha_0 + \alpha_1 \times \textit{Dig-infrastructure}_{it} + \alpha_2 \times \textit{Control}_{it} + \textit{Year}_t + \lambda_i + \varepsilon_{it} \tag{2}$$

其中，$M$ 为机制变量，在交易成本机制的检验中，本报告主要选取中小企业的管理费用和销售费用作为机制变量，其中采用管理费用衡量中小企业的内部交易成本，采用销售费用衡量中小企业的外部交易成本；在人力资本机制的检验中，本报告参照金环、魏佳丽、于立宏的做法[9]，选择中小企业的人力资本质量作为机制变量，即采用中小企业本科及以上学历的员工数占全部员工数的比重来衡量中小企业的人力资本质量。$\textit{Dig-infrastructure}$ 为核心解释变量数字基础设施指数，其他变量同基础回归模型中的变量一致。$\alpha_1$、$\alpha_2$ 为偏回归系数，其中如果 $\alpha_1$ 显著，则说明该作用机制存在。

数字基础设施对中小企业数字化转型的机制检验结果如表 6 所示。表 6 中的第（1）和第（2）列是数字基础设施通过影响中小企业交易成本进而对中小企业数字化转型产生影响的作用机制检验，第（1）列是影响中小企业内部交易成本的机制检验，第（2）列是影响中小企业外部交易成本的机制检验。从回归结果中可以发现，数字基础设施可显著降低中小企业内部和外部交易成本，这说明数字基础设施可以通过有效降低中小企业交易成本来推动企业数字化转型。第（3）列是关于影响中小企业人力资本质量的作用机制检验，回归结果显示，在 1% 的置信水平下，数字基础设施可有效提升中小企业的人力资本质量，这表明数字基础设施可以通过聚集高端数字人才来推动当地中小企业人力资本结构优化和提升中小企业人力资本质量，从而促进中小企业数字化转型。由此，假设 2 和假设 3 得到验证。

**表 6　新型数字基础设施建设对中小企业数字化转型的机制检验结果**

| | 交易成本机制 | | 人力资本机制 |
| --- | --- | --- | --- |
| | （1）manage-cost | （2）Sale-cost | （3）Human |
| *Dig-infrastructure* | −28000 *** | −47255.1 *** | 0.004 *** |
| | （0.008） | （0.003） | （0.000） |
| 常数项 | 8036370.8 *** | 9307823.4 *** | 0.180 *** |
| | （0.000） | （0.000） | （0.000） |
| 行业控制变量 | YES | YES | YES |
| 企业控制变量 | YES | YES | YES |
| 企业固定效应 | YES | YES | YES |
| 时间固定效应 | YES | YES | YES |
| *N* | 2800 | 2800 | 2800 |

* $p<0.1$，** $p<0.05$，*** $p<0.01$。

### 2. 异质性分析

如果仅从全样本角度探讨"数字基础设施有助于推动中小企业数字化转型"，则结论有失偏颇，不够严谨。原因在于，不同行业对于数字化转型的需求存在差异，同一行业的不同中小企业，亦是如此。由此，数字基础设施对中小企业数字化转型影响的进一步异质性分析是有必要的。考虑到数字基础设施会对不同数字属性和技术属性的中小企业数字化转型具有异质性影响，由此本报告将从企业的数字属性和技术属性两个方面对其进行回归检验。

首先是关于中小企业数字属性的异质性分析。数字基础设施对数字经济核心产业和非数字经济核心产业的中小企业数字化转型的影响可能会有所不同。基于此，本报告依据国家统计局颁布的《数字经济及其核心产业统计分类（2021）》[①] 将研究样本分为数字经济核心产业与非数字经济核心产业，并分别对其进行回归检验，结果如表 7 所示。

---

① 《数字经济及其核心产业统计分类（2021）》由中国国家统计局 2021 年 5 月公布，详情可见国家统计局官方网站。

**表 7　基于数字属性的细分产业异质性检验结果**

| | 数字经济核心产业 | | 非数字经济核心产业 | |
|---|---|---|---|---|
| | （1） | （2） | （3） | （4） |
| *Dig-infrastructure* | 67800.0 *** | 54587.9 ** | 13303.3 ** | 9371.5 * |
| | （0.003） | （0.026） | （0.014） | （0.058） |
| *Industry-dig* | | 0.502 ** | | 0.950 *** |
| | | （0.027） | | （0.000） |
| *Scale* | | 0.00704 *** | | 0.00180 *** |
| | | （0.006） | | （0.000） |
| *Leverages* | | −55929.2 | | 38766.5 |
| | | （0.546） | | （0.244） |
| *Year* | | 145819.1 ** | | 29348.5 |
| | | （0.046） | | （0.142） |
| 常数项 | −3241244.0 * | −6173688.6 *** | −254872.4 | −1413894.2 *** |
| | （0.055） | （0.006） | （0.493） | （0.002） |
| 企业固定效应 | YES | YES | YES | YES |
| 时间固定效应 | YES | YES | YES | YES |
| *N* | 1364 | 1364 | 1436 | 1436 |

\* $p<0.1$，\*\* $p<0.05$，\*\*\* $p<0.01$。

表 7 中第（1）列和第（2）列是数字经济核心产业的回归结果，第（3）列和第（4）列则是非数字经济核心产业的回归结果。从表 7 中可以发现，当二者均未加入控制变量时，数字经济核心产业的中小企业在 1% 的置信水平下回归结果显著；而非数字经济核心产业的中小企业在 5% 的置信水平下回归结果才显著；当二者均加入全部控制变量后，数字经济核心产业的中小企业在 5% 的置信水平下回归结果显著，而非数字经济核心产业则在 10% 的置信水平下回归结果才显著。这说明不论是否加入控制变量，数字基础设施对数字经济核心产业与非数字经济核心产业的中小企业数字化转型虽均具有促进作用，但二者相比而言，数字基础设施对数字经济核心产业的中小企业数字化转型的促进作用要显著强于非数字经济核心产业的中小企业。

其次是中小企业技术属性的异质性分析。企业开发和运用数字技术的能力在某种程度上会影响企业的数字化转型。为此，本报告通过手动搜索企业年报中"是否为科技型企业"相关信息将全样本中的企业分为科技型中小企业与非科技型中小企业，其中，科技型中小企业有样本 780 份，非科技型中小企业有样本 2020 份。检验结果如表 8 所示。

表 8 中的第（1）列和第（2）列为科技型中小企业的回归结果，第（3）列和第（4）列为非科技型中小企业的回归结果。对比两组结果可以发现，科技型中小企业在 5% 的置信水平下回归结果是显著的，而非科技型中小企业回归结果则不显著。这说明数字基础设施对推动科技型中小企业数字化转型具有积极作用；对非科技型中小企业数字化转型虽具有正向影响，但影响偏弱。

表 8　基于技术属性的细分产业异质性检验结果

| | 科技型中小企业 | | 非科技型中小企业 | |
|---|---|---|---|---|
| | （1） | （2） | （3） | （4） |
| *Dig-infrastructure* | 27507.8** | 24860.9** | 12854.2 | 8210.1 |
| | （0.026） | （0.025） | （0.103） | （0.330） |
| *Industry-dig* | | 0.465*** | | 0.642*** |
| | | （0.002） | | （0.001） |
| *Scale* | | 0.00396*** | | 0.00236*** |
| | | （0.008） | | （0.001） |
| *Leverages* | | −110570.2** | | 75221.8* |
| | | （0.038） | | （0.082） |
| *Year* | | 56245.8* | | 77309.3* |
| | | （0.099） | | （0.072） |
| 常数项 | −786162.8 | −2503134.0*** | 507064.6 | −1586825.5** |
| | （0.247） | （0.006） | （0.407） | （0.035） |
| 企业固定效应 | YES | YES | YES | YES |
| 时间固定效应 | YES | YES | YES | YES |
| *N* | 780 | 780 | 2020 | 2020 |

* $p<0.1$，** $p<0.05$，*** $p<0.01$。

# 五 结论与政策建议

## （一）研究结论

数字基础设施具备基础性、战略性和先导性作用，是数字经济发展的重要基石，也是推动企业数字化转型的重要支撑。本报告以 2018～2021 年京津冀地区数字基础设施指数和新三板上市的中小企业数据为基础，构建了面板数据模型，实证检验了京津冀地区数字基础设施对中小企业数字化转型的影响及传导机制，并从企业的数字属性和技术属性进一步细分产业展开异质性检验。研究发现如下。

（1）京津冀地区数字基础设施对中小企业数字化转型具有显著的促进作用，结论在经过替换核心解释变量和调整样本等稳健性检验后依然成立。

（2）从影响机制来看，数字基础设施分别通过降低中小企业内外部交易成本和提高中小企业人力资本质量两个方面来促进中小企业数字化转型。从交易成本机制来看，数字基础设施可有效降低中小企业的管理成本和销售成本等内外部交易成本，进而促进企业数字化转型。这说明一个地区的数字基础设施越完善，越有利优化中小企业的管理模式、组织结构和生产流程，降低其内部交易成本。同时，这也利于降低中小企业与上下游企业之间的交流协商成本，进而降低中小企业与客户之间的信息获取等外部成本。从人力资本机制来看，数字基础设施可有效聚集数字人才，推动当地中小企业人力资本结构优化和提升中小企业人力资本质量，进而促进中小企业数字化转型。

（3）根据异质性检验，从企业数字属性来看，与非数字经济核心产业相比，数字基础设施对数字经济核心产业的中小企业数字化转型具有更加显著的促进作用；从企业技术属性来看，与非科技型中小企业相比，数字基础设施对科技型中小企业数字化转型具有更强的促进作用。

## （二）政策建议

（1）要持续推动京津冀各地区数字基础设施的建设与运营维护。数字基础设施对中小企业数字化转型具有显著的促进作用，因此，各地区要大力推动数字基础设施的建设以及后期的运营和维护。对于前期建设而言，各城市的数字基建不应只单纯地停留在提升宽带速度和互联网的普及率上面，更重要的是要加强和加快城市云计算、大数据平台及算力中心等底层数字技术的构建与应用。而对于后期的运营和维护，数字基础设施是一个要想持续运营服务并发挥其促进经济发展的功能，则需要持续不断地投入和维护的公共产品。因此，数字基础设施建设仅有前期的投资建设是远远不够的，更重要的是后期运营和维护，各地要充分重视数字基础设施的后期安全保障和日常运营维护。

（2）根据不同行业特征制定不同的促进中小企业数字化转型的政策。由于行业的异质性，当前企业数字化转型政策可能不适合于所有的行业，由此政府要根据不同行业的特征及其自身对数字化转型的需求和敏感程度制定促进中小企业数字化转型的政策。对于那些对数字化转型有较大需求或敏感行业的中小企业，政府应加大对其数字化转型的政策优惠，尤其是对传统产业数字化转型有较强需求的中小企业。当前，有数字化转型需求且尚未完成数字化转型的中小企业多是传统产业，如果数字化转型成本过高，那么这些中小企业在综合考虑自身经营成本后，可能会放弃数字化转型，继续原来的管理或生产模式。此外，现在市场提供的数字化转型方案或系统软硬件产品并不完全适用于中小企业的数字化转型需求，这将显著提高中小企业的数字化转型成本及其效果，由此政府应当加大对数字产品市场的调查研究，以及加大对传统产业中小企业数字化转型的政策优惠力度，降低这些中小企业数字化转型的成本并提高数字化产品适配度，从而促进中小企业的数字化转型，实现数字经济的高质量发展。

（3）数字基础设施的建设、运营与维护均离不开高端数字人才的支撑，特别是像大数据中心、算力中心等具有较强技术支撑和保障的底层数字基设施，因此，京津冀地区要建立良好的人才流动激励机制，在促进区域间、城市间数字技术、数字化转型经验交流的同时，加强数字人才的交流与合作，并建立数字基础设施的共享共建机制。

## 参考文献

[1] 赖晓冰、岳书敬：《智慧城市试点促进了企业数字化转型吗？——基于准自然实验的实证研究》，《外国经济与管理》2022 年第 10 期。

[2] 邱洋冬：《网络基础设施建设驱动属地企业数字化转型——基于"宽带中国"试点政策的准自然实验》，《经济与管理》2022 年第 4 期。

[3] 范合君、吴婷：《新型数字基础设施、数字化能力与全要素生产率》，《经济与管理研究》2022 年第 1 期。

[4] 张恒硕、李绍萍：《数字基础设施与能源产业高级化：效应与机制》，《产业经济研究》2022 年第 5 期。

[5] 张艺、李秀敏：《新型数字基础设施、零工就业与空间溢出效应》，《中国流通经济》2022 年第 11 期。

[6] 张夏恒：《中小企业数字化转型障碍、驱动因素及路径依赖——基于对 377 家第三产业中小企业的调查》，《中国流通经济》2020 年第 12 期。

[7] 李晶、曹钰华：《基于组态视角的制造企业数字化转型驱动模式研究》，《研究与发展管理》2022 年第 3 期。

[8] 毛宁、孙伟增、杨运杰、刘哲：《交通基础设施建设与企业数字化转型——以中国高速铁路为例的实证研究》，《数量经济技术经济研究》2022 年第 10 期。

[9] 金环、魏佳丽、于立宏：《网络基础设施建设能否助力企业转型升级——来自"宽带中国"战略的准自然实验》，《产业经济研究》2021 年第 6 期。

[10] 张翼飞：《信息基础设施建设与企业转型升级——来自中国上市企业的经验证据》，《工业技术经济》2023 年第 1 期。

[11] 温湖炜、钟启明：《数字基础设施与企业全要素生产率——来自中国上市公司的证据》，《软科学》2022 年第 8 期。

[12] 罗奇、陈梁、赵永亮：《数字基础设施建设与企业产能利用率——来自"宽带中国"战略的经验证据》，《产业经济研究》2022 年第 5 期。

[13] 吴非、胡慧芷、林慧妍、任晓怡：《企业数字化转型与资本市场表现——来自股票流动性的经验证据》，《管理世界》2021 年第 7 期。

[14] 马君、郭明杰：《企业数字化转型、员工数字认知与创新绩效：技术为刀，我

为鱼肉?》，《科技进步与对策》2023 年第 22 期。

[15] 刘飞、田高良：《信息技术是否替代了就业——基于中国上市公司的证据》，《财经科学》2019 年第 7 期。

[16] 陈庆江、王彦萌、万茂丰：《企业数字化转型的同群效应及其影响因素研究》，《管理学报》2021 年第 5 期。

[17] Ostrom, E., Schroeder, L., Wynne, S., *Institutional Incentives and Sustainable Development: Infrastructure Policies in Perspective* (Boulder: Westview Press, 1993).

[18] Coase, R. H., "The problem of social cost", *Journal of law and economics*, 1960, 3 (10): 1-44.

[19] 侯新烁、刘萍：《数字基础设施建设如何影响城市创新？——基于"宽带中国"战略的准自然实验》，《湘潭大学学报》（哲学社会科学版）2023 年第 1 期。

[20] 马茜、张红兵、廖薏：《数字基础设施建设、知识流动与城市高质量发展——准自然实验与空间溢出的经验证据》，《产业经济研究》2022 年第 6 期。

[21] 裴璇、刘宇、王稳华：《企业数字化转型：驱动因素、经济效应与策略选择》，《改革》2023 年第 5 期。

[22] 唐松、苏雪莎、赵丹妮：《金融科技与企业数字化转型——基于企业生命周期视角》，《财经科学》2022 年第 2 期。

[23] 王敬勇、孙彤、李珮、龚钰轩：《数字化转型与企业融资约束——基于中小企业上市公司的经验证据》，《科学决策》2022 年第 11 期。.

[24] 王可、钞小静：《新型数字基础设施对城市创业活跃度的影响研究》，《西安财经大学学报》2023 年第 2 期。

[25] 张杰、付奎：《信息网络基础设施建设能驱动城市创新水平提升吗？——基于"宽带中国"战略试点的准自然试验》，《产业经济研究》2021 年第 5 期。

# B.8
# 京津冀城市群绿色共同体系统耦合协调特征及空间效应研究*

陈义忠　杨灵芝　任洋　张思思　等**

**摘　要：** 本报告构建了涵盖绿色经济—生活—环境的京津冀城市群绿色共同体评价指标体系，采用熵权-优劣解距离法（TOPSIS）和长短期记忆网络模型解析了 2000～2025 年城市群绿色共同体系统发展水平的时空特征，基于时空双重固定效应下的空间杜宾模型探究了绿色共同体系统耦合协调特征的空间效应。研究表明：京津冀城市群绿色共同体系统发展水平有所提升，呈现“北高南低”的空间分布特征。北京和天津明显带动了京津冀城市群绿色共同体系统发展水平、绿色生活水平及绿色经济水平的提高。城市群绿色共同体系统耦合协调度整体从勉强协调提升到初级协调水平，京津冀三地具有梯度效应，其中，西北部生态涵养区耦合协调度均值仅为 0.57。科技创新能力对绿色共同体系统耦合协调水平的作用具有空间异质性，其对本地具有回弹效应，而对周边地区存在正向空间溢出效应；经济发展水平的提升对当地绿色共同体系统耦合协调水平具有推动作用，但对周边地区则可能带来发展压力；政府规模对周边地区及城市群整体的耦合协调水平存

---

\* 项目资助：国家自然科学基金青年基金项目（42107479）；河北省社会科学发展研究课题（20230303009）。

\*\* 陈义忠，博士，副教授，博士生导师，河北工业大学京津冀发展研究中心研究员，研究方向为区域可持续发展、资源与环境管理研究；杨灵芝，河北工业大学经济管理学院硕士研究生，研究方向为区域可持续发展；任洋，河北工业大学经济管理学院硕士研究生，研究方向为区域可持续发展；张思思，河北工业大学经济管理学院硕士研究生，研究方向为区域可持续发展。

在明显的负向作用，而环境规制对本地及城市群整体耦合协调水平呈显著正相关。

**关键词：** 绿色共同体　时空分异成因　空间效应　耦合协调度　科技创新能力

党的二十大报告将"推动构建人类命运共同体"列为中国式现代化的本质要求之一，并指出要构筑尊崇自然、绿色发展的生态体系。绿色发展是推动经济社会发展的核心，是生态文明水平提升的关键，打造绿色共同体则是在绿色发展引领下实现中国绿色现代化的必要条件。目前学者们已从不同角度拓展了共同体内涵，如生命共同体[1]、环境共同体[2]和创新共同体[3]等，这为绿色共同体的提出奠定了理论基础。本报告认为绿色共同体建设是以绿色发展理念为指导，以推进环境、经济和生活等协同发展为目标，多个区域通过开放、合作、共享等方式形成的组织形式。随着新型工业化和城镇化的不断推进，城市群成为绿色共同体建设的"主动力"。京津冀城市群在作为典型的国家战略发展区及最具代表性的特大城市群的同时，也存在突出的社会经济发展与生态环境失衡矛盾，亟须评估京津冀城市群绿色共同体系统状态及影响效应，从而为推进京津冀协同发展和美丽中国建设提供理论参考。

目前国内外关于绿色共同体尚无公认的定义和评价方法，且多聚焦于绿色发展、绿色经济、绿色创新和绿色增长的理论分析[4]、指标体系构建[5]、现状评价[6][7]和影响因素识别[8]等方面，而针对城市群尺度的绿色共同体评价更为少见。众多学者基于绿色经济、绿色发展等概念，从多角度构建综合评价指标体系，通过数据包络分析法、综合指数法、熵权-优劣解距离法（TOPSIS）及云模型等分析了市域[9]、省域[10][11][12]及区域[13]尺度绿色效率或水平的时空特征；采用障碍度模型[14]、Tobit 模型[15]、地理加权回归模型[16]、门槛效应[17]和空间计量模型[18]等方法探究绿色发展的驱动因子；其中空间计量模型考虑到因素的空间相关性，并侧重于分析外部因素所产生的影响机制，如经济、环境、技术、产业结构等。总体而言，绿色发展的相关研究日趋丰硕，但鲜有研究探讨绿色共同体及其未来演变特征。事实上，评估区域绿色共同体系统发展水平及其未来时空演进规律可以为制定区域差异化战略提供决策依据。现有较为成熟的预测方法包括灰色理论[19]、趋势外推法[20]、BP 神经网络[21]及长短期记忆网络（Long Short-Term Memory，LSTM）[22]等。其中，适合处理时间序列的 LSTM 模型解决了长期依赖问题[23]，能够有效预测相关评价指标。此外，绿色共同体是由经济、环境、生活等多要素耦合形成的复杂系统，子系统之间相辅相成。绿色共同体系统的协同发展对于促进人地和谐发展具有重要意义。系统间协调关系的研究方法主要包括灰色关联模型[24]、基尼系数[25]、耦合协调度[26]等。不同于其他方法，耦合协调度模型能够量化多个系统之间的相互作用程度及协调发展等级。区域绿色共同体系统耦合协调度受多重因素影响且具有空间异质性。例如：科技创新能力提升、经济发展水平提高、产业结构优化是否能够促进区域绿色共同体系统整体协调水平的提升？其对当地和周边地区的影响是否同向？探究不同因素对绿色共同体系统耦合协调度的空间效应成为关键环节，能够增强区域协同发展能力。针对此类相关问题，已有研究多采用空间计量模型分析其空间效应，如空间滞后模型[27]、空间杜宾模型[28]与动态空间杜宾模型[29]等。

本报告以京津冀城市群为研究对象，从绿色经济、绿色生活和绿色环境维度构建绿色共同体系统评价模型，结合熵权-优劣解距离法（TOPSIS）和 LSTM 模型评估绿色共同体系统及各子系统的时空演变特征；采用耦合协调度模型分析各城市绿色共同体系统协调发展水平及变化成因；通过建立基于时空双重固定效应下的空间杜宾模型揭示科技创新能力、经济发展水平和产业结构等因素对绿色共同体系统耦合协调度的空间效应，并提出城市群适应性对策。

# 一　研究区域概况与研究方法

## （一）区域概况

京津冀城市群位于环渤海区域的中心位置，聚集着北京、天津和河北的

11 个城市，具有政治、区位、资源、科技、人才等多方面的优势，是国家区域发展战略的重要指向区。2022 年，京津冀地区生产总值 100293 亿元，占全国生产总值的 8.29%，三地常住人口占全国人口的比重为 7.77%。京津冀城市群拥有富集的科技创新资源，2022 年，京津冀区域研究与试验发展（R&D）经费投入总量为 4260.9 亿元，同比增长 7.9%，北京 R&D 经费投入为 2843.3 亿元，同比增长 8.1%，北京 R&D 经费投入总量占全国 R&D 经费投入的比重为 9.2%；2022 年，京津冀地区 R&D 经费投入强度为 4.25%，比 2021 年提高 0.18 个百分点，其中北京 R&D 经费投入强度为 6.83%，居全国首位。然而，随着经济和城镇化的快速发展，京津冀城市群面临经济发展差距大、产业结构不均衡、资源环境压力大等问题，是城市群尺度上资源禀赋和经济社会发展差异最大的地区[30]。具体而言，2022 年天津人均 GDP 是北京的 62.5%，河北仅为北京的 29.9%、天津的 47.9%；京津冀三地第三产业增加值占国内生产总值的比重分别为 83.8%、61.3% 和 49.4%；2022 年，京津冀三地的人均综合用水量分别为 183m³、245m³、245m³，京津冀地区整体水资源总量仅占全国的 0.7%，却承载了全国 0.5% 的耕地、8% 的人口、10% 的经济总量[31]，为支撑经济社会发展用水需求，水资源开发利用率一度超过 100%，供水用水长期处于紧平衡态势，且深受雾霾污染困扰。另外，京津冀城市群是我国能源密集消费区域之一，能源对外依存度较高。多层问题的叠加严重影响了京津冀城市群绿色共同体系统耦合协调发展。

## （二）城市群绿色共同体系统评价模型

基于联合国可持续发展目标及协同发展理论[32]，结合京津冀城市群社会、经济和环境发展现状，构建包含绿色环境、绿色生活和绿色经济 3 个维度及 28 个指标的绿色共同体系统评价指标体系（见表 1）。绿色环境是发展的基石，绿色生活是发展的重要环节，绿色经济是发展的动力来源，本报告利用熵权 - 优劣解距离法（TOPSIS）测算绿色共同体系统发展水平。

表 1  京津冀城市群绿色共同体系统评价指标体系

| 准则层1 | 准则层2 | 指标层 | 属性 |
|---|---|---|---|
| 绿色环境 | 环境压力 | 单位 GDP 工业废水排放量 | − |
| | | 单位 GDP 工业二氧化硫排放量 | − |
| | | 单位 GDP 工业烟尘排放量 | − |
| | 环境治理 | 污水处理厂集中处理率 | + |
| | | 一般工业固体废物综合利用率 | + |
| | | 生活垃圾无害化处理率 | + |
| 绿色生活 | 生活福祉 | 人口密度 | − |
| | | 人均医院、卫生院床位数 | + |
| | | 单位面积医疗卫生机构数 | + |
| | | 人均公共图书馆藏书量 | + |
| | | 失业比率 | − |
| | | 每万人拥有公共汽车 | + |
| | | 建成区绿化覆盖率 | + |
| | 居民生活 | 人均日生活用水 | − |
| | | 人均铺装道路面积 | + |
| | | 人均公园绿地面积 | + |
| | | 居民人均生活用电量 | |
| 绿色经济 | 经济发展 | 地区生产总值指数 | + |
| | | 人均生产总值(GDP) | + |
| | | 教育公共预算支出占一般财政预算支出 | + |
| | | 科学技术支出占一般财政预算支出 | + |
| | 产业转型 | 第二产业增加值占 GDP 比重 | + |
| | | 第三产业增加值占 GDP 比重 | + |
| | 资源效用 | 人均水资源量 | + |
| | | 产水模数 | + |
| | | 水资源开发利用率 | − |
| | | 单位 GDP 用水量 | − |
| | | 单位 GDP 建设用地面积 | − |

在未来趋势预测方面，构建隐藏层为两层的 LSTM 模型，隐藏层神经元个数分别为 10 个和 20 个，Dropout 取 0.1，防止模型过拟合，通过全连接层高度提纯特征后输出结果。将 2000～2015 年绿色共同体的部分指标作为训

练数据集，以 5 年数据为一组样本输入模型，预测第 6 年数据，通过 Adam 优化器不断优化模型参数，并选取 MSE 作为损失函数，最后利用训练好的模型，预测 2016~2025 年指标数据。

## （三）耦合协调度模型

耦合协调度模型能够描述多个系统或多要素之间的交互作用与耦合协调关系，同时可以用于判断协调发展阶段。本报告运用该模型分析绿色共同体中绿色环境、绿色生活和绿色经济三个子系统之间的协同效应，计算公式如下：

$$
\begin{cases}
C = 3 \times \left[ \dfrac{U_1 U_2 U_3}{(U_1 + U_2 + U_3)^3} \right]^{\frac{1}{3}} = \dfrac{3\sqrt[3]{U_1 U_2 U_3}}{U_1 + U_2 + U_3} \\
T = \alpha U_1 + \beta U_2 + \gamma U_3 \\
D = \sqrt{C \times T}
\end{cases}
\tag{1}
$$

其中：$C$、$T$ 和 $D$ 分别表示耦合度、协调指数和耦合协调度；$U_1$、$U_2$ 和 $U_3$ 分别表示绿色环境、绿色生活和绿色经济水平；$\alpha$、$\beta$ 和 $\gamma$ 分别表示相应的权重，本报告认为三者同等重要，因此取 $\alpha=\beta=\gamma=1/3$。耦合协调度划分标准如表 2 所示。

表 2　耦合协调度划分标准

| 耦合协调度 | 耦合类型 | 耦合协调度 | 耦合类型 |
| --- | --- | --- | --- |
| (0,0.1] | 极度失调 | (0.5,0.6] | 勉强协调 |
| (0.1,0.2] | 严重失调 | (0.6,0.7] | 初级协调 |
| (0.2,0.3] | 中度失调 | (0.7,0.8] | 中级协调 |
| (0.3,0.4] | 轻度失调 | (0.8,0.9] | 良好协调 |
| (0.4,0.5] | 濒临失调 | (0.9,1] | 优质协调 |

资料来源：乔友凤、李奕曼、陈义忠、王天漪、郝灿《京津冀地区城镇化与水资源可持续利用的演变及匹配特征》，《水资源与水工程学报》2023 年第 3 期。

## （四）空间效应分析模型

本报告通过全局莫兰指数揭示城市群科技创新能力及绿色共同体系统耦

合协调度的总体空间集聚特征。全局莫兰指数的取值范围为 $[-1，1]$，正值和负值分别表示存在空间正、负相关效应。采用标准化统计量 $Z$ 值对全局莫兰指数进行显著性检验。

$$\begin{cases} I = \dfrac{n}{\sum_{i=1}^{n}(x_i - \bar{x})^2} \cdot \dfrac{\sum_{i=1}^{n}\sum_{j=1}^{n} W_{ij}(x_i - \bar{x})(x_j - \bar{x})}{\sum_{i=1}^{n}\sum_{j=1}^{n} W_{ij}} \\ Z = \dfrac{I - E(I)}{\sqrt{Var(I)}} \end{cases} \tag{2}$$

其中：$I$ 为全局莫兰指数，$x_i$ 和 $x_j$ 分别为 $i$ 市和 $j$ 市的科技创新能力或耦合协调度；$n$ 为城市总数；$\bar{x} = \sum_{i=1}^{i} x_i / i$；$W_{ij}$ 为空间权重矩阵，本报告采用经济地理嵌套矩阵分析；$E(I)$ 为全局莫兰指数的期望值；$Var(I)$ 为全局莫兰指数的方差。

在此基础上，本报告构建空间杜宾模型重点考察科技创新能力对绿色共同体系统耦合协调度的影响，具体公式如下：

$$GC_{it} = \rho W GC_{it} + \beta TIA_{it} + \delta W TIA_{it} + \theta X_{it} + \tau W X_{it} + \mu_i + \varphi_t + \varepsilon_{it} \tag{3}$$

其中：$GC_{it}$ 为被解释变量，表示 $i$ 市第 $t$ 年绿色共同体系统的耦合协调度；$TIA_{it}$ 为核心解释变量，表示 $i$ 市第 $t$ 年科技创新能力；$X_{it}$ 为控制变量，表示 $i$ 市第 $t$ 年某指标的数值，包含经济发展水平（$ED$）、产业结构（$IS$）、政府规模（$GS$）和环境规制（$ER$），分别以人均 GDP 的对数、第三产业产值与第二产业产值的比值、地方财政预算支出占本地 GDP 的比重、一般工业固体废物综合利用率来度量；$W$ 为经济地理嵌套矩阵；$\rho$ 表示空间自回归系数，反映邻近城市绿色共同体系统耦合协调度对本市耦合协调度的影响；$\beta$、$\delta$、$\theta$ 和 $\tau$ 均表示回归系数；$\mu_i$ 和 $\varphi_t$ 分别为个体效应和时间效应；$\varepsilon_{it}$ 为随机误差项。

本报告的绿色共同体指标体系中的数据主要来源于《北京统计年鉴》、《天津统计年鉴》、《河北统计年鉴》、《中国城市统计年鉴》及河北各地级市统计年鉴；科技创新能力源自本报告课题组前期研究结果。

## 二 结果分析与讨论

### （一）城市群绿色共同体系统时空分异及成因

京津冀城市群绿色共同体系统发展水平随时间推移明显提高（见图1），2015年较2000年增长了77.19%，天津增长最为显著（132.56%），其次为北京（93.35%），但石家庄、秦皇岛、邯郸、邢台、保定、承德和衡水年均增长率均低于区域平均水平（3.98%），其值分别为2.84%、3.12%、3.31%、3.35%、3.42%、3.25%和2.68%。北京、天津和承德发展水平始终居于前列，均值分别为0.495、0.328和0.295。邢台和保定始终低于区域平均水平。保定呈波动上升趋势，在2014年达到峰值（0.304）。邢台在2004年和2005年达到谷值。

2000~2015年各子系统的发展水平排序依次是绿色环境、绿色生活、绿色经济。其中，绿色环境从0.531提高至0.860，增长了61.96%；绿色经济提高了0.211，增长率达168.58%；2005年绿色生活水平较2000年下降了0.009，然后增长到2015年的0.418。这与21世纪以来京津冀城市群加强经济贸易往来、追求高质量发展密切相关。在绿色环境子系统下，邯郸在"十一五"期间全面推行清洁生产，加强资源能源节约利用，建立健全环境污染防治体系，展开"蓝天行动"、"碧水行动"及"绿网行动"等多项专项活动，2015年其水平较2000年增长了190.45%。京津冀的重化工行业持续向"东北"方向转移，如承德承接黑色金属采矿及冶炼等，其绿色环境水平小幅提升。衡水绿色环境水平始终高于区域平均值，这与其长期坚持资源节约管理和生态环境建设密切相关。在绿色生活子系统下，北京、承德、张家口、天津四市坚持完善市内公共基础设施，不断增强城市承载能力，绿色生活水平始终处于较高水平状态。而衡水、廊坊整体上处于较低水平，这主要是两市的人均铺装道路面积和每万人拥有公共汽车数量两项指标低于其他城市，2010年以后廊坊的绿色生活发展水平有较大提高，衡水则是在2013年后出现较大转变。石家庄随着市内基础设施的不断完善，绿色生活

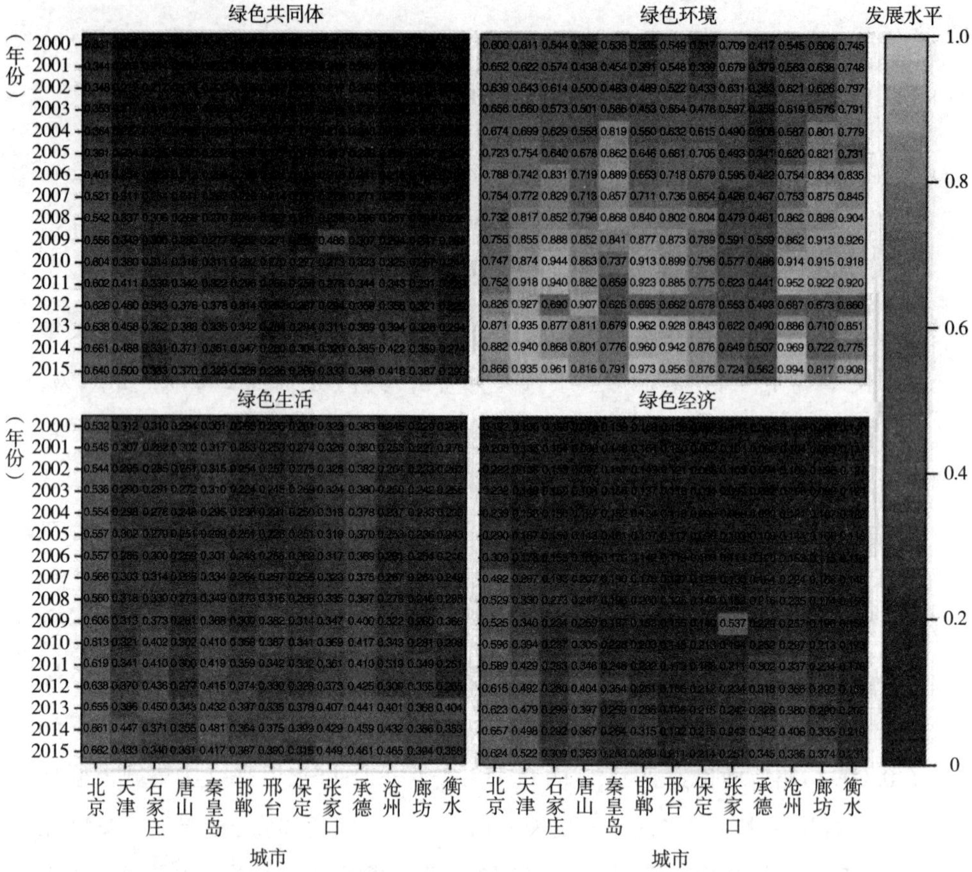

**图 1　2000~2015 年京津冀城市群绿色共同体系统及其子系统发展水平时序变化**

水平波动上升，2010 年达到峰值，在此之后人均公共图书馆藏书量与每万人拥有公共汽车数量有所下降，造成绿色生活水平在 2015 年下降到 0.340。在绿色经济子系统方面，北京、天津和石家庄由于人均 GDP 高，其绿色经济水平也高。此外，东部滨海发展区绿色经济水平相对较高，如唐山、秦皇岛等，这主要是受京津地区辐射的影响，承接了部分产业转移，对拉动区域经济、淘汰落后产能从而实现产业升级具有重要意义。而南部生态扩展区的邯郸、邢台仍以钢铁、煤炭、电力、建材等为支柱产业，资源利用水平不高且人均水资源量不高，其绿色经济发展水平相对较差。

基于 2000~2015 年历史数据预测 2016~2025 年不同情景下京津冀城市群绿色共同体系统平均发展水平（见表 3）。分别选取单位 GDP 工业二氧化硫排放量、一般工业固体废物综合利用率表征绿色环境驱动型，人均公共图书馆藏书量、人均公园绿地面积表征绿色生活驱动型，科学技术支出占一般财政预算支出、第三产业增加值占 GDP 的比重和产水模数表征绿色经济驱动型。预测表明：北京和天津的绿色共同体系统发展水平在未来仍处于领先地位。中部核心功能区的其他城市（廊坊、保定）、东部滨海发展区（秦皇岛、唐山、沧州）及西北部生态涵养区（张家口、承德）受京津地区带动辐射作用明显，三种不同情景驱动下绿色共同体系统发展水平相对较高，尤其是唐山、承德、沧州和廊坊。南部生态扩展区（石家庄、衡水、邢台、邯郸）以石家庄为中心，各城市的绿色共同体系统发展水平也有所提高，但与京津冀北部地区差距较为明显。北京、天津、唐山、邢台、张家口、沧州和廊坊 7 市的绿色共同体系统发展水平在经济驱动下提升最为明显，需着重提升区域经济实力。东部滨海发展区的秦皇岛和南部生态扩展区包含的 4 市是典型的绿色生活驱动型城市，由于区域基础设施相对完善，居民的生活幸福感持续提升，推动城市绿色共同体系统发展。与其他城市不同，承德属于绿色环境驱动型城市，其在绿色生活和绿色经济驱动型情景下绿色共同体系统发展水平略低于绿色环境驱动型情景，仍需提高其经济发展水平和完善城市基础设施助力其绿色共同体系统全面发展。

表 3  2016~2025 年不同情景下的京津冀城市群绿色共同体系统平均发展水平

| 城市 | 绿色环境驱动 | 绿色生活驱动 | 绿色经济驱动 |
|------|------|------|------|
| 北京 | 0.639 | 0.640 | 0.658 |
| 天津 | 0.500 | 0.499 | 0.502 |
| 石家庄 | 0.331 | 0.344 | 0.333 |
| 唐山 | 0.371 | 0.370 | 0.386 |
| 秦皇岛 | 0.323 | 0.330 | 0.329 |
| 邯郸 | 0.326 | 0.329 | 0.328 |

| 城市 | 绿色环境驱动 | 绿色生活驱动 | 绿色经济驱动 |
|------|------------|------------|------------|
| 邢台 | 0.295 | 0.296 | 0.313 |
| 保定 | 0.266 | 0.280 | 0.269 |
| 张家口 | 0.332 | 0.334 | 0.352 |
| 承德 | 0.389 | 0.387 | 0.384 |
| 沧州 | 0.418 | 0.420 | 0.420 |
| 廊坊 | 0.387 | 0.391 | 0.414 |
| 衡水 | 0.290 | 0.295 | 0.292 |

## （二）城市群绿色共同体系统耦合协调特征

通过计算不同时空条件下京津冀城市群绿色共同体系统耦合协调度，结果表明其耦合协调度逐年提升，由勉强协调（0.51）升为初级协调（0.70），年均增长2.02%。北京、天津和河北的耦合协调度均值分别处于中级（0.75）、初级（0.65）和勉强（0.58）协调阶段，增长率分别为34.19%、42.95%和34.30%。分阶段而言，2000~2005年部分城市的耦合协调度实现从濒临失调到勉强协调转变；2005~2010年变化最为明显，约84.6%的城市达到初级协调水平，承德耦合协调度上升最为显著，由濒临失调（0.49）优化为初级协调（0.61）水平；2010~2015年天津、沧州、廊坊和张家口的耦合协调度显著提高，年均变化率分别为2.20%、2.30%、2.68%和2.29%，其他城市基本保持不变。按功能区来说，2000~2015年中部核心功能区（北京、天津、廊坊、保定）的耦合协调度稳步提升，2015年整体处于中级协调水平（0.74），其中北京在2015年升至良好协调阶段（0.84），可见北京在经济快速发展的同时，重视提升居民生活和绿色环境水平。天津的耦合协调度增长了0.23，达到中级协调水平。廊坊和保定均由濒临失调水平升至初级协调水平，分别增长了45.84%和43.45%。西北部生态涵养区（张家口、承德）整体耦合协调度最低，均值为0.57，主要由于该区域的绿色经济发展在一定程度上依赖于生态环境的牺牲，生态系统因资源过度消耗容易出现超负荷运行。2000~2015年承德耦合协调度呈先下降后上升趋势，转折点为2005年，在一定程度上归因于2005年承德作为河北第一个提出并通过生态市规划的城市，实施了生态市建设的方案，从而促使绿色环境水平不断提高，进一步推动了其耦合协调度的提高；张家口长期处于勉强协调水平，这可能由于张家口本身的地理条件为山地多平原少，自然环境比较恶劣，自然灾害频繁，且资源利用效率低，生态环境承受较大压力的同时，居民生活和经济水平停滞不前。南部生态扩展区（石家庄、衡水、邢台、邯郸）和东部滨海发展区（秦皇岛、唐山、沧州）耦合协调度均值分别为0.58和0.60，其在2005~2010年期间大幅提升，从勉强协调水平达到初级协调水平。沧州绿色环境水平和绿色生活水平持续稳定提高，"渤海新区"的成立给沧州经济带来了新的契机，2010年的绿色经济水平较2005年增加了106.16%，因而其耦合协调度明显提高。

## （三）城市群绿色共同体系统空间效应

2000~2015年京津冀城市群科技创新能力的全局莫兰指数均为正值且多数年份通过显著性检验（见表4），这表明相邻城市的科技创新能力呈空间正相关，存在空间集聚现象。绿色共同体系统耦合协调度的全局莫兰指数除2000~2002年外均为正值，且仅在2000年至2003年和2009年未通过显著性检验，故仍可表明耦合协调度存在一定的空间相关性，可进行空间计量分析。值得注意的是：2000~2015年科技创新能力的全局莫兰指数由0.046增到0.215，这表明空间自相关性呈由弱到强的趋势。"十二五"规划期间，京津冀城市群绿色共同体系统耦合协调度的全局莫兰指数上下波动变化，但2011~2015年整体上下降，意味着其空间自相关性减弱，区域差异逐渐缩小，这可能由于2011年公布的"十二五"规划中提出积极推动京津冀区域经济一体化发展及首都经济圈建设，且2014年将京津冀协同发展上升为国家战略。

表4　2000~2015 年京津冀城市群科技创新能力全局莫兰指数及其显著性

| 年份 | TIA | GC | 年份 | TIA | GC |
|---|---|---|---|---|---|
| 2000 | 0.046 | -0.111 | 2008 | 0.183 ** | 0.172 ** |
| 2001 | 0.078 * | -0.046 | 2009 | 0.196 *** | 0.030 |
| 2002 | 0.091 * | -0.018 | 2010 | 0.200 *** | 0.176 ** |
| 2003 | 0.104 * | 0.036 | 2011 | 0.199 *** | 0.253 *** |
| 2004 | 0.139 ** | 0.085 * | 2012 | 0.205 *** | 0.257 *** |
| 2005 | 0.156 ** | 0.116 * | 2013 | 0.209 *** | 0.160 ** |
| 2006 | 0.158 ** | 0.126 ** | 2014 | 0.205 *** | 0.206 ** |
| 2007 | 0.172 ** | 0.204 ** | 2015 | 0.215 *** | 0.204 ** |

注：TIA 为科技创新能力；GC 为绿色共同体系统耦合协调度；*** 、** 和 * 分别表示在 1%、5% 和 10% 的置信水平下显著，下同。

为探讨科技创新能力对京津冀城市群绿色共同体系统耦合协调度的影响，分别采用 LM 检验、LR 检验、Wald 检验、Hausman 检验和 Irtest 检验方法（见表5），以选取适当的计量模型。首先，LM 检验中除 LM 滞后检验外，所有统计量对应的 p 值均小于 0.01，表明存在空间自相关效应。其次，LR 滞后检验和 LR 误差检验均在 1% 的显著性水平下拒绝原假设，即空间杜宾模型不能简化为空间滞后模型或空间误差模型，故选择空间杜宾模型效果更优。最后，Hausman 检验统计量通过了 1% 显著性水平检验，表明固定效应模型优于随机效应模型。Irtest 个体效应检验及时间效应检验统计量均在 1% 水平下通过显著性检验，意味着采用时间和空间双效应模型更合适。综上，本报告构建时空双固定效应下的空间杜宾模型进行实证分析。

表5　空间计量检验结果

| 检验方法 | 统计量 | p 值 | 检验方法 | 统计量 | p 值 |
|---|---|---|---|---|---|
| LM 误差检验 | 25.768 | 0.000 | Irtest 个体效应检验 | 61.78 | 0.000 |
| 稳健 LM 误差检验 | 41.240 | 0.000 | Irtest 时间效应检验 | 118.56 | 0.000 |
| LM 滞后检验 | 2.529 | 0.112 | LR 误差检验 | 39.38 | 0.000 |
| 稳健 LM 滞后检验 | 18.001 | 0.000 | LR 滞后检验 | 44.92 | 0.000 |
| Wald 滞后检验 | 99.49 | 0.000 | Hausman 检验 | 88.22 | 0.000 |
| Wald 误差检验 | 28.26 | 0.000 | | | |

由表6可知，空间自相关系数 $\rho$ 为-0.231，其 p 值为-1.96，在10%的显著性水平下显著，表明绿色共同体系统耦合协调度在京津冀城市群存在负向的空间溢出效应。科技创新能力的估计系数在5%的显著性水平下为负值（-0.035），即科技创新能力对绿色共同体系统耦合协调度有负向影响。经济发展水平和环境规制均通过了显著性检验，系数分别为0.028和0.078，政府规模的估计系数在5%的显著性水平下显著（-0.028），三者对绿色共同体系统耦合协调度具有不同的影响效应。变量的滞后项系数更能说明空间传导效应，科技创新能力滞后项系数为正，政府规模滞后项系数为负，二者均通过了1%的显著性水平下的显著性检验，即科技创新能力有正向的空间溢出效应，而政府规模则相反。其余变量的系数或滞后项系数则不显著。

表6 空间面板杜宾模型估计结果

| 变量 | 系数 | 变量 | 系数 |
|---|---|---|---|
| $TIA$ | $-0.035^{**}$ <br> $(-2.37)$ | $W \cdot TIA$ | $0.096^{***}$ <br> $(3.07)$ |
| $ED$ | $0.028^{***}$ <br> $(3.86)$ | $W \cdot ED$ | $-0.034$ <br> $(-1.43)$ |
| $IS$ | $0.005$ <br> $(0.38)$ | $W \cdot IS$ | $-0.038$ <br> $(-1.29)$ |
| $GS$ | $-0.028^{**}$ <br> $(-2.09)$ | $W \cdot GS$ | $-0.147^{***}$ <br> $(-3.59)$ |
| $ER$ | $0.078^{***}$ <br> $(8.25)$ | $W \cdot ER$ | $-0.025$ <br> $(-0.84)$ |
| $\rho$ | $-0.231^{*}$ <br> $(-1.96)$ | $\sigma^2$ | $0.000^{***}$ <br> $(10.13)$ |

注：$ED$ 为经济发展水平；$IS$ 为产业结构；$GS$ 为政府规模；$ER$ 为环境规制；括号内数值为标准误，下同。

通过效应分解进一步分析变量对绿色共同体系统耦合协调度的影响，结果如表7所示。直接效应和间接效应分别反映了变量对本地区和邻近地区绿色共同体系统耦合协调度的影响程度，总效应为直接效应和间接效应之和。科技创新能力的直接效应系数为-0.040并通过了5%的显著性检验，其间接效应（0.089）及总效应系数（0.049）均显著为正，表明本地区科技创新能力的提升给本地绿色共同体协调发展带来显著压力，但对邻近地区及京津冀地区整体的绿色共同体系统耦合协调度具有明显的正向促进作用。科技创新一方面推动了产业转型升级及节能减排等环境保护技术的研发，进一步促进绿色共同体系统协调发展水平的提升，但也可能通过促进经济增长或改变企业和居民的经济行为而增加能源消费，引发"回弹效应"[18]。经济发展水平的直接效应系数显著为正（0.030），而间接效应系数显著为负，总效应系数为负且不显著，说明区域经济发展水平的提升对当地绿色共同体系统耦合协调能力具有明显的提升作用，对周边地区则可能带来更多发展压力。产业结构直接效应系数为正，间接效应和总效应系数为负，各效应系数均不显著。将其原因归纳为京津冀地区是稳定的"三二一"产业结构，促进绿色共同体系统协调发展不仅依赖于各产业占比，整体上需要构建合理分工的多层次网络型协调发展的产业布局体系。政府规模的各效应系数均为负值，其中间接效应系数和总效应系数通过了1%的显著性检验，即政府规模对周边地区及京津冀整体绿色共同体系统耦合协调度有明显负效应。地方财政预算支出的增加，在一定程度上拉动了经济增长，但其只有被合理投入一定领域内才能促进区域绿色共同体的发展，例如公共基础设施、自然垄断行业等，否则当高支出背后引发高负债，会对区域协调发展起到明显的负向作用。环境规制的直接效应系数（0.080）和总效应系数（0.045）均显著为正，其间接效应系数为负且不显著，这表明环境规制对当地绿色共同体系统耦合协调度具有明显的正向作用，而当地环境质量的改善可能一定程度依赖于部分污染物转移至周围地区或借助周围地区的资源进行处理，进而抑制周边城市的协调发展，但对京津冀绿色共同体系统耦合协调度整体上仍为正向促进作用。

表7　各变量的直接效应、间接效应及总效应

| 变量 | TIA | ED | IS | GS | ER |
|---|---|---|---|---|---|
| 直接效应 | -0.040 **<br>(-2.54) | 0.030 ***<br>(4.47) | 0.008<br>(0.57) | -0.021<br>(-1.53) | 0.080 ***<br>(9.05) |
| 间接效应 | 0.089 ***<br>(3.36) | -0.035 *<br>(-1.69) | -0.034<br>(-1.46) | -0.118 ***<br>(-3.42) | -0.035<br>(-1.52) |
| 总效应 | 0.049 **<br>(1.98) | -0.005<br>(-0.22) | -0.026<br>(-0.77) | -0.139 ***<br>(-4.30) | 0.045 *<br>(1.72) |

# 三　结论及政策建议

## （一）结论

本报告基于绿色发展理念分析了京津冀城市群绿色共同体系统及各子系统在过去及未来的不同时空下的演变特征，并基于空间杜宾模型探究了其耦合协调特征的空间效应。主要结论如下。

（1）各城市绿色共同体系统发展水平均有提高（绿色环境>绿色生活>绿色经济），尤其是北京、天津。邯郸绿色环境发展水平提升最为明显；北京、天津基础设施较为完善，绿色生活水平相对较高；北部地区的绿色经济发展水平高于南部地区。就未来演变而言，京津冀地区北部城市受京、津辐射带动作用明显，绿色共同体系统发展水平较高，而以石家庄为中心的南部城市绿色共同体系统发展水平虽有提升，但仍与北部城市差距明显。

（2）城市群的绿色共同体系统耦合协调度稳步提升，整体从勉强协调水平提升到初级协调水平。京津冀三地耦合协调度梯度差异明显，仅北京达到良好协调水平。中部核心功能区的耦合协调度最高（0.63），而西北部生态涵养区最低（0.57）；南部生态扩展区和东部滨海发展区耦合协调度相近，仅沧州达到了中级协调水平。

（3）科技创新能力与绿色共同体系统耦合协调度均存在空间相关性。

对本地绿色共同体系统耦合协调发展而言，科技创新能力具有消极影响，经济发展水平与环境规制具有积极影响；对周边城市及京津冀城市群整体而言，科技创新能力存在明显的正向空间溢出效应，政府规模则情况相反；经济发展水平的提升会抑制周边地区绿色共同体系统协调发展，环境规制则对京津冀城市群具有正向效应，其余变量均不显著。

## （二）政策建议

基于研究发现，本报告提出以下政策建议。

（1）因地制宜，精准施策。基于城市现阶段及未来发展特征制定差异化绿色共同体系统发展水平提升对策，携手构建绿色共同体。北京、天津和石家庄作为京津冀城市群的重点城市，要充分发挥区位优势，积极强化协同辐射带动和高端引领作用，开展落实对口帮扶工作，实现京津冀协同发展。邢台和邯郸的绿色经济水平低且受绿色生活影响较大，其应在提高基本公共服务水平的同时，积极打造现代化产业体系，加快推动钢铁等传统高耗能产业绿色转型，推动先进制造业和战略性新兴产业的绿色化发展。衡水和石家庄应加大城市绿化力度，优先发展城市公共交通，推进生活方式绿色化，提升人民生活的幸福感。承德要重视引导企业技术创新，加大排污监管力度，加强环保技术研发和应用，推动绿色共同体系统协调发展。

（2）共建共享，协同发展。河北是京津地区的水源涵养地及产业发展的功能疏散承载地，承受着京津冀城市群发展带来的大部分生态问题。生态环境保护作为推进京津冀协同发展率先突破的重点领域之一，京津冀城市群应以"生态优先、绿色发展"为指引，建立健全生态环境联防联控联治机制，制定分工合作、优势互补的环境管理体系，构建区域间生态补偿机制和环境保护主体责任机制，统一补偿标准和核定方式。京津冀城市群人才、资源、科技等要素在空间上呈现明显的集聚特征，应以疏解北京非首都功能为主，加快建设产业转移承接平台和合作园区，优化产业协作机制，并设立人才交流机制，吸引京津两地的优质人才入冀，促进人口与资源的合理配置，从而实现经济的常态化发展。

（3）合理调控绿色共同体系统协调发展。党的十八大以来，习近平总书记多次强调深入实施创新驱动发展战略。在合理范围内引导科技创新成为提高京津冀绿色共同体系统发展协调性的重要手段，完善科技创新体系，建立绿色科技创新资源开放共享机制，开展跨城市的科技创新合作，为城市间提供信息交流、资源对接和合作机会。鼓励京津冀三地的科研机构、高校和企业间展开密切合作，建立创新联合体、产业创新中心等，联合培养创新人才及承担技术研发项目，加速科技成果转移转化。此外，政府应从严控制财政支出，加快财政支出进度，提高财政支出的实效性，尽早发挥财政资金使用效益；提高一般工业固体废物综合利用率以减轻环境压力和促使绿色共同体系统耦合协调性增强。

## 参考文献

［1］王雨辰、彭奕为：《"四个共同体"：习近平生态文明思想的向度与价值》，《探索》2023年第1期。

［2］王玉明：《城市群环境共同体：概念、特征及形成逻辑》，《北京行政学院学报》2015年第5期。

［3］曹方、姬少宇、张鹏、池浩湉：《区域创新共同体治理的逻辑框架、行动实践与政策启示》，《技术经济》2023年第3期。

［4］商迪、李华晶、姚珺：《绿色经济、绿色增长和绿色发展：概念内涵与研究评析》，《外国经济与管理》2020年第12期。

［5］程鹤：《资源型城市绿色创新能力评价指标体系的构建》，《科技管理研究》2019年第19期。

［6］Yang Ting, Zhou Kaile, Zhang Chi, "Spatiotemporal patterns and influencing factors of green development efficiency in China's urban agglomerations", *Sustainable Cities and Society*, 2022, 85, 104069.

［7］陈蓓、彭文斌、刘奕飞：《长江中游城市群绿色创新效率的时空演变与驱动因素》，《经济地理》2022年第9期。

［8］林瑒焱、徐昔保、王维：《长江经济带绿色发展水平时空分异特征与影响因素》，《长江流域资源与环境》2023年第9期。

［9］Liu Kai, Xue Yuting, Chen Zhongfei, "The spatiotemporal evolution and influencing factors of urban green innovation in China", *Science of the Total Environment*, 2023, 857, 159426.

[10] 贾洪文、石芯月:《省域视角下绿色经济发展水平测度研究——基于甘肃省 14 个地州市的实证分析》,《兰州大学学报》(社会科学版) 2020 年第 3 期。

[11] Li Jianglong, Meng Guanfei, Liu Jingwen, "Value chain specialization and green economy performance: China's regional evidence", *Environmental Impact Assessment Review*, 2023, 103, 107217.

[12] 王勇、李海英、俞海:《中国省域绿色发展的空间格局及其演变特征》,《中国人口·资源与环境》2018 年第 10 期。

[13] 彭贺、杨灵芝、陈义忠、郝灿、高田源、颜鹏东、卢宏玮:《特大城市集群绿色发展与生态足迹关联特征》,《中国环境管理》2023 年第 2 期。

[14] 郝汉舟、汤进华、翟文侠、汤民、苏悦:《湖北省绿色发展指数空间格局及诊断分析》,《世界地理研究》2017 年第 2 期。

[15] 成琼文、贺显祥、李宝生:《绿色技术创新效率及其影响因素——基于我国 35 个工业行业的实证研究》,《中南大学学报》(社会科学版) 2020 年第 2 期。

[16] 陆杉、熊娇:《基于 GWR 的长江经济带农业绿色效率时空分异及影响因素研究》,《地理科学》2023 年第 2 期。

[17] 张樨樨、曹正旭、徐士元:《创新质量对高技术产业绿色创新效率影响的异质性——基于产业集聚的门槛效应》,《科技管理研究》2021 年第 18 期。

[18] 马海涛、王柯文:《城市技术创新与合作对绿色发展的影响研究——以长江经济带三大城市群为例》,《地理研究》2022 年第 12 期。

[19] 蔡文静、夏咏、赵向豪:《西北 5 省区"生态环境—经济发展—城镇化"耦合协调发展及预测分析》,《中国农业资源与区划》2020 年第 12 期。

[20] 李贵芳、马栋栋、徐君:《典型资源型城市脆弱性评估及预测研究——以焦作、大庆、铜陵、白山市为例》,《华东经济管理》2017 年第 11 期。

[21] 徐小鹰、田嫩嫩:《长三角城市群绿色发展水平的时空演变及趋势预测》,《长江流域资源与环境》2022 年第 12 期。

[22] 宾零陵、蒋睿文、曹永强、徐奎、韩振涛:《京津冀水资源生态足迹动态变化与预测》,《水资源保护》2023 年第 5 期。

[23] Hochreiter Sepp, Schmidhuber Jürgen, "Long short-term memory", *Neural Computation*, 1997, 9: 1735-1780.

[24] 张芷若、谷国锋:《中国科技金融与区域经济发展的耦合关系研究》,《地理科学》2020 年第 5 期。

[25] Chen Yizhong, Lu Hongwei, Li Jing, "Multi-criteria decision making and fairness evaluation of water ecological carrying capacity for inter-regional green development",

*Environmental Science and Pollution Research*，2021，28：6470-6490.

[26] 窦睿音、张生玲、刘学敏：《中国资源型城市"三生系统"耦合协调时空分异演变及其影响因素分析》，《北京师范大学学报》（自然科学版）2021年第3期。

[27] 朱洁西、李俊江：《数字经济、技术创新与城市绿色经济效率——基于空间计量模型和中介效应的实证分析》，《经济问题探索》2023年第2期。

[28] 王韶华、王菲、何美璇：《京津冀工业绿色发展的空间效应分析——基于动态SDM的供给侧因素分析》，《燕山大学学报》（哲学社会科学版）2022年第1期。

[29] 张虎、尹子擘、薛焱：《新型城镇化与绿色发展耦合协调水平及其影响因素》，《统计与决策》2022年第11期。

[30] 石敏俊：《京津冀建设世界级城市群的现状、问题和方向》，《中共中央党校学报》2017年第4期。

[31] 赵勇、王庆明、王浩、何凡、李海红、翟家齐、刘蓉、胡鹏、王静：《京津冀地区水安全挑战与应对战略研究》，《中国工程科学》2022年第5期。

[32] 方创琳：《京津冀城市群协同发展的理论基础与规律性分析》，《地理科学进展》2017年第1期。

[33] 乔友凤、李奕曼、陈义忠、王天漪、郝灿：《京津冀地区城镇化与水资源可持续利用的演变及匹配特征》，《水资源与水工程学报》2023年第3期。

# B.9
# 京津冀协同创新共同体人才
# 支撑体系构建与评价[*]

梁林 薄亚茹 厉智慧[**]

**摘　要：** 人才是支撑区域协同创新共同体建设的重要力量，京津冀地区要想实现协同发展，实现区域经济可持续发展，必须构建良好的人才支撑环境，增加和提高京津冀地区人才数量和质量。基于此，本报告在梳理国内外研究的基础上，基于三螺旋理论构建了包含政府—产业—大学三个子系统的人才支撑评价指标体系，并运用熵权-TOPSIS 法和耦合协调度综合评价法对京津冀协同创新共同体人才支撑体系进行评价。研究结果表明：整体来看，北京市、天津市和河北省人才支撑体系发展呈上升趋势，但三地政府—大学—产业三个子系统之间的协调度之间存在差距，具体来说，北京协调度最好，河北次之，天津最差。基于此，本报告分析了导致京津冀地区人才支撑体系差距的原因。为了缩小这些差距，需要完善协同创新机制和营造良好人才流动机制。

---

[*] 基金项目：国家社会科学基金资助项目"高碳排制造业碳韧性的监测预警与治理策略研究"（22BGL201）；河北省自然科学基金资助项目"高耗能制造企业碳韧性对数字化转型成效的影响研究"（G2023202011）；河北省教育厅人文社会科学研究重大课题攻关项目"双碳目标下河北省钢铁企业数字化转型路径和优化策略研究"（ZD202212）；2023 年度河北省科协决策咨询调研课题（重点培育）"京津冀科技创新政策比较及我省提升策略研究——基于创新网络优化视角"（HBKX2023D32）；2024 年度河北省高等学校科学研究专项任务项目（基础研究重点培育）"基于碳韧性提升理念的钢铁产业碳减排治理策略研究"（JCZX2024009）。

[**] 梁林，河北工业大学经济管理学院研究员，博士生导师，研究方向为区域规划、人力资源管理；薄亚茹，河北工业大学经济管理学院博士研究生，研究方向为区域规划、人力资源管理；厉智慧，河北工业大学经济管理学院硕士研究生，研究方向为区域规划、人力资源管理。

**关键词：** 协同创新共同体　人才支撑体系　熵权–TOPSIS 法　耦合协调度

　　京津冀协同发展战略被正式提出以来，受到了政界和学界的广泛关注。京津冀协同发展战略作为国家区域发展战略中不可缺少的一部分，一方面可以加速要素在区域内的充分流动[1]，带动京津冀地区经济的良好发展；另一方面可以通过辐射作用带动周边区域经济如山西、山东等地的良好发展。为此，党中央多次在工作会议中提出京津冀协同发展的重要讲话。2014 年 10 月 17 日，习近平总书记指出，"京津冀协同发展根本要靠创新驱动，要形成京津冀协同创新共同体"。京津冀协同创新的本质就是通过整合各创新主体的资源，使得要素得以充分流动[2]。人力资源作为创新的要素，高质量的人才不仅可以对企业维持市场竞争地位起到重要作用，而且可以为区域协同创新活动输送营养，改善区域经济发展布局[3]。

　　根据京津冀协同发展统计监测办公室数据[4]，京津冀地区发展总指数呈现逐年上升的态势，总指数从 2014 年的 100 增长到 2022 年的 145，显现了京津冀地区良好发展的局面。然而，京津冀地区在发展过程中也存在着一系列的问题。整体来说，京津冀地区经济实现了良好发展，但是区域发展不均衡现状仍然存在。根据《京津冀协同发展报告（2022）》，2021年北京技术合同成交额超过 7000 亿元，具备全国第一的水平，但河北承接京津技术合同成交额仅占京津输出技术合同成交额的 3.6%，而天津承接的北京技术合同成交额仅占北京输出技术合同成交额的 0.7%。由此可见，京津冀地区在创新承接方面存在严重问题。作为我国北方重要的经济中心，要想实现区域经济良好发展，必须构建良好的人才支撑体系，充分利用人才集聚的优势，加速创新成果的转化与产出[5]，推动京津冀协同创新共同体的建设。

　　由此可见，建立科学有效的人才支撑体系已经成为促进京津冀地区协同创新共同体建设的关键环节。因此，本报告以三螺旋理论为基础，借鉴以往学者区域人力资源支撑评价指标体系，构建以政府—产业—大学三个层面的区域协同创新共同体人才支撑评价指标体系；通过熵权法确定指标权重，并采用TOPSIS法和耦合协调度综合评价法对京津冀地区人才发展水平现状进行评价，呼吁政府和相关部门根据现有问题制定相应的人才发展战略，为京津冀地区协同创新提供强有力的人才保障。

# 一　文献综述

## （一）区域人力资源评价相关研究

以往学者主要从行业和区域层面对人力资源支撑体系进行构建与评价。行业层面，李林、肖玉超、王永宁提出从产学研联盟视角来构建产业集群的人才交流机制[6]。王亚男、王宏起、李永花构建了包含产业人力资源生存力、竞争力和发展力三个维度的评价指标体系[7]。区域层面，林牧、国洪岗构建了区域人力资源发展水平评价体系，从人力资源综合素质水平、教育培训发展综合水平和社会经济发展水平3个维度展开评价，运用层次分析法和综合评价法对天津市人力发展水平进行评价[8]。谭建伟、叶丽、冯培云基于协同创新视角，提出构建包含人力资源支持体系"硬件"、"软件"及协同创新实现性3个维度的区域协同创新人力资源支撑体系[9]。梁林、段世玉、李妍基于韧性理论构建了包含多样性、流动性、缓冲性和进化性4个维度的区域人力资源韧性评价指标体系[10]。林鹏、郭子雪、李韬构建了包含教育水平、技能水平、创新水平、医疗保健水平和城建化水平5个维度的区域人力资本质量评价模型，基于TOPSIS法对河北省各地市人力资本质量进行评价[11]。张兰霞等根据人力资本理论和人才环境理论从科技人力资源本体、科技人力资源效能和科技人力资源环境3个维度对沈阳、南京、武汉、西安、成都和沈阳共计6个城市科技人力资源竞争力进行了评价[12]。

## （二）三螺旋理论相关研究

三螺旋理论最早出现在生物学研究中用来描述基因、组织与环境的关系。Etzkowitz 基于三螺旋理论提出了包含官、产、学三个方面的三螺旋模型并指出三个部门交叠作用是创新的重要来源[13]，三者之间的联系是促进知识产生和传播的主要力量[14]。伴随着技术的更新变迁，传统的线性科技成果孵化模式难以满足区域创新发展的需求[15]，政府、大学、企业将视线转移至产业合作，开启了我国三螺旋模式下科技成果转化的研究[16]。边伟军、罗公利认为大学、产业、政府在合作中具有平等的关系，并构建了三螺旋下科技企业孵化器新模式[17]。邹波等从三螺旋理论视角出发探究了三螺旋协同创新机制，认为政府、产业、大学在创新活动中具有相同的重要性[18]。三螺旋理论强调了政府、大学和产业在保持自身作用的情况下，相互作用、彼此影响，三个主体的循环作用促进了资金、知识、技术、人才、政策和信息的互动[19]，促进知识产生、创造与传播[20]，缓解了各独立主体"闭门造车"的问题[21]，且主体间关系越紧密越能促进创新成果的产生[22]。这与协同创新理论下产学研协同创新理念不谋而合。

## （三）文献述评

综上所述，以往学者对区域人力资源评价研究已经进行了大量的探索并形成了丰富的成果，但在评价方法上仍有改进空间。协同创新主要表现形式是产学研创新，三螺旋创新模式体现了政府—大学—产业相互作用下协同创新模式，而以往学者鲜有从三螺旋理论视角对区域协同创新人才支撑体系进行研究。此外，近年来中国数字经济飞速发展，对人才建设提出了更高的要求，因此有必要结合具体情境构建相应的人才支撑体系。基于此，本报告基于三螺旋理论，对区域人才支撑体系进行系统的研究，并采用熵权-TOPSIS法和耦合协调度综合评价法评价京津冀地区的人才支撑环境，为京津冀地区构建更加完善的人才支撑体系提供支持。

## 二 京津冀协同创新共同体人才支撑体系设计及评价方法

### （一）指标体系设计及数据来源

结合京津冀协同创新共同体人力资源特征，从政府—产业—大学三个层面构建了京津冀协同创新共同体人才支撑体系（见表1）。其中政府子系统反映政府在人才建设方面具有的支撑作用，具体来说，政府通过出台相关政策，打造优良的政治、经济、技术和社会环境，为人才建设提供重要的支撑力量。产业子系统反映产业在人才引进方面具有的吸引作用。具体来说，高新技术产业是区域创新的重要源头[23]。一方面，高新技术产业的集聚能够通过带动当地经济的发展和提高企业产业竞争力[24]，释放区域经济良好发展的信号，吸引更多人才寻找就业机会；另一方面，高技术产业的集聚能够为人才晋升提供良好的空间，从而减少人才的流失。大学子系统反映大学在人才培养方面具有的基础作用，具体来说，大学通过营造多学科学习的环境，使得学生能充分发挥自身优势，学有所长，以此为社会不断输送高质量的人才。

**表1 区域协同创新共同体人才支撑体系指标构建及来源**

| 目标层 | 子系统 | 指标 | 数据来源 |
|---|---|---|---|
| 区域协同创新共同体人才支撑 | 政府子系统 | 科技支出占地方财政支出比重(%) | 各省市财政局 |
| | | 教育经费支出占地方财政支出比重(%) | 各省市财政局 |
| | | 人均GDP(元) | 国家统计局 |
| | | 互联网宽带接入用户(万户) | 各省市通信管理局官网 |
| | 产业子系统 | 科学研究和技术服务业法人单位数(个) | 国家统计局 |
| | | 信息传输、软件和信息技术服务业法人单位数(个) | 国家统计局 |
| | | R&D人员全时当量(人) | 各省市统计年鉴 |
| | | 有效发明专利数(件) | 国家知识产权局官网 |
| | | 新产品销售收入(万元) | 各省市统计年鉴 |

| 目标层 | 子系统 | 指标 | 数据来源 |
|--------|--------|------|----------|
| 区域协同创新共同体人才支撑 | 大学子系统 | 普通高等学校数(个) | 各省市高校毕业生就业质量报告 |
| | | 普通高等学校本科在校学生数(人) | 各省市高校毕业生就业质量报告 |
| | | 发表科技论文数(篇) | 各省市统计年鉴 |
| | | 出版科技著作数(种) | 各省市统计年鉴 |

### 1. 政府子系统指标

政府不断增加的科技政策能够为企业生存发展提供良好的创新环境,吸引更多的企业将重心转移到京津冀地区来,同时也能吸引更多的人才在京津冀地区寻找就业机会。政府对教育的支持能够使教育惠及每个人,为人才培养解决后顾之忧。区域 GDP 是一个地区经济发展水平的重要标志。一方面,持续的经济发展能够为企业提供良好的环境,从而派生出更多的对人才的需求,而合理的人力资本结构又能促进区域经济增长[25];另一方面,地区经济持续发展会倒逼当地企业广纳人才,持续升级自身优势以此来助力经济可持续发展。近年来,中国数字经济高速发展,是中国经济高质量发展的重要推动力量[26][27],同时互联网也为人们获取外部信息提供了良好的平台。因此,本报告选择科技支出占地方财政支出比重、人均 GDP 发展水平和互联网宽带接入用户发展水平作为政府子系统的评价指标。

### 2. 产业子系统指标

科研机构多寡反映了一个地区在科技创新方面的重视程度[28]。区域科研机构越多,该地区越能在区域长远发展中占据更多的优势[29][30],从而吸引更多的高技术人才到当地来寻求就业机会。数字经济的高速发展需要信息传输、软件和信息技术服务业的支撑。区域信息传输、软件和信息技术服务业越多,越能释放出一种当地数字经济良好发展的信号,从而吸引更多的人才。技能人才是从事科技创新活动的重要主体,是产业长期发展的重要中坚力量[31],对促进产业升级起着重要作用。此外,在产业结构升级背景下,科技创新活动呈现指数级增长趋势，创新成果不断涌现，而创新产出可以通过有效发明专利数和新产品销售收入来体现[32][33]。因此，本报告选择科学研究和技术服务业法人单位数，信息传输、软件和信息技术服务业法人单位数、R&D人员全时当量，有效发明专利数和新产品销售收入作为产业子系统指标。

### 3.大学子系统指标

高校作为人才培养的重要基地，是区域人才重要的输送源[34]。区域高校越多，越能为京津冀地区输送更多的高质量人才。2023年我国大学生在校总人数超过4430万人，大学在校生越多，越能充分发挥人才的集聚作用，促进区域创新产出[35]。此外，高校具有重要的信息媒介作用，能够为人才发展提供重要的科研信息[36][37]。而科研成果汇报结果主要通过发表科技论文数和出版科技著作数来显现。因此，本报告选择普通高等学校数、普通高等学校本科在校学生数、发表科技论文数和出版科技著作数作为大学子系统的评价指标。

据此，本报告构建了政府—产业—大学三个层面下共13个二级指标的京津冀协同创新共同体人才支撑评价指标体系，数据来源于各省市《统计年鉴》、各省市财政局官网、国家知识产权局官网、国家统计局官网等。考虑到数据的可获得性，本报告选取2018~2022年京津冀地区数据作为数据源。

## （二）京津冀协同创新共同体人才支撑体系评价方法

本报告采用熵权–TOPSIS法和耦合协调度综合评价法对京津冀协同创新共同体人才支撑体系进行评价。鉴于系统量纲和数量级不一致的问题，导致数据结果难以直接进行比较，本报告在对指标体系进行评价之前，首先需要对数据进行归一化处理。

具体步骤如下。

### 1.熵值法

第一步，对数据进行标准化处理。为了避免量纲和数据量级对数据结果的影响，本报告先将数据转化为0至1之间的数值。这样做的优点在于，经过标准化处理后的数据能够直接根据其相应权重得到指标的得分，从而能够对京津冀三地数据进行比较。鉴于本报告的指标体系中的所有指标均为正向指标，因此标准化处理的过程为用该项指标与指标最小值的差除以该项指标最大值与最小值的差。具体计算过程如式（1）至式（5）所示。其中，$X_{ij}$表示第$i$省或市的第$j$个指标，$\min X_{ij}$表示第$i$省或市的第$j$个指标的最小值，$\max X_{ij}$表示第$i$省或市的第$j$个指标的最大值。

$$X_{ij}^{'} = (X_{ij} - \min X_{ij})/(\max X_{ij} - \min X_{ij}) \tag{1}$$

第二步，第$j$个指标下第$i$省或市占该指标第$i$省或市的比重为：

$$Y_{ij} = X_{ij}^{'}/\sum_{i=1}^{m} X_{ij}^{'} \tag{2}$$

第三步，计算第$j$个指标的信息熵：

$$e_j = -\frac{1}{\ln m}\sum_{i=1}^{m} Y_{ij}\ln(Y_{ij}) \tag{3}$$

第四步，信息熵冗余度的计算公式为：

$$d_j = 1 - e_j \tag{4}$$

第五步，指标权重的计算公式为：

$$w_j = d_j/\sum_{j=1}^{n} d_j \tag{5}$$

## 2. 确定政府—产业—大学各个子系统的熵权

第一步，根据各子系统下二级指标的熵权$w_j$计算相应层面的熵权$w_k$：

$$w_k = \sum_{j=1}^{n} w_j \tag{6}$$

第二步，计算各二级指标对应子系统的熵权：

$$e_j = w_j/w_k \tag{7}$$

第三步，计算各子系统的得分：

$$z_{ik} = \sum_{j=1}^{n} Y_{ij} e_j \qquad (8)$$

3. 基于 TOPSIS 法计算京津冀协同创新共同体人才支撑体系综合评价系数

综合评价系数 $C_i$ 越大，说明人才支撑体系整体发展状况越好。具体步骤如下。

第一步，计算各子系统的正理想解 $z_{ik}^+$ 和负理想解 $z_{ik}^-$，具体计算公式如下：

正理想解

$$z_{ik}^+ = \max\{z_{ik}\} \qquad (9)$$

负理想解

$$z_{ik}^- = \min\{z_{ik}\} \qquad (10)$$

第二步，计算加权值到正理想解 $z_{ik}^+$ 和负理想解 $z_{ik}^-$ 的距离：

$$D_i^+ = \sqrt{\sum_{k=1}^{3} (z_{ik} - z_{ik}^+)^2} \qquad (11)$$

$$D_i^- = \sqrt{\sum_{k=1}^{3} (z_{ik} - z_{ik}^-)^2} \qquad (12)$$

第三步，计算与理想解的相对贴近度，并针对计算结果进行大小排序。第 $i$ 省或市协同创新共同体人才支撑体系综合评价系数 $C_i$ 为：

$$C_i = D_i^- / (D_i^+ - D_i^-) \qquad (13)$$

4. 计算京津冀协同创新共同体人才支撑体系耦合协调度

本报告分别通过测度政府—产业、政府—大学、产业—大学和政府—产业—大学之间的耦合协同度，综合判断区域协同创新共同体人才支撑体系的发展水平。

$$C = \left\{ \frac{U_1 \times U_2 \cdots \times U_n}{[(U_1 + U_2 + \cdots + U_n)/n]^n} \right\}^{1/n} \qquad (14)$$

$$T = \partial_1 U_1 + \partial_2 U_2 + \cdots + \partial_n U_n, \sum_{i=1}^{n} \partial_i = 1 \qquad (15)$$

$$D = \sqrt{C \times T} \qquad (16)$$

其中 $n$ 为交互层面的个数，D 为耦合度指数，耦合度为 0~0.3 时显示系统处于低耦合度状态，0.3~0.5 时为拮抗阶段，0.5~0.8 时为磨合阶段，0.8~1 时为高度耦合状态。

## 三 京津冀协同创新共同体人才支撑体系评价结果

京津冀协同创新共同体人才支撑体系的熵权得分结果如表 2 所示。根据熵权结果可以看出，政府子系统、产业子系统和大学子系统在京津冀协同创新共同体人才支撑体系中占有相同的比重，其中，在政府子系统中，互联网宽带接入用户这一指标所占比重较大，有效发明专利数指标在产业子系统中所占比重较大，每万人发表科技论文数指标在大学子系统中所占比重较大。

**表 2　区域协同创新共同体人才支撑体系熵权得分**

| 目标层 | 子系统 | $w_k$ | 指标 | $E_j$ | $w_j$ | $P_j$ |
|---|---|---|---|---|---|---|
| 区域协同创新共同体人才支撑 | 政府子系统 | 1 | $X_1$ | 0.9097 | 0.0903 | 0.1545 |
| | | | $X_2$ | 0.8593 | 0.1407 | 0.2408 |
| | | | $X_3$ | 0.8659 | 0.1341 | 0.2296 |
| | | | $X_4$ | 0.7809 | 0.2191 | 0.3751 |
| | 产业子系统 | 1 | $X_5$ | 0.8143 | 0.1857 | 0.1721 |
| | | | $X_6$ | 0.8421 | 0.1579 | 0.1464 |
| | | | $X_7$ | 0.7375 | 0.2625 | 0.2434 |
| | | | $X_8$ | 0.6937 | 0.3063 | 0.2840 |
| | | | $X_9$ | 0.8338 | 0.1662 | 0.1541 |
| | 大学子系统 | 1 | $X_{10}$ | 0.8337 | 0.1663 | 0.1881 |
| | | | $X_{11}$ | 0.8351 | 0.1649 | 0.1865 |
| | | | $X_{12}$ | 0.7506 | 0.2494 | 0.2820 |
| | | | $X_{13}$ | 0.6965 | 0.3035 | 0.3433 |

## （一）京津冀协同创新共同体人才支撑体系综合评价结果

基于熵权值计算京津冀协同创新共同体人才支撑体系发展水平得分，结果如表3所示。图1、图2和图3分别展示了北京市、天津市和河北省的协同创新共同体人才支撑体系评价结果的发展趋势。

表3　2018~2022年京津冀协同创新共同体人才支撑体系各子系统发展水平得分

单位：分

| 区域 | 子系统 | 2018年 | 2019年 | 2020年 | 2021年 | 2022年 |
|------|--------|--------|--------|--------|--------|--------|
| 北京市 | 政府 | 0.4425 | 0.4911 | 0.4502 | 0.5015 | 0.5092 |
| | 产业 | 0.5826 | 0.6125 | 0.7305 | 0.8236 | 0.9164 |
| | 大学 | 0.7744 | 0.7741 | 0.7201 | 0.6741 | 0.6322 |
| 天津市 | 政府 | 0.1945 | 0.1723 | 0.2055 | 0.2401 | 0.2449 |
| | 产业 | 0.0102 | 0.0085 | 0.0180 | 0.0315 | 0.0391 |
| | 大学 | 0.0634 | 0.0442 | 0.0104 | 0.0354 | 0.0203 |
| 河北省 | 政府 | 0.2734 | 0.4057 | 0.4144 | 0.5020 | 0.5386 |
| | 产业 | 0.1536 | 0.1899 | 0.2349 | 0.2956 | 0.3585 |
| | 大学 | 0.3354 | 0.3488 | 0.3734 | 0.3822 | 0.4762 |

由图1可知，2018~2022年北京市协同创新共同体人才支撑体系发展整体上呈上升趋势。其中，2018~2022年北京市产业子系统发展水平得分逐年上升，上升幅度尤为明显，从0.5826分增长到0.9164分，表明北京市在产业层面的投入和产出取得较好发展成绩。2018~2022年北京市政府子系统发展水平得分总体上呈现增长态势，虽然在2020年稍有下降，但2018~2022年五年间，政府子系统发展水平得分从0.4425分提高到0.5092分。2018~2022年北京市大学子系统发展水平得分呈下降趋势，从0.7744分下降到0.6322分，表明北京市大学子系统的发展有所停滞。这也与实际情况相符：长期以来，北京市致力于将创新人才吸引和集聚作为协同创新人才支撑建设的重要任务和智力支撑，并通过各类人才政策促进这一战略目标的实

现，在吸引创新人才上取得了较为显著的成效。北京市政府对创新人才给予直接的服务与支持，如人才培养和发展、资金支持等，以政策法规形式支持创新人才所在产业及其创新活动，引导创新人才进行产业创新、技术开发和成果转化。此外，北京市是建设高水平人才高地的先行区，高水平研究型大学是建设高水平人才高地的主阵地。然而，北京市大学子系统的区域创新主体身份的效应还不够凸显。北京市多数高校倾向于将国家和地方提供的资源重复投入支持以"服务国家战略需求""创建世界一流大学"为目标的人才发展中，区域创新发展的人才需求没有得到充分响应。

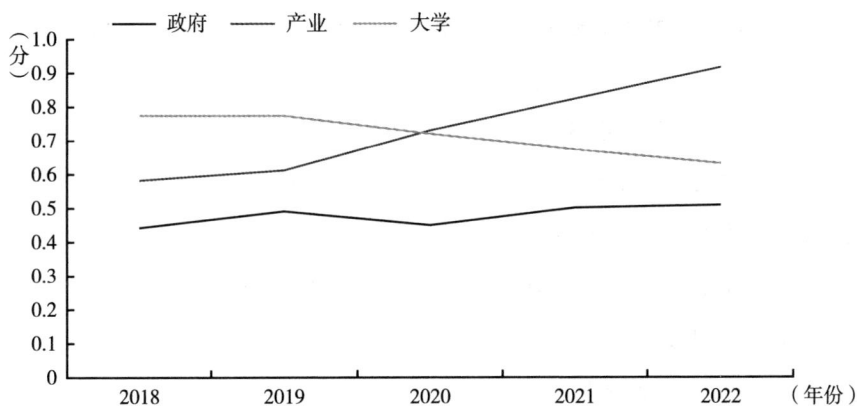

**图 1　2018～2022 年北京市协同创新共同体人才支撑体系各子系统评价结果**

由图 2 可知，2018～2022 年天津市协同创新共同体人才支撑体系发展整体上呈上升态势。其中，2018～2022 年天津市政府子系统发展水平得分呈波动上升趋势，与其他两个子系统相比增长幅度最大，从 0.1945 分增长到 0.2449 分。除 2019 年稍有下降外，其余年份均呈上升状态，2019～2021 年的增长速度最快，2022 年增长速度放缓。天津市产业子系统发展水平得分与其他两个子系统相比处于较差水平，但产业子系统发展水平得分逐年增加，2018～2022年从 0.0102 分增长到了 0.0391 分。天津市大学子系统发展水平得分波动较为明显，且呈现下降趋势，从 2018 年的 0.0634 分下降到了 2020 年的 0.0104 分，而后 2021 年稍有上升，上升到了 0.0354 分，

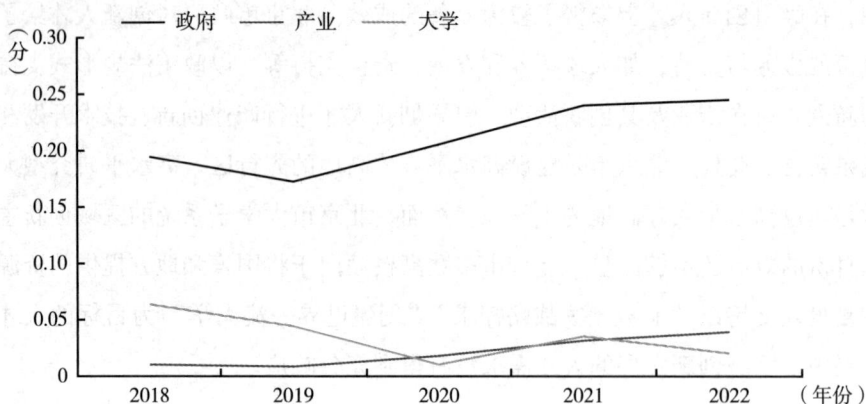

**图2　2018~2022年天津市协同创新共同体人才支撑体系各子系统评价结果**

2022年又下降到了0.0203分。目前天津市具有相对完善的科技创新政策和人才政策体系，更加注重对创新人才的引进。此外，天津市自主创新示范区以先进建设理念为指引，依附于大量科技型企业和绿色产业链条，初步打造了创新生态系统。但当前天津市的产业协同创新意识普遍不强，创新的主动性和积极性都有待进一步提高。另外，天津市高校所提供的科技创新环境较好，创新资源分布过于密集，可能造成创新资源利用效率较低，成果转化率不高。

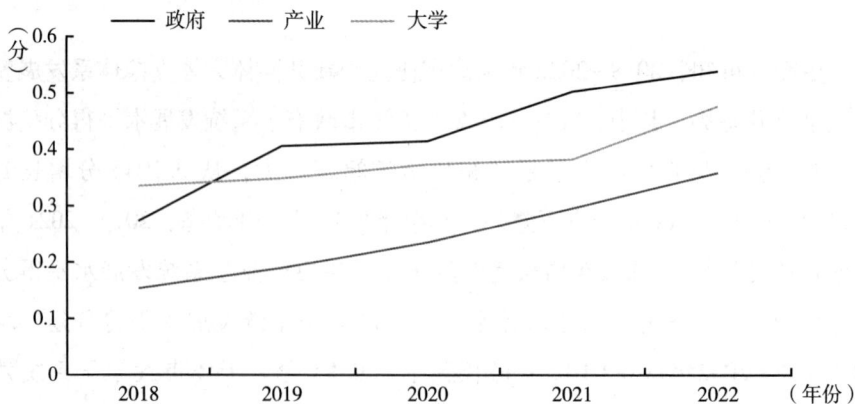

**图3　2018~2022年河北省协同创新共同体人才支撑子体系各子系统评价结果**

由图 3 可知，2018~2022 年河北省协同创新共同体人才支撑体系发展水平良好，且呈稳步上升趋势。其中，2018~2022 年河北省政府子系统发展水平得分增长幅度与其他子系统相比较大，从 2018 年的 0.2734 分增长到了 2022 年的 0.5386 分，除 2020 年的增长幅度放缓，其余年份均呈大幅增长状态。河北省产业子系统发展水平得分逐年稳步上升，且增长速度较快，从 2018 年的 0.1536 分增长到了 2022 年的 0.3585 分。河北省大学子系统发展水平得分较为良好，但 2018~2020 年增长速度较为缓慢，从 0.3354 分增长到了 0.3734 分，2022 年增长幅度增加，增长到了 0.4762 分。近几年来，河北省政府立足基本省情，实施多项举措激发人才创新，加强了创新人才评价、表彰奖励、薪酬待遇等人才政策集成、措施集合，河北省的创新人才产出能力不断提升。河北省各市围绕本市特色产业吸引创新人才，如秦皇岛市构建了以"人才强秦"25 条为核心的"人才新政"政策体系，力求将秦皇岛市打造成河北沿海人才高地。此外，石家庄铁道大学、河北科技大学等河北省多所高校开展科技成果长期使用权试点，使得科技创新成果转让项目实现零的突破。

在得到创新能力评价结果之后，计算 2018~2022 年京津冀协同创新共同体人才支撑体系各子系统与理想值之间的距离，从而得到贴近系数，并对京津冀协同创新共同体人才支撑体系的整体发展趋势进行分析，结果如表 4 和图 4 所示。图 4 直观展示了京津冀三省市综合贴进度的变化趋势，可以看出，2018~2022 年，京津冀协同创新共同体人才支撑排名均为北京市、河北省、天津市。北京市协同创新共同体人才支撑体系评价值在 2018~2022 年逐年增加，呈稳步上升态势，人才支撑水平正逐步向理想状态发展。河北省协同创新共同体人才支撑体系评价值在 2018~2022 年增长幅度较大，呈直线上升趋势。天津市协同创新共同体人才支撑体系评价值在 2018~2022 年呈先降后升的状态，2019 年稍有下降，但从总体上来看呈上升态势，2021 年恢复到略高于 2018 年的水平。

表4　2018~2022年京津冀协同创新共同体人才支撑体系评价排名

| 区域 | 年份 | 相对贴进度 | 排序 |
|---|---|---|---|
| 北京市 | 2018 | 0.5657 | 5 |
| | 2019 | 0.5853 | 4 |
| | 2020 | 0.5862 | 3 |
| | 2021 | 0.6048 | 2 |
| | 2022 | 0.6120 | 1 |
| 天津市 | 2018 | 0.1408 | 13 |
| | 2019 | 0.1223 | 15 |
| | 2020 | 0.1263 | 14 |
| | 2021 | 0.1493 | 12 |
| | 2022 | 0.1520 | 11 |
| 河北省 | 2018 | 0.3263 | 10 |
| | 2019 | 0.3629 | 9 |
| | 2020 | 0.3841 | 8 |
| | 2021 | 0.4190 | 7 |
| | 2022 | 0.4610 | 6 |

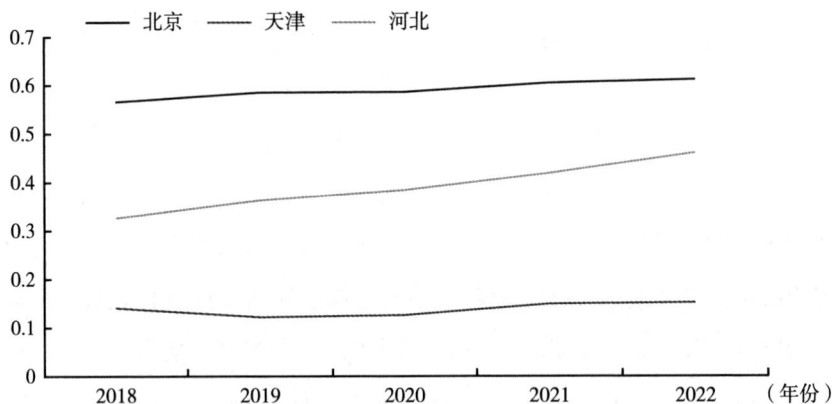

图4　2018~2022京津冀协同创新共同体人才支撑体系综合贴近度变化趋势

（二）京津冀协同创新共同体人才支撑体系各子系统耦合协调度评价结果

根据熵权得分结果计算京津冀协同创新共同体人才支撑体系各子系统间的耦合协调度，结果如表5、图5至图7所示。

**表5 2018~2022年京津冀协同创新共同体人才支撑体系各子系统耦合协调度得分**

单位：分

| 区域 | 年份 | 政府—产业 | 协调度 | 政府—大学 | 协调度 | 产业—大学 | 协调度 | 政府—产业—大学 | 协调度 |
|---|---|---|---|---|---|---|---|---|---|
| 北京 | 2018 | 0.7125 | 中级协调 | 0.7651 | 中级协调 | 0.8196 | 良好协调 | 0.7645 | 中级协调 |
| | 2019 | 0.7406 | 中级协调 | 0.7852 | 中级协调 | 0.8298 | 良好协调 | 0.7844 | 中级协调 |
| | 2020 | 0.7573 | 中级协调 | 0.7546 | 中级协调 | 0.8516 | 良好协调 | 0.7866 | 中级协调 |
| | 2021 | 0.8017 | 良好协调 | 0.7625 | 中级协调 | 0.8632 | 良好协调 | 0.8081 | 良好协调 |
| | 2022 | 0.8265 | 良好协调 | 0.7532 | 中级协调 | 0.8725 | 良好协调 | 0.8159 | 良好协调 |
| 天津 | 2018 | 0.2112 | 中度失调 | 0.3332 | 轻度失调 | 0.1596 | 严重失调 | 0.2239 | 中度失调 |
| | 2019 | 0.1953 | 严重失调 | 0.2954 | 中度失调 | 0.1390 | 严重失调 | 0.2002 | 中度失调 |
| | 2020 | 0.2466 | 中度失调 | 0.2151 | 中度失调 | 0.1170 | 严重失调 | 0.1838 | 严重失调 |
| | 2021 | 0.2948 | 中度失调 | 0.3037 | 轻度失调 | 0.1827 | 严重失调 | 0.2538 | 中度失调 |
| | 2022 | 0.3129 | 轻度失调 | 0.2656 | 中度失调 | 0.1679 | 严重失调 | 0.2408 | 中度失调 |
| 河北 | 2018 | 0.4527 | 濒临失调 | 0.5503 | 勉强协调 | 0.4764 | 濒临失调 | 0.4914 | 濒临失调 |
| | 2019 | 0.5269 | 勉强协调 | 0.6133 | 初级协调 | 0.5073 | 勉强协调 | 0.5473 | 勉强协调 |
| | 2020 | 0.5585 | 勉强协调 | 0.6272 | 初级协调 | 0.5442 | 勉强协调 | 0.5755 | 勉强协调 |
| | 2021 | 0.6207 | 初级协调 | 0.6618 | 初级协调 | 0.5798 | 勉强协调 | 0.6199 | 初级协调 |
| | 2022 | 0.6629 | 初级协调 | 0.7116 | 中级协调 | 0.6428 | 初级协调 | 0.6718 | 初级协调 |

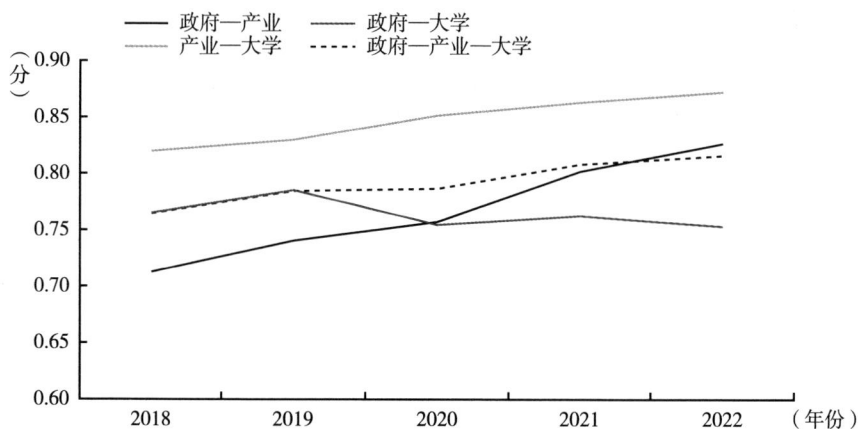

**图5 2018~2022年北京市协同创新共同体人才支撑体系各子系统耦合协调度发展趋势**

由表 5 和图 5 可知，2018~2022 年，北京市内部各子系统之间的协调程度整体上呈上升趋势。其中，政府—产业子系统耦合协调度指数显著提高，耦合协调度指数由 2018 年的中级协调（0.7125 分）提高到了 2022 年的良好协调（0.8265 分）。政府—大学子系统耦合协调度指数在 2018~2022 年波动变化明显，且出现下降趋势，但下降幅度不大，2018~2022 年耦合协调度指数均处于中级协调水平。产业—大学子系统耦合协调度指数在 2018~2022 年呈上升趋势，从 2018 年的 0.8196 分提高到了 0.8725 分，五年间均处于良好协调水平。此外，与其他子系统相比，产业—大学子系统耦合协调度指数一直处于较高水平。三个子系统的耦合协调度稳步提高，总体系统（政府—产业—大学）耦合协调度指数从 2018 年的中级协调（0.7645 分）提高到了 2022 年的良好协调（0.8159 分）。总体系统耦合协调度整体上高于政府—大学子系统和政府—产业子系统，低于产业—大学子系统。北京市的政府—产业—大学耦合协调度数值高于天津市和河北省，说明北京市的政府、产业和大学之间的合作关系最紧密，这符合实际情况。在高层次的"双一流"高校数量、国家级重点实验室数量、高新技术企业数量和研发人员数量上，北京市的占比均远超津冀两地，大量具备领先创新知识的人才聚集在北京，使得北京市具有一定的创新优势。北京市依托雄厚的研发创新能力，一直通过各种措施促进政产学的融合，发挥协同创新的最大价值优势。

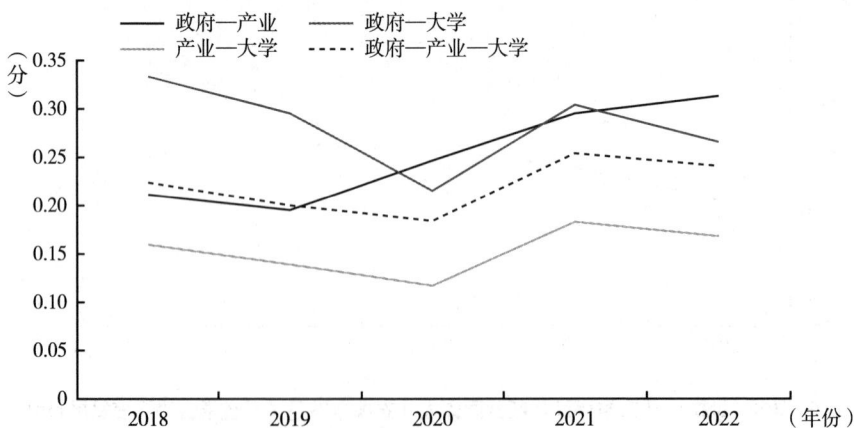

**图 6  2018~2022 年天津市协同创新共同体人才支撑体系各子系统耦合协调度发展趋势**

由表5和图6可知，2018~2022年天津市内部各子系统之间的协调程度整体上呈波动上升趋势。其中，政府—产业子系统耦合协调度指数除2019年稍有下降，由中度失调（0.2112分）转为严重失调（0.1953分），之后年份耦合协调度指数稳步提高，2022年达到轻度失调（0.3129分）。政府—大学子系统耦合协调度指数波动变化较为明显，由2018年的轻度失调（0.3332分）下降到了2020年的中度失调（0.2151分），而后有所改善，2021年上升到了轻度失调（0.3037分），但2022年又下降到了中度失调（0.2656分）。产业—大学子系统耦合协调度指数与其他子系统相比，处于较差水平，从耦合协调度指数数值上看，产业—大学子系统耦合协调度指数在波动上升，但2018~2022年均为严重失调。三个子系统的总体耦合协调度呈波动式变化，2018~2022年，除2020年为严重失调（0.1838分），总体系统（政府—产业—大学）耦合协调度指数在其余年份均处于中度失调。目前，天津市的创新驱动战略布局扩大，将辐射"一区二十一园""18个重点产业集群"等，大力提高创新环境水平。此外，天津市通过复制推广中关村的促进科技创新的金融、财税、人才激励、科研经费等一系列政策，推动天津市政产学的协同发展。但是，天津市的政府、产业、大学的合作联系不够紧密，在创新方面的协同程度不高，市场主体创新的积极性和活跃度还不够理想，会导致政产学资源的转化效率和效果降低，限制了京津冀协同创新对城市发展的带动作用。天津市在营商环境、政府为企业主动服务的意识以及在相关产业扶持政策等方面有待提高和完善，创新氛围还较弱，这会制约其创新驱动战略的实施。

由表5和图7可知，2018~2022年河北省内部各子系统之间的协调程度整体上呈稳步上升趋势。其中，政府—产业子系统耦合协调度指数逐年增加，且增长幅度较大，从2018年的濒临失调（0.4527分）上升到了2022年的初级协调（0.6629分）。政府—大学子系统耦合协调度指数呈上升趋势，其中2019年和2022年增长较为明显，2018年处于勉强协调（0.5503分），2019年上升到了初级协调（0.6133分），2022年又上升到了中级协调（0.7116分）。产业—大学子系统耦合协调度指数的增长速度最快，2018年处于濒临失调（0.4764 分），2019～2021 年均处于勉强协调，但耦合协调度指数数值逐年增加，2022 年处于初级协调（0.6428 分）。三个子系统的总体耦合协调度逐年上升，2018 年处于濒临失调（0.4914 分），2019 年上升到了勉强协调（0.5473 分），2021 年又上升到了初级协调（0.6199 分）。河北省的政府—产业—大学的总体耦合协调度稳步上升，说明京津冀协同发展的政策在河北省得到了良好的反馈，政府、产业、大学之间的互动合作和成果转化在增多。北京市作为京津冀三地科技创新的核心地区，推动各类创新资源加速流动，以北京中关村科技园为引领，秦皇岛、保定、承德、石家庄、雄安新区等河北多地与中关村共同建设协同创新共同体，以总部—孵化基地、共建共管等科技园区合作模式推动河北省政产学系统实现良性发展。

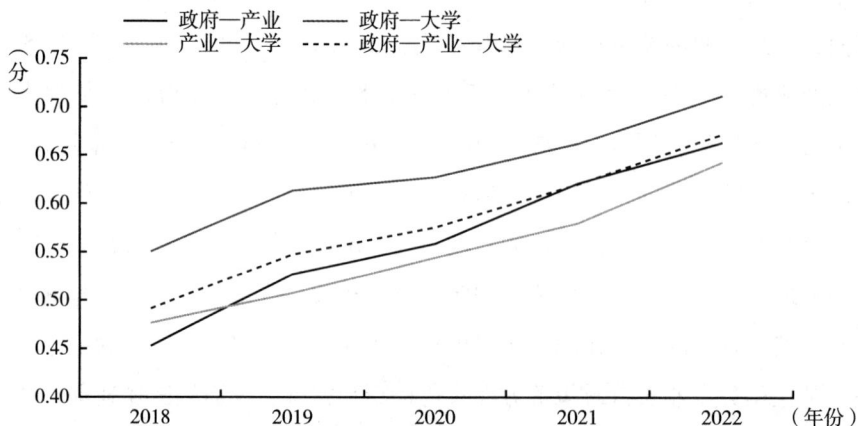

图 7　2018～2022 年河北省协同创新共同体人才支撑体系各子系统耦合协调度发展趋势

## 四　结论与建议

通过对京津冀协同创新共同体人才支撑体系的实证研究发现，京津冀三地协同创新共同体人才支撑体系发展水平总体呈逐年上升的趋势，具体表现为河北省涨幅最大，北京市涨幅较小，天津市呈现先降低后升高的趋势。通过对区域内各子系统耦合协调度评价结果的分析发现，北京市各子系统之间耦合协调度呈现上升趋势，天津市各子系统之间耦合协调度呈现波动上升趋势，而河北省各子系统之间耦合协调度存在稳步上升趋势。总体上来说，北京市协同创新共同体人才支撑体系子系统之间耦合协调度最好，河北省次之，天津市最差。针对以上分析结果，为提高京津冀协同创新共同体人才支撑体系的有效性，促进区域经济协同发展，提高创新成果转化效率，本报告提出以下对策与建议。

**1. 完善协同创新工作机制**

要想实现创新成果转化效率的提升，需要完善京津冀地区协同工作机制。因此，建议北京市、天津市和河北省的地区高校之间加强联系，及时掌握科技前沿信息，以便在承接创新项目时能够具备技术优势。政府层面：一是建立协同创新平台，推动高校、研发机构和企业的深度合作，加快科技创新产出进程；二是要完善政策导向，通过制定相应的金融和财税政策，降低企业研发成本和风险以及吸引更多的企业参与到协同创新活动中来；三是强化纽带作用，建立良好的政企研沟通和协调机制，以便更加高效地解决其协同创新过程中出现的问题；四是完善知识产权保护制度，通过保护创新主体知识产权和完善专利支持政策，激发创新主体的创新活力。

**2. 营造良好的人才流动机制**

协同创新活动需要人才支撑，为保证创新活动的平稳运行，政府、企业和大学应合力营造合理的人才流动机制。政府层面：一方面，应在政策方面向优秀人才倾斜，通过调整人才引进政策，消除人才因家庭和户籍等不能到外地工作的后顾之忧；另一方面，通过建立人才信息共享平台，促进企业与高校之间、高校与高校之间以及企业与企业之间的人才流动。企业层面：一方面，要加强人才评价体系建设，建立科学公正的人才评价标准，以便优秀人才能够随时被挖掘出来；另一方面，加大对人才的激励机制，通过设立创新基金、股权激励计划等方式，提高员工积极性以及支持人才在创新领域的发展。大学层面：一方面，应提高教师主动承担国家重点课题的意识，提高其创新能力；另一方面，鼓励教师到企业去实践以增强其创新产出的实用价值。

## 参考文献

[1] 陈浩、罗力菲：《区域协同发展政策对要素流动与配置的影响：京津冀例证》，《改革》2023年第5期。

[2] 田学斌、柳天恩：《京津冀协同创新的重要进展、现实困境与突破路径》，《区域经济评论》2020年第4期。

[3] 杨希：《区域经济发展中人力资源的相关性分析》，《中学地理教学参考》2023年第19期。

[4] 京津冀协同发展统计监测办公室：《京津冀协同步伐坚实区域发展指数进一步提升》，《中国信息报》2023年12月29日，第001版。

[5] 董晓宏、孙拥军、武星：《创新型人才与高技术产业共轭驱动高质量发展——以京津冀为例》，《经济与管理》2022年第4期。

[6] 李林、肖玉超、王永宁：《基于产业集群的产学研战略联盟合作机制构建研究》，《重庆大学学报》（社会科学版）2010年第2期。

[7] 王亚男、王宏起、李永花：《区域战略性新兴产业人力资源生态系统评价指标体系设计》，《统计与决策》2016年第13期。

[8] 林牧、国洪岗：《区域人力资源发展水平评价指标体系构建》，《商业时代》2011年第3期。

[9] 谭建伟、叶丽、冯培云：《区域协同创新人力资源支撑体系评价研究：重庆例证》，《科研管理》2016年第S1期。

[10] 梁林、段世玉、李妍：《数字经济背景下京津冀人力资源系统韧性评价与治理》，《中国人力资源开发》2022年第8期。

[11] 林鹏、郭子雪、李韬：《基于组合赋权-TOPSIS法的区域人力资本质量评价模型及应用》，《数学的实践与认识》2019年第17期。

[12] 张兰霞、付竞瑶、姜海滔、车琳娜：《我国区域中心城市科技人力资源竞争力评价》，《东北大学学报》（自然科学版）2016年第2期。

[13] Etzkowitz, H., Leydesdorff, L., "The triple helix of university-industry-government relations: A laboratory for knowledge-based economic development", *EAST Review*, 1995, 14 (19).

[14] 王侃：《中国共产党反腐模式的发展变迁与理论研究》，《浙江社会科学》

2009 年第 8 期。

[15] 张铁男、陈娟：《基于三螺旋模型的大学科技园孵化模式研究》，《情报杂志》2011 年第 2 期。

[16] 唐江云、彭璟颜、熊鹰、郭耀辉、李晓：《农业科技成果转化三螺旋模式构建及其作用机制——基于四川省实证分析》，《科技管理研究》2022 年第 22 期。

[17] 边伟军、罗公利：《基于三螺旋模型的官产学合作创新机制与模式》，《科技管理研究》2009 年第 2 期。

[18] 邹波、郭峰、王晓红、张巍：《三螺旋协同创新的机制与路径》，《自然辩证法研究》2013 年第 7 期。

[19] 孙思捷：《我国三螺旋创新理论研究综述》，《科技经济市场》2020 年第 11 期。

[20] 柳岸：《我国科技成果转化的三螺旋模式研究——以中国科学院为例》，《科学学研究》2011 年第 8 期。

[21] 张文亚、丁三青：《科技创新三螺旋模式中政府的适切功能与定位》，《科学管理研究》2021 年第 2 期。

[22] 王琳琳、王光辉、陈刚：《基于三螺旋理论的中国城市间产学研创新合作网络结构特征分析》，《科技管理研究》2023 年第 12 期。

[23] 任娇、赵荣荣、任建辉：《数字金融、高技术产业集聚与区域创新绩效》，《统计与决策》2023 年第 5 期。

[24] 罗良文、赵凡：《高技术产业集聚能够提高地区产业竞争力吗?》，《财经问题研究》2021 年第 1 期。

[25] 王璐、李晨阳：《人力资本结构、产业结构与经济稳增长——基于新结构劳动经济学视角的理论初探》，《经济问题探索》2023 年第 9 期。

[26] 卫平、古燚：《数字经济对产业结构升级的影响研究——基于创新产出角度的分析》，《工业技术经济》2022 年第 6 期。

[27] 潘明明、张杰：《财政科技支出、数字经济与经济高质量发展——基于省域面板数据实证检验》，《管理现代化》2023 年第 4 期。

[28] 王儒奇、胡绪华：《区域创新系统内主体间创新溢出效应研究——以长江经济带为例》，《南京财经大学学报》2022 年第 3 期。

[29] 盛亚、冯媛媛、施宇：《政府科研机构科技资源配置效率影响因素组态分析》，《科技进步与对策》2022 年第 8 期。

[30] 焦翠红、陈钰芬：《R&D 资源配置、空间关联与区域全要素生产率提升》，《科学学研究》2018 年第 1 期。

[31] 周强：《东营市东营区：让技能人才在产业发展中大展身手》，《中国人才》2019 年第 12 期。

[32] 董俊鸢、孟怡伟、丁志伟：《中国县域创新产出的空间分异及其影响因素》，

《世界地理研究》2023 年第 8 期。

[33] 张美丽、李柏洲:《创新资金使用结构对创新产出的影响:基于中国区域工业企业的实证研究》,《科技进步与对策》2021 年第 20 期。

[34] 沈佳坤、张军、陈娟:《应用型高校的校企融通创新模式与动力机制——区域创新生态系统的多案例研究》,《高校教育管理》2023 年第 3 期。

[35] 齐书宇:《新时代地方高校科技创新能力评价趋势与指标设计》,《北京工业大学学报》(社会科学版)2022 年第 5 期。

[36] 高海涛:《协同育人视角下高校创新型人才培养路径探析——以新工科人才培养为例》,《科学管理研究》2021 年第 2 期。

[37] 高擎、何枫、吕泉:《产学研协同创新背景下高校科技创新效率研究——基于我国重点高校面板数据的实证分析》,《研究与发展管理》2020 年第 5 期。

# Abstract

Since the implementation of the Beijing-Tianjin-Hebei collaborative development strategy, the three regions have become more closely connected, the innovation body has been growing, and collaborative innovation has reached a new level, which is an inherent reflection of high-quality development. In the era of digital economy, collaborative innovation has become a key element to gain competitive advantage and realize sustainable development. Therefore, it is particularly important to look at the collaborative innovation development of Beijing-Tianjin-Hebei with the vision and perspective of digital economy.

Collaborative innovation communities have received widespread attention and become a key organizational form of economic and cultural competition between regions and countries. Collaborative innovation community is an organizational model in which universities, enterprises, governments, research institutes, banks and other subjects in different administrative districts in close spatial proximity, under the support of various formal and informal cooperation, and driven by reasonable incentives, can achieve the improvement of the overall innovation capability and innovation performance through resource ( knowledge and equipment) sharing, optimal resource allocation, and synchronized actions. In this model, the government, scientific research institutions, enterprises and other innovation subjects together form an organic whole, with innovation as the core, system as the guarantee, synergy as the means, cooperation as the basis, to jointly realize collaborative innovation and development in the region, and promote industrial upgrading and economic development. The level of regional development in Beijing-Tianjin-Hebei has been steadily improving, the innovation capacity has been gradually improved, and the sharing of regional innovation resources has begun to bear fruit. However, compared with the collaborative innovation practices of the Yangtze River Delta and the Guangdong-Hong Kong-Macao-Great Bay Area, the process of the construction of Beijing-Tianjin-Hebei Collaborative Innovation Community is still characterized by prominent obstacles to the mechanism of collaborative innovation, a large gap in the innovation capacity of the three regions, poor flow of innovation factors, poor docking between the innovation chain and the industrial chain, and the obvious characteristics of the government domination. At present, the digital economy has become an important driving force for accelerating the economic transformation and upgrading of countries and regions, and enhancing future competitive advantages. The development of digital economy can promote cross-regional cooperation of innovation subjects, optimize regional economic layout, promote cross-border cooperation, and enhance the level of government governance. Therefore, the digital transformation and upgrading of the manufacturing industry should be accelerated, the level of digital public services should be comprehensively improved, the talent cultivation system should be perfected, and the digital economy ecosystem should be constructed, which will in turn promote the synergistic development of Beijing-Tianjin-Hebei region.

**Keywords**: Digital Economy; Collaborative Innovation Community; Beijing-Tianjin-Hebei

# Contents

## I  General Report

**Abstract**: This report presents an analysis of the imperative need for establishing Collaborative Innovation Communities, the developmental trajectory and anticipated trends of China's experience in collaborative innovation practices. The study meticulously examines the conceptual underpinnings of Collaborative Innovation Communities, providing a rigorous exploration of their core tenets. Utilizing a multidimensional perspective, the report scrutinizes the operational dynamics of Collaborative Innovation Communities through the facets of knowledge, technology, organization, and resource support systems. It dissects the driving mechanisms, support structures, constraint factors, and safeguard mechanisms integral to their operational framework. Moreover, this research places particular emphasis on the Beijing-Tianjin-Hebei Collaborative Innovation Community, offering an extensive historical overview · and a contemporary status assessment. Comparative analyses are undertaken with regard to collaborative innovation practices in the Yangtze River Delta and the Greater Bay Area. This analysis underscores notable challenges, encompassing pronounced impediments within collaborative innovation mechanisms, substantial differentials in innovation capabilities among the regions, suboptimal flow of innovation components, incongruities between innovation and industrial chains, and the discernible prominence of government-led initiatives in shaping the collaborative innovation landscape. In light of the evolving digital economy landscape, the report also investigates the impact of the digital economy on the Beijing-Tianjin-Hebei Collaborative Innovation Community. It concludes by offering valuable recommendations aimed at harnessing the positive effects of the digital economy to bolster collaborative innovation endeavors.

**Keywords**: Beijing-Tianjin-Hebei Collaborative Innovation Community; Operating Mechanism; Notable Challenges; Digital Technology

# Ⅱ   Sub-reports

## **B**.2   The Path of Digital Economy Driving the Development of Beijing Tianjin Hebei Innovation Network

*Wang Yajie, Xin Xiaodan, Wu Yifei and Ma Jie* / 059

**Abstract**: Taking 11 prefecture level cities in Beijing, Tianjin, and Hebei as research objects, the social network method is first used to analyze the current development status of the Beijing-Tianjin-Hebei innovation network. It is found that the correlation between the Beijing-Tianjin-Hebei innovation network is becoming increasingly close, but the internal development is extremely uneven. Beijing and Tianjin are in the core, Shijiazhuang and Tangshan are in the secondary core, while other cities are located on the periphery. The innovation connection between Beijing, Tianjin and various regions in Hebei is relatively close, but there is almost no innovation correlation between the various regions in Hebei. Next, the fsQCA method is used to study the configuration path of the digital economy driving the development of the Beijing-Tianjin-Hebei innovation network. The results show that there are multiple concurrent causal relationships that are linked and matched between digital infrastructure, digital scale level, digital application level, and digital R&D environment. Three configurations that cause high centrality were identified, and digital infrastructure and digital scale level are the core existence in each configuration. Finally, a digital path is proposed to promote the development of the Beijing Tianjin Hebei innovation network.

**Keywords:** Beijing-Tianjin-Hebei; Digital Economy; Innovation Network; Innovation Path

**B. 3** The Impact of Digital Economy on Inclusive Green Growth in the Beijing-Tianjin-Hebei Urban Agglomeration

*Li Feng, Zhang Shuaibin / 086*

**Abstract:** In 2022, Chairman Xi Jinping emphasized that the development of digital economy is of great significance and a strategic choice to grasp the new opportunities of the new round of scientific and technological revolution and industrial transformation. The healthy development of digital economy is conducive to promoting the construction of a new development pattern, promoting the construction of a modern economic system, and promoting the construction of a new national competitive advantage. The Beijing-Tianjin-Hebei urban agglomeration is a new engine for national innovation-driven economic growth, a demonstration area for ecological restoration and environmental improvement, and an important spatial carrier for the overall coordinated development of China's regions. Therefore, this report analyzes the impact of digital economy on the inclusive green growth of the Beijing-Tianjin-Hebei urban agglomeration. Firstly, the report analyzes the current situation of digital economy development in the Beijing-Tianjin-Hebei urban agglomeration, and finds that in terms of digital industrialization, the digital infrastructure of the Beijing-Tianjin-Hebei urban agglomeration is constantly improving, especially the information and communication industry has huge development potential. In terms of industrial digitization, the digital transformation of the service industry of the Beijing-Tianjin-Hebei urban agglomeration is continuously active, and the driving role of e-commerce is gradually highlighted. Although the industrial digitization level of Tianjin and Hebei is far less than that of

Beijing, there is a large space for industrial digitization development. In terms of digital governance, the Beijing-Tianjin-Hebei urban agglomeration has accelerated the transformation process of digital government to integrated government services through the construction of government service platforms. In terms of data value, the Beijing-Tianjin-Hebei urban agglomeration has accelerated the commercialization of factor data, and the transaction activity of data elements continues to rise. Secondly, the report analyzes the impact of digital economy on the inclusive green growth of the Beijing-Tianjin-Hebei urban agglomeration. The report constructs the index system of inclusive green growth of the Beijing-Tianjin-Hebei urban agglomeration from five aspects: economic growth, social equity, people's livelihood, green production and consumption, and ecological and environmental protection, and conducts empirical tests using the panel data of 13 prefecture-level cities in the Beijing-Tianjin-Hebei urban agglomeration from 2012 to 2021. The results show that the digital economy can significantly promote the inclusive green growth of the Beijing-Tianjin-Hebei urban agglomeration, and it is still valid after the robustness test. The digital economy promotes the inclusive green growth of the Beijing-Tianjin-Hebei urban agglomeration by affecting the development of green finance and science and technology in the Beijing-Tianjin-Hebei urban agglomeration. The impact of the digital economy on the inclusive green growth of the Beijing-Tianjin-Hebei urban agglomeration has a spatial spillover effect. The cross-regional interactive impact of the digital economy will promote the inclusive green growth level of the region while promoting the inclusive green growth level of the surrounding areas. Finally, the report proposes to strengthen the construction of digital infrastructure, enhance the ability of workers to use the Internet, narrow the regional gap through the inter-regional coordination and interaction mechanism, expand the application scope of digital finance while improving the financial quality of urban and rural residents, achieve targeted poverty alleviation through the digital economy, and ultimately achieve common prosperity.

**Keywords:** Digital Economy; Inclusive Green Growth; The Beijing-Tianjin-Hebei Urban Agglomeration; Mediation Effect Model; Spatial Econometrics Model

B . 4   Research on the Impact of Digital Economy on Urban

Economic Resilience in the Beijing-Tianjin-Hebei Region

*Xing Hui, Bai Xue, Cao Xiaojing and Huo Xiaoqian* / 124

**Abstract**: In the process of Chinese-style modernization, accelerating the development of the digital economy to enhance economic resilience is an important aspect of achieving high-quality regional economic growth. This research report constructs a comprehensive evaluation system for urban economic resilience by selecting 21 indicators from three dimensions: resistance and recovery, adaptability and adjustment, and re-orientation and renewal. Using the data from 2011 to 2021 as samples, the entropy weight analysis method is employed to measure and compare the economic resilience of the three regions in the Beijing-Tianjin-Hebei area, and to empirically explore the impact mechanism of the digital economy on the economic resilience of the three regions. The results show that the development of the digital economy in the Beijing-Tianjin-Hebei region is stable and positive, but there are still issues such as the digital divide and limited achievements in cutting-edge digital technologies. The economic resilience of the three regions has been steadily enhanced, but there are significant differences among them. Hebei Province has shown rapid growth in the dimensions of resistance and recovery, and adaptability and adjustment, while the gap between Hebei and Beijing-Tianjin needs to be further narrowed in terms of re-orientation and renewal. Further analysis shows that the digital economy provides new driving forces for the construction of urban economic resilience. In order to promote the construction of urban economic resilience in the Beijing-Tianjin-Hebei region, continuous release of the dividends of digital economy development, narrowing the digital divide, and further enhancing the cutting-edge technological innovation capabilities in the region are necessary.

**Keywords**: Urban Economic Resilience; Digital Economy; Beijing-Tianjin-Hebei Region; Entropy Weight Method

**B . 5** The Impact of Digital Finance on the Construction of the

Beijing Tianjin Hebei Collaborative Innovation Community

*Li Yuanyuan, Zhao Jin, Zhang Wenxia and Gu Xiaojie* / 149

**Abstract**: As a new type of finance, digital finance is characterized by its ability to break through the limitations of time and space, expand the coverage and improve the service quality of financial services, and provide financial support and services for the construction of the collaborative innovation community. Based on the provincial panel data of Beijing-Tianjin-Hebei region from 2014 to 2021, this report analyzes the moderating role played by collaborative innovation in the process of digital finance influencing innovation in the Beijing-Tianjin-Hebei region by constructing the collaborative innovation fractal dimension. The results show that the development of digital finance can significantly improve the level of regional innovation, and that collaborative innovation affects the effect of digital finance on regional innovation, and that the level of regional innovation in Hebei Province is more sensitive to the development of digital finance than that in Beijing and Tianjin. The findings of this report not only have important theoretical value in the study of the relationship between digital finance and the construction of the Beijing-Tianjin-Hebei collaborative innovation community, but also have reference significance for China to formulate policies that can effectively promote the construction of the community, and to make Beijing-Tianjin-Hebei a pioneer and demonstration area of Chinese-style modernization.

**Keywords**: Beijing-Tianjin-Hebei Region; Community; Collaborative Innovation Fractal Dimension; Digital Finance

# Ⅲ   Special reports

**B**.6   A Measurement Study of Inter-city Digital Economic

Linkages in the Beijing-Tianjin-Hebei Region:

Spillover and Feedback Effects       *Li Yuanjie*, *Zhang Chao* / 174

**Abstract**: As the northern economic center, the internal inter-city digital economic linkages in the Beijing-Tianjin-Hebei (BTH) region is of great significance in promoting the collaborative development of BTH and creating a world-class urban agglomeration. For this reason, this study portrays inter-city digital economic linkages from both spillover and feedback effects based on the 2017 inter-city input-output model of the BTH region. The results show that: (1) the development of digital economy in 13 cities in BTH region is significantly different. Both Beijing and Tianjin are significantly better than other cities in Hebei in terms of the scale of digital economy development and its contribution to the local economy. (2) the inter-city digital economic links show the "agglomeration" characteristic with Beijing and Tianjin as the core, and they are the largest spillover and feedback areas for each other, whose digital economic "siphoning" effect on Hebei is obvious. (3) without considering international trade and trade with the rest of the country, investment is the dominant factor driving the development of digital economy in the BTH region. At the same time, inter-city digital economic linkages are mainly carried out through the "digital manufacturing" sector, and the role of the "digital service" sector needs to be improved. Finally, corresponding policy recommendations are put forward in terms of urban functional positioning, strengthening digital infrastructure and service quality, and improving regional consultation mechanism.

**Keywords**: Beijing-Tianjin-Hebei Region; Digital Economic Linkage; Input-output Analysis; Spillover Effect; Feedback Effect

**B**.7 Digital Infrastructure and Digital Transformation of Small and Medium-sized Enterprises In the Beijing-Tianjin-Hebei Urban Agglomeration

*Wang Xingmin, Ge Yiting and Zheng Qinyue* / 199

**Abstract**: Digital infrastructure plays a foundational, strategic, and pioneering role in serving as a vital cornerstone for the development of the digital economy and providing crucial support for the digital transformation of enterprises, particularly small and medium-sized enterprises (SMEs). This report utilizes the digital infrastructure index for the Beijing-Tianjin-Hebei urban agglomeration and date on SMEs listed on the New Third Board from 2018 to 2021. Based on this, a panel data model is established to empirically examine the impact and transmission mechanisms of digital infrastructure on the digital transformation of these enterprises. Furthermore, the report conducts heterogeneity tests according to the digital and technological attributes of enterprises. The findings indicate that: (1) Digital infrastructure in the Beijing-Tianjin-Hebei urban agglomeration significantly enhances the digital transformation of SMEs. (2) Digital infrastructure promotes the digital transformation of enterprises by reducing both internal and external transaction costs and enhancing the quality of human capital in these enterprises. (3) On the heterogeneity tests, digital infrastructure more significantly promotes the digital transformation of enterprises in core industries of the digital economy compared to non-core industries of the digital economy, and digital infrastructure more strongly promotes the digital transformation of technological enterprises compared to non-technological SMEs.

**Keywords**: Digital Infrastructure; Enterprise Digital Transformation; Digital Economy; Small and Medium-sized Enterprises; Beijing-Tianjin-Hebei Urban Agglomeration

**B**.8 The Coupling Coordination Characteristics of Green

Community and Its Spatial Effects in

Beijing-Tianjin-Hebei Region

*Chen Yizhong, Yang Lingzhi, Ren Yang, Zhang Sisi, et al.* / 226

**Abstract:** This paper constructs a green community evaluation index system of the Beijing-Tianjin-Hebei urban agglomeration (BTH) with concerns of green economy, green living, and green environment. The entropy weight-based TOPSIS model and the long short-term memory network are applied for illustrating the causes of spatial-temporal differentiation of the development level of green community system in the urban agglomeration from 2000 to 2025. The spatial effect of coupling coordination characteristics of green community system is explored through the spatial Durbin model with dual fixed effects of time and space. Results revealed that the development level of green community system in the BTH has improved, with a distribution pattern of high in the north and low in the south. Beijing and Tianjin have significantly driven the improvement of the development level of green community system, green living level, and green economy level in the BTH. The overall coupling coordination degree of green community system in the BTH has been upgraded from barely coordinated to primary coordination level, and there is a gradient effect in the BTH. Its average value in the ecological conservation area in the northwest of the BTH was merely 0.57. The effect of technological innovation capability on the coupling coordination degree of green community system was spatially heterogeneous, with a rebound effect on the local area and a positive spatial spillover effect on surrounding areas. The improvement of economic development level had a promoting effect on the local coupling coordination degree, but it may bring development pressure to surrounding areas. The government scale had a significant negative effect on the coupling coordination degree of surrounding areas and the urban agglomeration as a whole, while environmental regulation had a significant positive correlation with the coupling coordination degree of the local area and urban agglomeration as a whole.

**Keywords**: Green Community; The Causes of Spatial-Temporal Differenti-
ation; Spatial Effect; Coupling Coordination Characteristics; Technological
Innovation Capability

**B**.9 Construction and Evaluation of Talent Support System of
Beijing-Tianjin-Hebei Collaborative Innovation Community

*Liang Lin, Bo Yaru and Li Zhihui / 246*

**Abstract**: Talent is an important force to support the construction of regional
collaborative innovation community. If Beijing-Tianjin-Hebei region wants to
achieve coordinated development and sustainable regional economic development,
it is necessary to build a good talent supporting environment and improve the
quantity and quality of talents in the Beijing-Tianjin-Hebei region. Based on this,
grounded on triple helix theory, this report constructs an evaluation index of talent
support system including government subsystem, industry subsystem, and
university subsystem and uses entropy weight-TOPSIS method and coupling
coordination degree comprehensive evaluation method to evaluate the talent
support system of the Beijing-Tianjin-Hebei Collaborative Innovation Community.
The results show that there is an upward trend of the overall development of talent
support system in Beijing, Tianjin and Hebei. However, there is a gap between
the coordination degree of government subsystem, industry subsystem, and
university subsystem in the three places. Specifically, Beijing city shows a high
level of coordination, followed by Hebei province and Tianjin city. Based on this,
this report analyzes the reasons leading to the talent support system gap in the
Beijing-Tianjin-Hebei region. To solve the problems, they need to improve the
collaborative innovation mechanism and create a good talent flow mechanism.

**Keywords**: Collaborative Innovation Community; Talent Support System;
Entropy Weight -TOPSIS; Coupling Coordination Degree

社会科学文献出版社

# 皮 书

## 智库成果出版与传播平台

### ❖ 皮书定义 ❖

皮书是对中国与世界发展状况和热点问题进行年度监测，以专业的角度、专家的视野和实证研究方法，针对某一领域或区域现状与发展态势展开分析和预测，具备前沿性、原创性、实证性、连续性、时效性等特点的公开出版物，由一系列权威研究报告组成。

### ❖ 皮书作者 ❖

皮书系列报告作者以国内外一流研究机构、知名高校等重点智库的研究人员为主，多为相关领域一流专家学者，他们的观点代表了当下学界对中国与世界的现实和未来最高水平的解读与分析。截至2022年底，皮书研创机构逾千家，报告作者累计超过10万人。

### ❖ 皮书荣誉 ❖

皮书作为中国社会科学院基础理论研究与应用对策研究融合发展的代表性成果，不仅是哲学社会科学工作者服务中国特色社会主义现代化建设的重要成果，更是助力中国特色新型智库建设、构建中国特色哲学社会科学"三大体系"的重要平台。皮书系列先后被列入"十二五""十三五""十四五"时期国家重点出版物出版专项规划项目；2013~2023年，重点皮书列入中国社会科学院国家哲学社会科学创新工程项目。

# 皮书网

（网址：www.pishu.cn）

发布皮书研创资讯，传播皮书精彩内容
引领皮书出版潮流，打造皮书服务平台

## 栏目设置

◆ **关于皮书**
何谓皮书、皮书分类、皮书大事记、
皮书荣誉、皮书出版第一人、皮书编辑部

◆ **最新资讯**
通知公告、新闻动态、媒体聚焦、
网站专题、视频直播、下载专区

◆ **皮书研创**
皮书规范、皮书选题、皮书出版、
皮书研究、研创团队

◆ **皮书评奖评价**
指标体系、皮书评价、皮书评奖

◆ **皮书研究院理事会**
理事会章程、理事单位、个人理事、高级
研究员、理事会秘书处、入会指南

## 所获荣誉

◆ 2008 年、2011 年、2014 年，皮书网均
在全国新闻出版业网站荣誉评选中获得
"最具商业价值网站"称号；
◆ 2012 年,获得"出版业网站百强"称号。

## 网库合一

2014年，皮书网与皮书数据库端口合
一，实现资源共享，搭建智库成果融合创
新平台。

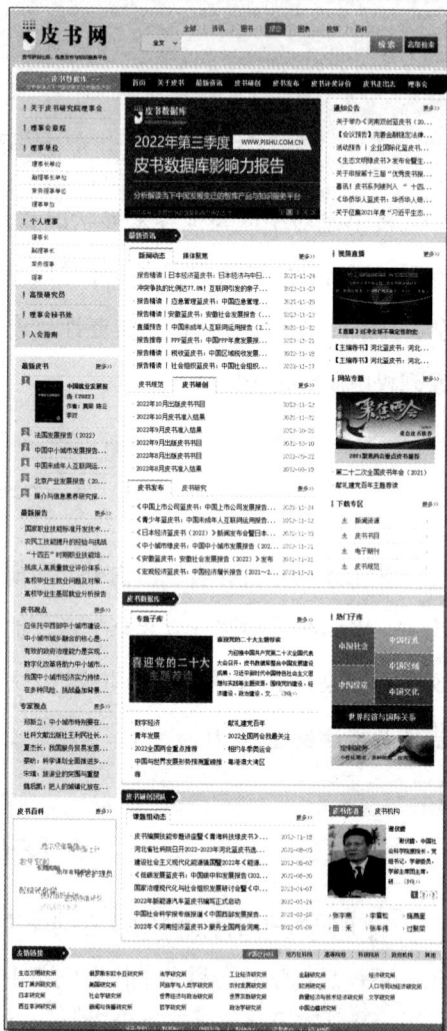

皮书网

"皮书说"
微信公众号

皮书微博

**权威报告·连续出版·独家资源**

# 皮书数据库

## ANNUAL REPORT(YEARBOOK)
## DATABASE

## 分析解读当下中国发展变迁的高端智库平台

### 所获荣誉

- 2020年，入选全国新闻出版深度融合发展创新案例
- 2019年，入选国家新闻出版署数字出版精品遴选推荐计划
- 2016年，入选"十三五"国家重点电子出版物出版规划骨干工程
- 2013年，荣获"中国出版政府奖·网络出版物奖"提名奖
- 连续多年荣获中国数字出版博览会"数字出版·优秀品牌"奖

皮书数据库　　"社科数托邦"
　　　　　　　微信公众号

### 成为用户

　　登录网址www.pishu.com.cn访问皮书数据库网站或下载皮书数据库APP，通过手机号码验证或邮箱验证即可成为皮书数据库用户。

### 用户福利

- 已注册用户购书后可免费获赠100元皮书数据库充值卡。刮开充值卡涂层获取充值密码，登录并进入"会员中心"—"在线充值"—"充值卡充值"，充值成功即可购买和查看数据库内容。
- 用户福利最终解释权归社会科学文献出版社所有。

数据库服务热线：400-008-6695
数据库服务QQ：2475522410
数据库服务邮箱：database@ssap.cn
图书销售热线：010-59367070/7028
图书服务QQ：1265056568
图书服务邮箱：duzhe@ssap.cn

社会科学文献出版社　皮书系列
SOCIAL SCIENCES ACADEMIC PRESS (CHINA)
卡号：537937672335
密码：

# S 基本子库
## UB DATABASE

### 中国社会发展数据库（下设12个专题子库）

紧扣人口、政治、外交、法律、教育、医疗卫生、资源环境等12个社会发展领域的前沿和热点，全面整合专业著作、智库报告、学术资讯、调研数据等类型资源，帮助用户追踪中国社会发展动态、研究社会发展战略与政策、了解社会热点问题、分析社会发展趋势。

### 中国经济发展数据库（下设12专题子库）

内容涵盖宏观经济、产业经济、工业经济、农业经济、财政金融、房地产经济、城市经济、商业贸易等12个重点经济领域，为把握经济运行态势、洞察经济发展规律、研判经济发展趋势、进行经济调控决策提供参考和依据。

### 中国行业发展数据库（下设17个专题子库）

以中国国民经济行业分类为依据，覆盖金融业、旅游业、交通运输业、能源矿产业、制造业等100多个行业，跟踪分析国民经济相关行业市场运行状况和政策导向，汇集行业发展前沿资讯，为投资、从业及各种经济决策提供理论支撑和实践指导。

### 中国区域发展数据库（下设4个专题子库）

对中国特定区域内的经济、社会、文化等领域现状与发展情况进行深度分析和预测，涉及省级行政区、城市群、城市、农村等不同维度，研究层级至县及县以下行政区，为学者研究地方经济社会宏观态势、经验模式、发展案例提供支撑，为地方政府决策提供参考。

### 中国文化传媒数据库（下设18个专题子库）

内容覆盖文化产业、新闻传播、电影娱乐、文学艺术、群众文化、图书情报等18个重点研究领域，聚焦文化传媒领域发展前沿、热点话题、行业实践，服务用户的教学科研、文化投资、企业规划等需要。

### 世界经济与国际关系数据库（下设6个专题子库）

整合世界经济、国际政治、世界文化与科技、全球性问题、国际组织与国际法、区域研究6大领域研究成果，对世界经济形势、国际形势进行连续性深度分析，对年度热点问题进行专题解读，为研判全球发展趋势提供事实和数据支持。

# 法律声明

“皮书系列”（含蓝皮书、绿皮书、黄皮书）之品牌由社会科学文献出版社最早使用并持续至今，现已被中国图书行业所熟知。“皮书系列”的相关商标已在国家商标管理部门商标局注册，包括但不限于LOGO（▨）、皮书、Pishu、经济蓝皮书、社会蓝皮书等。“皮书系列”图书的注册商标专用权及封面设计、版式设计的著作权均为社会科学文献出版社所有。未经社会科学文献出版社书面授权许可，任何使用与“皮书系列”图书注册商标、封面设计、版式设计相同或者近似的文字、图形或其组合的行为均系侵权行为。

经作者授权，本书的专有出版权及信息网络传播权等为社会科学文献出版社享有。未经社会科学文献出版社书面授权许可，任何就本书内容的复制、发行或以数字形式进行网络传播的行为均系侵权行为。

社会科学文献出版社将通过法律途径追究上述侵权行为的法律责任，维护自身合法权益。

欢迎社会各界人士对侵犯社会科学文献出版社上述权利的侵权行为进行举报。电话：010-59367121，电子邮箱：fawubu@ssap.cn。

社会科学文献出版社